KB069708

21세기 미술을 통한 교육

정신성, 미술, 디지털

김선아 · 강병직 · 강주희 · 김정희 · 손지현 공편

Education through Art
in the 21st Century
Spirit ∞ Art ∞ Digital

학지사

이 책은 2017년 8월 대구에서 열렸던 국제미술교육학회(Inter-national Society for Education through Art: InSEA)의 제35차 세계대회로부터 출발하였다. 이 학술대회에서 발표되었던 총 441편의 논문 가운데 13편을 선별하여 각 연구의 결과물을 주제별로 재구성하였다. 따라서 '21세기 미술을 통한 교육: 정신성, 미술, 디지털'이라는 제목은 국제적인 시각에서 21세기 미술교육의 방향을 새롭게 정립하기 위한 공동의 관심사가 이 책에 집약되어 있음을 보여 준다.

제35차 InSEA 세계대회가 열렸던 2017년은 북한의 핵 문제가 세계적 관심사로 떠올랐던 해이다. 2016년 21회, 2017년 24회의 미사일 발사가 있었고, 미국의 한 컨설팅 업체가 당시 세계를 위협하는 10대 요소 중 하나로 북한의 핵 위협을 선정하였다는 신문 기사가 나기도 하였다. 이처럼 어려운 국제 정세 속에서도 6대륙 42개국에서 총 1,402명의 미술교육 전문가와 실천가가 대구에 모였고, 전쟁, 난민, 환경오염 등 전 지구적인 문제에 봉착한 인류를 위하여 미술교육의 역할을 함께 고민하였다.

5년 전에 이루어졌던 논의를 2022년 현 시점에서 펼쳐 내는 것은 의미가 있다. 코로나19 팬데믹으로 인해 삶이 송두리째 흔들린 지금, 우리는 인류애와 정신성 그리고 디지털 공간으로의 이주에 관한 근본적인 질문에 직면해 있기 때문이다. 이 책은 이러한 역사적 전환기에 예술이 인간의 정신과 삶 어디에 위치하는지, 그리고 어디를 향해 다시 걸음을 내디뎌야 하는지에 관한 단초를 제공한다. 이에 '다양성을 그려가기' '미래를 구상하기' '예술로 인간애 강화하기' '디지털 공간에서 살아가기'의 각 주제를 통해서 인간을 위한 예술로의 변화를 구현하는 미술교육의 다양한 개념과 실천을 찾아볼 수 있다.

Part 1의 '다양성을 그려가기'에서는 관계와 연결을 만드는 미술교육의 속성과 사회적 역할을 다룬다. 국가 간의 경계를 넘는 상호문화적 대화로부터 지역사회에 뿌리내리는 미술, 그리고 사회적 장소로서 미술실의 전환까지, 문화적 다양성이 만나고 충돌하며 교배되는 교차점에서 발견되는 미술교육의 방법론을 다각도에서 조명하고 있다.

Part 2의 '미래를 구상하기'에서는 확장된 문화적 인식과 새로운 미디어와의 접목을 교육적 관점에서 다룬다. 이미지 감상과 제작에서 사회 및 문화적 접근을 통한 미술 교사 교육, 능동적 배움을 통한 차세대 예술교육의 장으로서의 뮤지엄, 미술교육에서 영상미디어 접목을 통한 교육과정과 교실 수업의 지속가능성에 대해 폭넓게 다루고 있다.

Part 3의 '예술로 인간애 강화하기'에서는 예술이 지닌 불순종의 사건에 대한 교육적 의미에 대한 탐구, 성인 교육의 관점에서 미학적 경험이 지닌 학습의 의미, 그리고 미술교육이 지닌 인식론적 가치에 대해 다루고 있다. 저자들이 글에서 제시한 불순종의 교육학, 시적 교육학, 미술적 인식과 같은 개념은 예술과 인간 교육의 관련성에 대한 새로운 조망을 제공한다.

Part 4의 '디지털 공간에서 살아가기'에서는 디지털 시대의 도래에 따른 미술교육의 내용과 방법의 변화에 대해 다루고 있다. 관심경제부터 관심생태계 등 사회적 변화를 고려한 프로젝트 기반 학습(PBL)과 이에 따른 역량 개발 모델을 제안하고, 아동의 사진 표현의 의미를 재고함에 따른 교육적 접근 방향을 제시하며, 가상 세계를 활용한 홀리스틱 예술교육의 가능성 등을 논의한다.

마지막으로 포함된 특별부록은 이 책의 토대가 된 제35차 InSEA 세계대회의 운영과 성과, 그리고 그 의미에 대한 성찰을 담고 있다. InSEA 세계대회를 한국에 유치하기 위한 초기의 기획이 2017년 실제로 참여한 많은 미술교육 전문가와 실천가를 통해 어떻게 구현되었는지, 그리고 이것이 가지는 21세기 미술교육에의 시사점이 무엇인지 설명하고 있다.

글을 마무리하면서, 급변하는 전 지구적 위기 상황 속에서도 미술교육의 새로운 구상에 참여하기 위해 먼 곳에서 한국을 방문하고, 또한 그 기록으로서 이 책을 출판하는 데 기꺼이 옥고를 보내준 13인의 저자에게 감사의 마음을 전한다. 저자들이 꺼내 놓은 미술교육의 이야기가 이제 책을 읽는 많은 독자를 통해 또 다른 미술교육의 생생한 모습으로 펼쳐질 것을 기대한다.

2022년 2월
편집인 일동

차례

Part 1
다양성을 그려가기

01 상호문화적 대화: 회절적 방법론

Karen T. Keifer-Boyd(미국 펜실베이니아 주립대학교 교수)

서론: 상호문화적 대화 시작하기

상호문화적 대화(transcultural dialogue)는 관계를 형성하며, 이는 공동체가 집단의 대화를 기반으로 협력적 예술을 만들어 갈 때 그 내용이 된다. 미국에서 활동하는 미술교육자로서 2007년 나는 우간다 캄팔라의 마케레레 대학과 헬싱키 대학의 학생 및 동료들과 함께 상호문화적 대화를 촉진하기 시작하였다. 이 장은 상호문화적 대화의 이론, 개념, 전략 및 예시를 제시한다. 상호문화적 대화의 구상은 동시대의 시각 문화, 문화적 관행, 그리고 가정, 무지 및 오해의 개선을 목적으로 하는 교육학을 활용한다.

상호문화적 대화를 형성하는 데 활용되는 교육학적 전략에는 사회적 위치, 주관성, 상황 지식, 변혁적 학습, 내적 행위(intra-action), 추론적 관점, 회절적(diffractive)[1] 방법론이 있다. 이 장에서

---

1) 회절(diffraction, 回折): 파동이 장애물 뒤쪽으로 돌아 들어가는 현상

는 각 개념을 교육과정의 예시와 함께 논의하고자 하는데, 이에 앞서 먼저 개념들 간의 연결성을 보여 주기 위해 상호문화적 대화 교육의 측면에서 각 개념의 간략한 정의를 소개하고자 한다. 위치는 명백한 주관적 권력 관계를 만든다. 주관성은 행위적 유도성이다. 상호문화적 대화에서 상황 지식은 은유, 숙어 및 속담을 나누는 공유 전략과 더불어 참가자의 삶과 신념에 담긴 진실성에 반성적 성찰을 통해서 유도된다. 변혁적 학습은 세계관에 저항하는 확장된 의식이다. 페미니스트 물리학자 Barad(2007)가 도입한 내면 행동이라는 용어는 인간적 · 비인간적 주체성(agency)의 얽히고 설킨 유도성으로부터 상호 구성된 주관성을 의미한다. 따라서 내적 행위는 외면적인 관계가 아닌 관계 내에서 공동으로 구성된 주관성을 구체화하는 행동으로서, 차이가 구성되는 방식에 대한 공동 책임을 드러내는 작업이다. 추론적 관점은 위치, 주관성 및 상황 지식에 대한 내적 행위 인식을 통해 가능한 미래를 상상하는 것이다. 회절적 방법론에서는 내적 행위를 재구조화의 확산이나 책임 회피에 대한 개입으로 사용한다. 회절적 방법론에서는 내적 행동을 강조함으로써 인과관계, 개인적 주관성, 주체-객체의 이분법적 세계관과 같은 개념에 반박한다. 상호문화적 대화의 회절적 교육 방법론을 통해 참가자는 이미 규정된 주관성과 지식의 경계에 제한되지 않는 내적 행위을 발견하기 시작하면서, 평등과 정의에 대한 새로운 이해를 얻게 된다.

상호문화적 대화 과정은 미시문화적 견해를 끌어내지만, 또한 거시 문화적 지식 안에서 혹은 문화적 지식의 한 부분으로 공유된다. 미시 문화적 실천에서 의미 만들기 행위는 거시 문화적 신념을 유지하거나 변화시킬 수 있다. 상호문화적 대화는 그것에 참여하는 사람들에 의해 구현되는 대화적·수행적·문화적 렌더링이자 비평이고, 협력적 작품 제작이며 논평이다. 많은 협력을 통해 배운 것에 기초하여 여기에서는 상호문화적 대화를 구조적인 문화적 조건을 드러내는 과정으로 제시함과 동시에 창의성을 사회적 과정으로 접근하고자 한다.

상호문화적 대화는 우리가 거주하는 곳을 의식적으로 고찰하고 친숙한 문화적 관습을 인식하는 법을 익히는 것이다. 이를 가능하게 하는 미술교육학은 다양한 환경과 문화의 배경을 가진 그룹 간의 대화에서 시작되며 이 대화를 예술 제작의 재료로 사용한다. 상호문화적 대화의 목표는 익숙한 관념과 상대방에 대한 추측, 무지, 오해를 서서히 무너뜨리는 것이다. 다음에 소개된 전략은 사람들이 지배적 문화에 동화되기보다 하이브리드 문화를 만드는 심오한 상호문화화 과정에 대한 인류학적 이해를 바탕으로 이루어진다(Santí, 2005). 여기에서 소개하는 상호문화적 대화는 대화적 만남과 창의적 집단 활동을 통해 기존의 가정에 도전하면서 인식을 변화시킬 수 있도록 세심하게 설계되고 촉진되는 다방향적·교육학적 과정이다.

상호문화화는 다양한 문화적 배경을 가진 집단을 대상으로 한 교육적 실행에서 별다른 촉진 없이도 발생할 수 있으며, 때때로 새로운 문화적 실천을 만들거나 익숙한 세계관에 대해 도전하기도 한다(Arroyo, 2016). 하지만 종종 서로의 문화적 실천이 성찰적 만남이 되지 못할 때에는 집단에서 서로 다른 구성원이 어우러지지 못하거나 오해 속에서 힘의 불균형이 지속되기도 한다. 더 나아가 상호문화적 대화의 회절적 방법론에서는 주체와 객체의 이분법적 구조에서 벗어나서, 경계의 복잡한 관계와 무효화를 통한 변혁적 학습으로서 차이를 생성하는 방향으로 이동하는 것, 그리고 그 안에서 아는 것, 존재하는 것, 행동하는 것이 분리되지 않는 것을 강조한다.

나는 상호문화적 대화를 시작하고 협력하며 촉진했던 경험에서 많은 통찰을 얻을 수 있었다(Kabiito, Liao, Motter, & Keifer-Boyd, 2014; Keifer-Boyd, 2010, 2011a, 2011b, 2013a, 2013b, 2016, 2017; Paatela-Nieminen & Keifer-Boyd, 2015). 여기에서 다루는 모든 예시는 대부분 우간다의 마케레레 대학의 Richard Kabiito와 핀란드의 Martina Paatela-Nieminen과 함께했던 학기 중에 이루어진 것이다. 상호문화적 대화 절차를 시작하는 데 가장 중요한 것은 프로젝트 참여자가 결과를 도출하기까지 수개월이 소요됨을 인지하고 나라별 시간대 차이, 공휴일, 프로그램 시작 및 종료 날짜, 예상치 못한 상황(예: 정전, 정치적 사태, 환경 요인 등)에 대한 인내가 필요하다는 것이다. 최소 몇 개월이 소요되는 장기 프로젝트이다. 이를 시작하기 위해서는 자신이 가르치는 학생들에게 친숙한 환경이나 문화와는 전혀 다른 곳에 있는 미술교육자를 찾아야 한다. 국제미술교육학회(InSEA)는 이런 사람들을 만나 학생들을 상호문화적 대화에 참여시킬 수 있는 계획을 수립하는 데 이상적인 장소가 된다. 온라인 번역을 사용하면, 각자 모국어를 사용하는 것도 가능하다.

상호문화적 대화 교육학

다음에서는 상호문화적 대화의 촉진 과정에 대해 논의하고자 한다. 학습 목표는 간과하거나 외면해 온 주제를 찾고, 친숙한 것을 낯설게 함으로써 이전의 전제와 신념에 의문을 던지며, 그룹의 대화를 협력적인 창작 활동의 내용으로 이해하는 것이다. 또한 프로젝트 참가자가 생산하는 공동 예술에 반영된 주관성의 경로를 파악하기 위해서 동료 평가 시스템을 활용하고 관람자가 작품을 이해하려고 할 때 어떤 지식을 가지고 있을 것으로 전제하는가를 질문하는 것을 학습 목표로 한다.

내적 행위와 같은 교육적 과정의 이론적 토대를 참가자에게 분명하게 밝힐 필요는 없지만, 촉진자는 프로젝트의 마지막 단계에서 협력적인 창작 작품에 있어 주관성과 전제된 지식에 대한 반응에 관하여 이해하고 논의할 수 있어야 한다. 더 나아가 상호문화적 대화의 교육 과정에 대한 구체적인 이론적 개념과 관여해서 프로젝트 촉진자는 기존의 전제에 도전하는 변혁적 학습이라는 목표에 도달하기 위한 협력을 지도해야 할 책임이 있다.

다루어지지 않았거나 간과되어 온 주제 찾기

프로젝트 초기 단계에서는 참가자들이 익숙한 것에 대해 대화하고, 모든 게시물에서 빠져 있거나 간과된 것들을 찾아보도록 한다. 그리고 그러한 주제에 대한 침묵에 관하여 추측해 보도록 한다. 프로젝트를 통해 효과적인 결과를 도출하기 위해서 참가자들이 다음과 같은 순서로 서로 만나고 인사할 수 있는 시간을 제공한다.

만남과 인사. 지식의 중립성이라는 전제에 의문을 제기하기 위해서 은유, 신념, 경험 및 익숙한 관용구, 속담, 또는 민속에 대해 이야기 나눈다. 이것이 의미하는 바를 설명하고 경험에서 그 의미가 어떻게 발현되는지 서술한다. 아이디어의 이해를 돕는 이미지의 웹사이트 링크를 제공한다.

대화적 반응. 다른 사람에 대한 반응에는 여러 가지 가능성이 있다. 대화의 과제는 부정적인 방식으로 소통하는 것이 아니라, 하고자 하는 말의 다양한 의미를 소통하기 위해 선별된 웹사이트의 표면 너머를 살피는 것이다. 제시된 웹사이트에 집중해서 인종, 성별, 사회 계급 또는 기타 사회적 자체 인식(부정적 요인과 긍정적 요인의 이원론적 구조를 없앤다)을 포함하는 시각적 문화를 해석한다. 주제 위치. 인종, 성별, 성, 나이, 사회경제적 계층의 결합을 암시하는 시각적 문화에 대한 내러티브를 구성하며 제시된 웹사이트에 드러난 익숙한 시각 문화를 새롭게 해석한다. 대화가 구축됨에 따라 방법론적 접근으로 회절법에 대한 물리학 이론가인 Karen Barad(2007)의 은유 "차이 관계의 세부 사항과 특이성 및 그 중요성을 기준으로 서로의 관점을 이해하는 것"(p. 71)을 적용한다.

은유, 관용구, 지식의 중립성, 시각 문화, 이원론, 사회적 시각 자료, 주체의 위치, 위치성, 교차성, 회절적 방법론과 같은 개념에 대한 참가자의 이해 수준에 따라서 참여 집단이 용어를 학습하도록 하고 용어 정리집과 사용 예시를 제공한다. 참가자가 연구하고 발견한 것 그리고 새롭게 배운 것을 공유하는 것이 프로젝트 촉진자나 교사가 직접 정의를 제공하는 것보다 효과적이다. 하지만 연구를 좀 더 안내하기 위해 촉진자는 온라인 자료를 수집하여 제공할 수 있다.

익숙한 것을 새롭게 만들기: 정의와 가정에 의문 던지기

질적 연구자인 Naples(2003)에 따르면, "반성적 대화 과정은 해석에 있어서의 갈등이 드러나도록 한다. 더 나아가 전통적인 사회학 방법론이나 다른 사회학 연구의 접근 방식보다 평등한 방식으로 갈등이 조정될 수 있는 맥락을 제공한다."(p. 201). 2010년 예비교사의 대화에서 발췌한 다음 두 인용문은 신념과 가정에 의문을 제기하는 데 대화 자체가 어떻게 기능할 수 있는지에 대한 예시를 제공한다.

우간다인 참가자. 나는 항상 미국에 대해 두 가지 인상을 가지고 있었다. 첫째는 미국의 폭력, 총기 사건, 소수집단에 대한 편협한 사상이고, 다른 한편으로는 모든 사람이 평화로운 생활을 즐기는 이상적인 곳이다. 정말 모순적이다. 나는 둘 중에서 어떤 면을 받아들이고 또 어떤 면을 무시할 것인지에 대해서 항상 고뇌했다.

미국인 참가자. 한 번도 가 본 적 없는 장소에 대해서 어떤 가정을 하고 있는 나를 발견한다. 어떤 이유에서인지, 나는 항상 미국을 다른 모든 국가보다 우위에 둔다. 하지만 사실 그럴 만한 경험이 없기 때문에 이것이 잘못된 생각임을 알고 있다. 언젠가 다른 나라에 대한 나의 무지한 견해를 없애고 다른 문화를 여행하며 경험할 기회를 얻기를 바란다.

우간다인과 미국인이라는 용어는 각 참가자의 주관성을 단순화시킨 것이다. 하지만 여행을 해 보거나 다른 나라에 살아 본 적이 없는, 혹은 거주자가 아니더라도 다른 나라에서 온 사람과 이야기조차 나누어 본 적이 없는 사람들이 가진 두 국가에 대한 인식이 드러나는 대화를 강조하기 위해 사용하였다.

아프리카대머리황새 예시

상호문화적 대화의 진행자로서 나는 2010년에 우간다 캄팔라의 마케레레 대학 캠퍼스에서 가르쳤을 당시 촬영한 큰 새의 사진을 게시판에 올렸다. 사진은 다양한 대화의 주제가 되었다. 아프리카대머리황새(marabou stork)가 익숙한 캄팔라 캠퍼스의 사람들은 아프리카대머리황새가 수퍼 테스터로서 자연적인 과정을 통해 독성을 생성하는 위협적인 새임에도 불구하고 학생들과 공존한다고 설명하였다. 새의 배설물이 피부에 화상을 입힐 수 있어서 우간다 학생들은 아프리카대머리황새의 거대한 둥지 아래 앉거나, 서 있거나, 걸어 다니면 안 된다는 것을 알고 있다고 했다.

한 팀이 작품의 일부분으로 넣은 아프리카대머리황새의 사진은 미국이 초강대국으로서 인식됨을 알 수 있는 대화의 상징이 되었다. 미국은 아프리카대머리황새와 같이 소비하고 필요하지 않은 것은 버린다는 비유였다. 의도적이지는 않더라도, 미국의 큰 규모와 욕구로 인한 분별력의 부족은 지구와 타인과의 관계에 독이 된다는 것이다.

대화가 콘텐츠이다:
누구의 주관성? 어떤 지식이 전제되는가?

대화는 협업 작품의 콘텐츠를 생성한다. 협력적으로 작품을 제작하기 위해 최소 2명은 다른 국가에서 온 참가자를 포함하는 4개의 작은 그룹을 나눈다. 어떤 방식으로 협업할 지를 팀에서 조정한다. 일반적으로 대화를 다시 들여다 보는 것으로 시작되는데, 이때 웹사이트에서 추출한 이미지가 포함된다. 녹음된(비디오, 음성, 텍스트/이미지) 대화를 검토해 보면서, 팀원은 자신이 공감하는 주된 내용, 논쟁적 주제, 내러티브를 선택한다. 그 후에 참가자는 자신이 선택한 것을 작품 콘텐츠의 일환으로 나머지 팀과 공유한다. 콘텐츠를 전달하기 위한 이미지를 만들고 팀원이 작품을 소개하도록 한다. 어떤 팀은 병치, 중복 및 기타 전략을 사용하여 아이디어와 이미지를 결합한다. 그리고 다른 팀은 하나의 이미지가 이전 이미지와 이어지게 작업하고 다음 이미지도 같은 절차를 반복해서 다음 팀원에게 전달하는 순환적 방법을 사용한다. 이 주기는 일반적으로 두 번째 라운드까지 지속하고 다른 순서로 진행하기도 한다. 언제 완성이 되는지는 그룹이 결정한다. [그림 1-1]은 상호문화적 대화 프로젝트에서 2011년에 공동으로 제작된 작품이다.

완성 후 확장된 대화를 위해 작품을 온라인에 게시하고(예: 무료 애플리케이션 'VoiceThrea'은 한 작품에 대해 오디오나 글로 코멘트를 남

[그림 1-1] **공동 작품**

길 수 있다) 참가자는 구체적으로 다음 두 가지 질문에 답변을 제시한다.

- 이미지에 주관성이 어떻게 구성되어 있으며, 누구의 주관성이 구성되어 있는가?
- 어떤 사전 지식이 전제되어 있는가?

주관성에 대한 질문은 자신에 대해 고찰하고, 관람자, 이미지, 제작자, 맥락 사이의 관계적 공간에서 주관성이 구성된다는 것을 인식하는 것과 관련되어 있다. 페미니스트 인식론적 탐구는 해석의 차이를 촉진하고, 의미 혹은 중요성이 자리 잡은 특정 상황 속에 지식을 위치시키는 것이다. 이 과정은 변혁적 다문화 교육자이자 학자인 Keating(2007)의 "사회 변화를 위한 이론적·교육적 체계로서 상호 연결성"(p. 2)의 작업과 맥을 같이한다. 이 체계가 정의하는 차이는 "표시되지 않은 표준에서 벗어난 것이 아니라 표준과 상호 관련된 것"이다(Keating, 2007, p. 18). 더 나아가 상호문화적 대화는 "이러한 차이를 활용해서 복합적인 공통점을 생성"할 수 있다(Keating, 2007, p. 16). 내적 행위 안에서 차이는 '주관성들'로 복수의 주관성을 구성하고, 그 안에서 관계는 모두를 배려하는 공유된 책임을 낳는다.

촉진자는 참가자에게 보이는 것을 목록화하는 대신 사람과 사물이 특징지어지는 방식에 주의를 기울이도록 요청한다. 각 팀의 협동 작품이 세계에 대한 그들의 이해에 어떻게 영향을 미치는지에 대해 적극적으로 해석하고 성찰할 수 있도록 촉진자는 다음과 같이 질문할 수 있다. 이 작품은 성 역할에 대해 무엇을 전달하고자 하는가? 누가 말하고, 듣고, 또 누가 누락되었는가?

자아인식을 통한 변혁적 학습

회절적 방법론에서 상호문화적 대화의 목적은 "개방적이고, 전복적이고, 다양한 목소리가 담긴, 참여적 인식론을 끊임없이 추구하는 성찰적인 담론"이다(Denzin & Lincoln, 2008, p. x). 성찰적 대화를 촉진하는 교육적 과정을 위해서는 대화적 활동과 미술 창작을 통한 검증이 필수적이다.

차이점을 중심으로 가정과 고정관념에 도전하는 가운데 경험적 지식과 성찰에 가치를 부여하는 것은 상호문화적 대화의 협력적이고 회절적인 과정을 통해서 변혁적 학습과 역량강화로 이끈다. 역량강화는 자신의 가치에 대한 인식, 자신의 목소리가 들려지는 기회, 그리고 스스로 선택할 수 있을 때 비롯된다. 변혁적 학습 이론(Cranton & Kucukaydin, 2012; Hoggan, 2014)은 해방적 지식을 성별, 인종, 사회경제적 계층의 고정관념에 대한 사회적 비문에서 벗어나 비판적인 자기성찰을 통한 자기인식으로 정의한다.

변혁적 학습에 대한 이론적 이해와 권한 부여를 교육과정 목표로 하여 작업하면서, 나는 자신을 어떻게 보고 있는지에 대한 다른 사람의 표상에 도전하는 과정으로부터 프로젝트 참가자들의 자기인식을 촉진할 수 있도록 상호문화적 대화 프로젝트를 설계하였다. 자기인식 경험의 한 예로 우간다 남부에 있는 친구의 가족을 방문했을 때, 나는 백인(muzungu)이라고 불렸지만, 공간과 활동에 따라서 남녀를 구분하는 마을의 문화적 관습에 따라 나의 성별은 정의되지 않았다. 외국인이자 교수인 나는 그들의 문화적 맥락에서 전통적인 여성의 성 역할에 놓여 있지 않기 때문에, 그들의 젠더 구조 밖에 있었고 중성으로 여겨졌다. 익숙하지 않은 문화적 맥락 속에 자신을 놓아 보는 것은 친숙한 자기인식에 대한 도전이 되었다. 대화에 참여함으로써 상호문화적 대화를 촉진하는 것은 사람들을 규정하고, 가두며, 때로는 억압하고 또 다른 사람에게는 특권을 부여하는 문화적 관습에서 자기인식을 발현하는 것을 모델링하고 안내할 수 있다.

촉진의 과정은 참가자의 게시물에서 관련성, 논쟁적 주장, 문화적 맥락을 찾고 드러내는 것이다. 이 과정은 코드에 키워드를 더해서 데이터 검색을 지시하는 전략인 메타 태그를 활용하여 수행할 수 있다. 블로그, 트위터, 인스타그램, 플리커(FlickR), 구글플러스 (Google+) 등과 같은 SNS에서 해시태그와 같은 메타 태그를 사용할 수 있다. 해시태그는 '#'으로 표시되고 기호 뒤에 단어, 구절 또는 하이퍼링크를 추가한다. 상호문화적 대화 참가자가 요청한 온라인 대화에서 콘텐츠에 참여 태그를 지정하면 변혁적 학습으로 이어지는 새로운 인식론적 단계가 생성된다. 멀티 로그에서는 금기나 표시되지 않은 사회적 구성을 드러내기 위해 텍스트와 이미지에 태그를 지정하는 행위를 통해 성찰과 명명할 수 있는 주체성이 관여된다.

다음 학생들의 답변에서 나타나듯이 상호문화적 대화의 촉진은 변혁적 학습을 일으킨다.

> 나는 다른 사람의 관점을 잘 받아들이지 못합니다. 다른 사람의 생각과 신념에 대한 나의 해석은 그들의 생각보다 나 자신의 신념을 더 많이 내포하는 것 같습니다. 고정관념을 갖지 않으려는 노력에도 쉽지는 않습니다. 다른 사람들에 대한 나의 의견은 지난 역사와 경험이 지대한 영향을 미쳤고 그로 인한 나의 무지함은 뚜렷합니다. 가족에 관한 이야기를 공유해 주셔서 감사합니다. 나의 이전 답변을 다시 고민할 수 있게 되었습니다(2011년 10월).

변혁적 학습은 사실이라고 가정한 것과 경험한 것 사이의 차이를 드러내는 활성화 사건을 포함한다(Cranton & Kucukaydin, 2012). 참여자들에게 익숙한 은유와 관용구를 토론하면서, 상호문화적 대화에서는 이러한 은유/관용구가 삶과 어떤 관련이 있는지 혹은 관련이 없는지를 토론하게 된다. 대화는 익숙하고 일상적인 활동에 대한 새로운 통찰로 이어질 수 있다(Hoggan, 2014).

결론: 앎의 다양한 방법

상호문화적 대화에 참여하는 소그룹이 (태그와 내적 행위 인식을 통해) 메타 분석을 통해 만든 관계적 예술은 참가자의 일생 생활에서 정상적인 것처럼 보이던 것들을 재구성하고 변혁함으로써 특권, 권력, 억압을 가시화한다. 내적 행위는 세상의 내부에서 그리고 그 일부로서 세상을 이해하는, 행동의 내부 의존성을 의미한다(Barad, 2007). 서로 다른 문화권 사람들의 집단에 의한 문화적 관습에 관한 내적 행위의 대화에서 차이가 구체화되는 방식이 명백해진다.

다른 사회생물학적 조건 중에서도 성별, 인종, 사회경제적 계층, 성 정체성은 개인이 어떻게 자신을 인식하는가에 상관없이 지배적인 사회적 규정에 따라 개인을 위치시킨다(Alcoff, 1988; Knight & Deng, 2016; Waldron, 2017). 자신의 위치는 주어진 상황에서의 권력, 특권과 관련되어 있는 것으로, 자신이 어떻게 위치되었는가(예로 초권력/소외된, 중심적인/주변화된, 특권적인/억압된)를 인식하는 것은 불평등을 인식하고 저항하는 도구로서 미술을 창작하는 데 유용하다. 하나의 사각형이 다른 사각형 안에 놓여 있을 때 명도가 반전되는 2개의 사각형은 위치성에 대한 시각적인 예시가 될수 있다. 안에 있는 사각형은 같은 회색이지만 바탕에 따라 한 사각형에서는 더 짙어 보이고 다른 사각형에서는 밝아 보이게 된다

(Swanson, 2015).

위치성과 상황 지식을 고려한 상호문화적 대화는 의도적으로 지식 생산 구조에서 배제된 사람들의 시점을 포함하고, 권력을 가진 사람들의 관점을 드러내며, 상황에 따른 시점 간의 차이를 설명한다. 이를 위해 촉진자는 참가자들에게 표시되지 않은 부분을 고려하도록 하고 빠진 부분은 표시하도록 한다.

추론적 관점(Wagner-Lawler, 2013)은 만약 지금대로 모든 일이 지속된다면 어떨지 추론해 보고, 지금과는 다른 앎의 방식과 미래를 구현하는 일을 예술을 통해 상상하면서 현재 자신이 어떤 상황에 놓여 있는지, 어디에 위치하는지를 이해하는 것이다. 협력적 대화를 통해 작품을 창작하는 상호문화적 대화 프로젝트에서 창의성은 사회적 과정으로서 시각적 번역의 한 형식이며, 다른 앎의 방식들과 거시적인 문화적 실천들을 전달하는 것이다. 예를 들어, 1이 기초가 되는 숫자 시스템에서 1+1=2이다. 하지만 'on or off'의 기본 디지털 계산 시스템에서는 1+1=10이다. 또한 사회과학의 이성 출산 시스템에서는 1+1=3이고 통합 시스템에서는 결합의 개념으로 1+1=1이다. 그리고 상호 분열이 있는 상충적인 시스템에서는 1+1=0이 된다. 서로 다른 시스템에 기반한 이러한 수학적 구성을 공유함으로써 상호문화적 대화 참가자들에게 객관적 사실로 나타나는 것이 실제로는 그 문화적 시스템 내에서만 사실로 존재함을 알려 주고 문화적 시스템을 연구할 수 있도록 한다. 따라서 지식은 문화 시스템 내에 내재하는 것이다.

장소, 기억, 감각적 경험은 상호문화적 대화의 형성에 많은 자원을 제공하는 앎의 다른 양식이다. 촉진자는 과거, 현재, 미래를 기점으로 한 호주 원주민 그림을 소개할 수 있다. 또한 불평등을 전달하기 위해 천을 바느질하고 붙여서 만든 칠레 아필레라(arpilleras), 그리고 새의 서식지를 제공하는 Lynne Hull의 환경 예술을 소개할 수 있다. 이러한 예는 참가자들이 대화에서 발견한 서로 다른 세계관의 관계에 대한 내적 행위로서 협력하여 작품을 만들 수 있도록 하는 기반이 된다.

차이의 회절 패턴을 고찰해 보면 차이가 무엇인지, 그것이 어떻게 중요한지, 무엇을 위해 또는 누구를 위해 차이가 존재하는지 알 수 있다(Pritchard & Prophet, 2015). 회절적 방법론에서 중요한 것은 반복적 사회적 과정의 편협한 규범화 효과를 차단하고 방향을 바꿈으로써 이를 가시화하는 페미니스트의 수행적 구현이다(Barad, 2007). 이러한 주체성은 사회적으로 강요된 규정을 거부할 수 있는 힘으로 타인과의 연대적 힘을 필요로 한다. 차이의 관계망은 마치 한 가닥의 실이 함께 엮여서 특정한 공간 안과 밖에서 물질성, 중요성, 지식으로 구성된, 항상 유동적인 상태인 그물망을 만드는 것과 같은 힘을 제공한다. 상호문화적 대화는 장소 기반 미술교육에서 창의성을 수행적 구현, 관계망 그리고 관계의 내적 행위를 이론화하는 데 중요하다. 상호문화적 대화에서 중요한 것은 이해를 도출하는 과정이다.

참고문헌

Alcoff, L. (1988). Cultural feminism versus post-structuralism: The identity crisis in feminist theory. *Signs: Journal of Women in Culture and Society, 13*(3), 405-436.

Arroyo, J. (2016). Transculturation, syncretism, and hybridity. In M. /Y. Martínez-San Miguel, B. Sifuentes-Jáuregui, & M. Belausteguigoitia M. (Eds.), *Critical terms in Caribbean and Latin American thought: New directions in Latin American cultures* (pp. 133-144). New York, NY: Palgrave Macmillan.

Barad, K. (2007). *Meeting the universe halfway: Quantum physics and the entanglement of matter and meaning.* Durham, NC: Duke University Press Books.

Cranton, P., & Kucukaydin, I. (2012). Critically questioning the discourse of transformative learning theory. *Adult Education Quarterly, 63*(1), 43-56.

Denzin, N. K., & Lincoln, Y. S. (2008). Introduction: Critical methodologies and indigenous inquiry. In N. K. Denzin, Y. S. Lincoln, & L. Tuhiwai Smith (Eds.), *Handbook of critical and indigenous methodologies* (ix-xii). Thousand Oaks, CA: SAGE.

Hoggan, C. (2014). Transformative learning through conceptual metaphors: Simile, metaphor, and analogy as levers for learning. *Adult Learning, 25*(4), 134-141.

Kabiito, R., Liao, C., Motter, J., & Keifer-Boyd, K. (2014). Transcultural dialogue mashup. *The Journal of Interactive Technology and Pedagogy, 6.* Retrieved from http://jitp.commons.gc.cuny.edu/transcultural-dialogue-mashup/

Keating, A. (2007). *Teaching transformation: Transcultural classroom dialogues.* New York: NY: Palgrave/Macmillan.

Keifer-Boyd, K. (2018). Transcultural Dialogues. *Revista GEARTE, 5*(3), 439-448 [English and Portuguese]. Retrieved from https://seer.ufrgs.br/gearte/article/view/89347/51627

Keifer-Boyd, K. (2017, August 9). Transcultural dialogue. Keynote at the International Society for Education through Art (InSEA) World Congress, Daegu, S. Korea.

Keifer-Boyd, K. T. (2016). FemTechNet distributed open collaborative course: Performing dialogue, exquisite engendering, and feminist mapping. In R. Shin (Ed.), *Convergence of contemporary art, visual culture, and global civic engagement*. Hershey, PA: IGI Global.

Keifer-Boyd, K. (2013a, September 28). Building transcultural dialogue: Global perspectives in teaching. Global Penn State: Internationalizing the Curriculum conference. University Park, PA.

Keifer-Boyd, K. (2013b, March). Building transcultural dialogue; building participation; building capacities for translate-abilities, response-abilities, sense-abilities. National Ziegfeld Award Acceptance Speech. National Art Education Association Conference. Fort Worth, Texas.

Keifer-Boyd, K. (2012). Feminist Web 2.0 pedagogy: Collaborations that sustain difference. In C. Bitzer, S. Collingwood, A. E. Quintana, & C. J. Smith (Eds.), *Feminist cyberspaces: Pedagogies in transition* (pp. 251-272). Newcastle, UK: Cambridge Scholars.

Keifer-Boyd, K. (2011a, October 15). Tagging transcultural dialogues: Human-technology collaborations. Mobility Shifts Conference, New School, New York, NY.

Keifer-Boyd, K. (2011b, April). Transcultural dialogues: Gender and ICTs in Ugandan contexts. Gender and the Global Information Technology Sector, Penn State, University Park, PA.

Keifer-Boyd, K. (2010, May). Critical participatory action research activism: US and Ugandan transcultural dialogues about contemporary visual culture. Sixth International Congress of Qualitative Inquiry. University of Illinois, Urbana-Champaign, IL.

Knight, W. B., & Deng, Y. (2016). N/either here n/or there: Culture, location, positionality, and art education. *Visual Arts Research*, *42*(2), 105-111.

Naples, N. A. (2003). *Feminism and method: Ethnography, discourse analysis, and activist research*. New York, NY: Routledge.

Paatela-Nieminen, M., & Keifer-Boyd, K. (2015). Transcultural intra-action. In M. Kallio-Tavin & J. Pullinen (Eds.), *Conversations on Finnish Art Education* (pp. 304-317). Helsinki: School of Arts, Design and Architecture Aalto ARTS books.

Pritchard, H., & Prophet, J. (2015). Diffractive art practices: Computation and the messy entanglements between mainstream contemporary art, and new media art. *Artnodes, 15*, 5-14. Retrieved from http://artnodes.uoc.edu

Santí, E. M. (2005). Fernando Ortiz: Counterpoint and transculturation. In *Ciphers of history: New directions in Latino American cultures* (pp. 169-281). New York, NY: Palgrave Macmillan.

Swanson, A. (2015). 12 Fascinating optical illusions show how color can trick the eye. Retrieved from https://www.washingtonpost.com/news/wonk/wp/2015/02/27/12-fascinating-optical-illusions-show-how-color-can-trick-the-eye/?utm_term=.e400d123be3f

Van Der Tuin, I. (2011). "A different starting point, a different metaphysics": Reading Bergson and Barad diffractively. *Hypatia, 26*(1), 22-42.

Wagner-Lawlor, J. A. (2013). *Postmodern utopias and feminist fictions*. New York, NY: Cambridge University Press.

Waldron, R. (2017). Positionality and reflexive interaction: A critical internationalist cultural studies approach to intercultural collaboration. *Innovations in Education and Teaching International, 54*(1), 12-19.

Writtenhouse, S. (2017, August 8). The 10 best online translators you can use in the real world. MUO. Retrieved from https://www.makeuseof.com/tag/best-online-translators/

02 사회적 목적의 예술 기반 지속가능 창조 도시 건설: 예술위원장의 역할을 바탕으로 한 자문화기술지[1]

Yichien Cooper(미국 워싱턴 주립대학교 트라이시티 교수)

서론

나는 2004년에 남편과 함께 미국으로 이민 와서 워싱턴주 리치랜드에 정착하였다. 미국자동차협회에 따르면, 이 지역은 나무가 없는 산 중 가장 높은 것으로 알려진 방울뱀산의 아름다운 전망을 감상할 수 있는 쾌적한 휴식처이다. 서쪽으로는 야키마강이 있고, 동쪽으로는 콜럼비아강이 있는 리치랜드는 제2차 세계대전 당시 맨해튼 프로젝트를 위해 설립되었으며, 지금은 과학 중심 연구를 진행하는 도시이다. 1940년대에 군수산업의 중심지로 알려져 있는 이 도시에서 시민의 발달은 전쟁 중 임시 커뮤니티로 설계되었던 지역의 역사를 반영한다. 처음 이곳으로 이주했을 때에는 강풍

---

1) 이 글은 2017 InSEA 대구 세계대회에서 발표되었고, 이후 미술교육 사회이론학술지 (Cooper, Y. (2018). *Journal of Social Theories in Art Education, JSTAE*)에 게재된 논문을 수정·보완한 것임. 이 글은 https://scholarscompass.vcu.edu/jstae/vol38/iss1/8/의 동의하에 재발행됨.

과 모래 폭풍이 만연한 황량한 사막 환경에 예술이 구축되어 있음을 알지 못했다. 나무가 존재하지 않는 환경은 관개 수로 시스템을 통해 바뀔 수 있겠지만, 예술은 보다 많은 노력과 장기적 계획이 필요하다. 시민단체에 의해 제공되는 예술의 존재는 제한적이었다. 그러나 최근 들어 콜롬비아 분지 와인 산업의 호황, 리치랜드의 날씨, 안정적인 경제 성장으로 인해 다른 주로부터 많은 시민이 유입됨에 따라 리치랜드는 현재 자녀 양육과 은퇴 후 살기에 가장 이상적이고 생활비가 적게 소요되며 스트레스가 적은 미국의 10대 도시 중 한 군데로 선정되었다(Turmbo, 2012).

도시 예술 위원으로서 나의 여행은 입상작을 도시의 쓰레기통에 게시하는 유소년 쓰레기통 예술대회(Cooper, 2014)로부터 시작되었다. 이 프로젝트에서 작품을 전시하는 방식은 나로 하여금 공공미술과 지역사회의 관계 전반에 대해 조사하도록 하였다. 연구를 진행하면서 예술위원회의 창립과 지역사회의 예술 가치에 대해서 흥미를 갖게 되었다. 그리고 이러한 호기심 때문에 당시 리치랜드 도서관장인 Ann Roseberry 박사의 추천을 받아 도시 예술위원직에 지원하게 되었다.

대부분의 시민기획자는 시민/도시 계획의 목적이 주민을 위한 것으로 삶의 질을 향상시키는 것이라는 데 동의한다(Montgomery, 2013). 시민/도시 계획에서 보다 전통적이고 실용적인 접근 방식은 스트레스가 되는 어려움을 줄이고 일상생활 속에서 거주지에 대한 만족도를 향상시키는 것을 목표로 한다. 그러나 최근 다수의 논의에서는 예술과 엔터테인먼트에 대한 접근성, 도시의 미학, 활기찬 사회적 관계 등과 같은 도시의 지속 가능성이 개인의 행복에 영향을 미친다는 사실이 밝혀졌다(Cloutier & Pfeiffer 2015; Leyden, Goldberg, & Michelbach, 2011; Paralkar, Cloutier, Nautiyal, & Mitra , 2017). 다시 말해서, 지속 가능한 도시 개발과 시민의 행복에는 밀접한 상관관계가 있다. 시민/도시 계획에 대한 외부자적 관점에서 나는 예술위원회의 기능이 도로, 산책로, 시설과 같은 물리적 구조물 이상으로 삶을 충족시키는 데 예술이 필수적 조건이라는 가정에 근거해야 한다고 직감하였다. 이러한 맥락에서 예술은 행복에 도달하기 위한 성공적인 도시 기획의 핵심 요소이며, 이것은 주민들의 내적 욕구가 만족될 때에 성취될 수 있다는 신념으로 이 역할을 맡게 되었다.

방법론으로서의 시적 자문화기술지

새로운 이민자로서 예상하지 못했던 문화와 정체성의 교차점을 탐색하는 것은 하나의 생존 본능이다. 시민 구조의 복잡한 속성으로 인해 길을 잃지 않기 위해 새로운 예술위원으로서 나는 시민 기획에서의 기능, 역할, 책임과 관련된 복잡한 문제들을 탐구하는 데에 나의 대인관계적이고 간문화적인 성찰이 중요하다는 사실을 인지하였다. 위원으로서 활동한 지 반 년이 되었을 때, 회의 안건과 자기성찰 일지가 축적되어 가는 것에 흥미를 느끼고 이를 좀 더 연구하기로 결심하였다. 연구의 방법론으로 시적 자문화기술지를 선택하였는데, 그 이유는 그것이 개인적 내러티브와 문화 비평, 문화적 분석과 함께 개인적 경험의 개입, 그리고 공동체, 정체성과 관련된 다중적 입장 간의 대화를 가능하게 하기 때문이다.

이 장은 시민 발전과 예술의 복잡성과 관련된 두 가지의 연구 목적을 갖는다.

첫째, 도시 예술위원회의 (재)정의와 (재)구성의 목적을 갖는다. 자문화기술지적 연구는 "경험의 파편"이 가지는 가치(Grant, Short, & Turner, 2013, p. 2)와 주어진 내러티브와 관련하여 계속적으로 변화하는 의미의 개방적 특성을 인정한다. 또한 여러 형태의 표현방식은 주관적 내러티브의 경계를 확장시키고, 연구자로서, 연구 주체로서, 저자로서 나로 하여금 다원적이고 다양한 사건을 포용하도록 초대한다. 더 나아가 자기성찰을 담은 시, 메모, 드로잉은 지역사회 활성화를 위한 여러 프로젝트와 협력하는 가운데 문화정책, 예술, 지역사회, 도시 구조, 시민 정체성 간에 역동적인 상호작용을 탐구할 수 있도록 한다. 시는 감추어진 메시지를 드러내는 연결을 만들어 주고(Cahnmann-Taylor, 2009), 단어의 의도적 선택은 새로운 의미를 구축한다. 특히 시 기반 연구 방법은 단어, 리듬, 공간을 통해 감각적인 장면을 만들어 내면서 의미를 드러내는 과정을 풍부하게 한다. 시는 언어와 침묵의 정교한 구성을 통해 인간 경험의 단면을 상기시킨다(Leavy, 2015).

은유의 효과적인 활용은 복잡하고 설명하기 까다로운 감정을 표현하는 데 유용하다(Grisham, 2006). Wilson(2011)은 서사적 은유가 방대한 양의 전기적인 자료를 줄이고 자료의 분석을 돕는 효과적인 자문화기술지적 도구가 된다고 주장하였다. 은유법은 일관된 개념적 시스템 구조를 형성할 수 있는 무한한 연결을 제공한다. 또한 다양한 경험으로부터 새로운 유사점을 발견하고 만들어 낼 수 있도록 한다(Lakoff & Johnson, 1980). 영어가 모국어가 아닌 나에게 은유는 복잡한 개념을 이해하는 데 생명줄과도 같다. 은유로 짜인 나의 연구자적 목소리를 담은 시(Faulkner, 2018)는 사회 비판적이고 문화적인 책임을 동반하는 예술위원의 역할을 재구성하는 성찰적 도구이다.

이 장의 두 번째 목적은 예술위원의 위치에서 파생된 사회적 정체성을 (재)발견하고 (재)확인하는 것이다. 교차성은 정체성이 사회적으로 구성되어 있다고 가정한다(Collins, 2007; Crenshaw, 1991). 나의 사회적 정체성(인종, 성별 및 사회계층)은 영리 및 비영리 기관을 통해 예술을 옹호하는 활동과 밀접하게 관련되어 있다. Mannarini와 Fedi가 지적한 바와 같이, 진화하는 사회적 정체성은 자아에 대한 진정성 있는 표현, 장소성/소속감(Campelo, Aitken, Thyne, & Gnoth, 2014; Ingils, n.d., Ingils & Donnelly, 2011), 공동체 의식 혹은 시민적·정치적 참여를 내포한다. 시는 미적 자율성과 관련된 나의 가치와 원칙이 어떤 식으로 지역사회 구성원과의 사회적 상호작용을 자유롭게 하거나 제한하는지에 대한 탐구를 통해 예술위원의 역할에 대해 이야기한다(Kester, 2011). 더 나아가 시는 예술과 정책이 상충할 때 내가 어떻게 예술을 위한 공간을 찾고 옹호하는지, 더불어 예술을 옹호하는 이 여행 속에서 어떻게 나의 아시아계 이민자 정체성이 지역사회 속에서 형성되고 변혁되는지를 탐구하는 것이다.

이 연구에 제시된 시의 각 구절은 예술위원회의 복잡한 속성과 더불어 예술을 통한 시민 기획에의 참여를 반영한 것이다. 해당 구절들은 경험을 기반으로 확장되고, 예술위원으로서의 나의 정서적 · 물리적 풍경을 서서히 변형시킨다. 지속적이고 역동적인 그리고 성찰적인 감각 작용을 통해서 은유와 시 구절들은 역량강화의 경험이 되고 나아가 체화된 지식이 된다. 수년에 걸쳐서 급변하는 정치적 상황과 이해관계 충돌의 여파와 같은 저항적인 상황들을 받아들이는 법을 익혔다. 그 대가로 축적된 공동의 지혜는 불안정한 현실 속에서 예술위원회의 식어 가는 열정을 자극하는 현무암 기둥과 같은 역할을 한다. 시민 예술위원으로서 나의 이야기는 변화에 적응하는 법을 배우는 여행에서 해프닝, 기억, 깨어남과 같은 각각의 레슨 안에 담긴 시적 반응으로 재현된다.

첫 번째 가르침: 사이에서

번역에서 길을 잃다

나는 읽습니다.

로버트의 법칙

한 단어 한 단어

모두 동의

움직임

통과

초

즐겁게 해 주다

아니

공포증은 다른 사람에게 전염됩니다. 그것은

마치 산불처럼 퍼져 나갑니다,

말을 더듬습니다.

어찌할 도리가 없습니다.

한 고리 한 고리

움켜쥐고 또 움켜쥐고

저의 황금연화[2]가 흔들립니다.

회전초와 함께

2004년에 설립된 리치랜드 예술위원회의 목표는 리치랜드의 시법 및 시의회의 목표에 적합한 예술 프로젝트를 제공하고 지원하는 것이다. 현재 해당 위원회에는 전문가들, 예술 애호가들, 그리고 예술 분야에 종사하는 1명의 청년 임원 등 총 6명으로 구성되어 있다. 리치랜드 시법에 따르면, 예술위원회의 기능은 다음과 같이 요약된다.

- 예술적 노력과 관련하여 시의회에 권장 사항을 제공한다.
- 예술과 관련되어 있는 아이디어를 촉진하는 중앙위원회의 역할을 수행한다.
- 도시의 예술을 위한 기부, 보조금 및 기타 지원을 장려한다.
- 지역사회 안팎에서 예술을 위한 다양한 재정 지원 방법을 탐

2) 황금연화(Golden Lotuses)는 중국 문화 가운데 미적으로 높이 평가되고 사회적 신분의 상징이자 여성의 가정적 역할과 가치를 투영하는 것으로서 여성의 발을 묶는 전족을 언급한다.

색한다.

- 예술 관련 프로젝트를 통한 도시의 이미지와 경제적 이익을 강화한다.
- 도시 계획 시 예술적 요소들을 통합하여 전략적 예술의 기획을 계획하고 구현한다.
- 개인과 단체가 도시에 기여한 예술적 공헌들을 인정한다.
- 리치랜드에서 획득한 모든 예술작품을 검토하고 추천한다.
- 리치랜드의 예술품 수집, 유지 및 전시에 대한 정책을 검토 및 권장한다(City of Richland, 2017).

리치랜드 시법이 제정되기 전과 심지어 제정된 이후에도 예술위원회는 여러 한계에 직면하고 있다. 첫째, 예술위원회의 역할이 명확하지 않다. 자문위원회와 자원봉사자들 간 경계는 모호하면서도, 프로젝트를 지원하거나 만들어 내려는 예술위원회의 열망은 오해 및 의사불통으로 이어졌다. 둘째, 예술위원회는 재정적으로 불안정하다. 인근 도시들은 오래전부터 예술 관련 법률의 제정을 위해 일정 지분 이상의 투자를 했지만,[3] 리치랜드시는 프로그램의 수립에 전혀 관심을 가지고 있지 않았기 때문에 예술위원회를 위한 연간 예산을 편성하지 않았다. 규정에 의거하여, 예술위원들은 옹호하는 일만 할 뿐 일반 대중에게 자금을 모금할 수 없다. 안정적인 재정 지원 없이는 리치랜드 예술위원회가 목표를 달성하는 데

---

3) 미술 프로그램의 비율은 일반적으로 시의 조례에 따르는데, 모든 공공 건축의 1%를 공공 미술의 설치와 발전을 위해 할애하도록 되어 있다.

제약을 받을 수밖에 없다. 이러한 한계로 인해 오래전부터 지속된 갈등은 숨겨진 개별 의제, 변덕스러운 정치적 분위기, 그리고 심지어 다른 미적 가치까지 예술의 잠재적 관여와 발전에 장애물이 된다. 이는 예술위원회가 도시 주변에서 임무를 완수하는 데 방해하는 요소가 된다. 예술위원회가 무엇이고 도시에서 왜 중요한지에 대해서 알고 있는 이해관계자 혹은 일반 대중의 수가 많지 않기 때문에 예술을 가시화하는 것은 난제로 남아 있다. 리치랜드시의 다른 시민 관련 부서들과 비교했을 때 리치랜드 예술위원회의 비가시성과 비활성 상태는 시의회에서 볼 때 기존의 불확실한 지위를 악화시키고 있다.

리치랜드시가 기대하는 바와 예술위원회가 갖고 있는 이념 간의 충돌은 어제 오늘 일이 아니다. 일부 도시는 장기적 경제 성장을 위해 예술적 개발, 소위 도시 미화와 예술적 강화를 감독하고 지원하기 위한 예술위원회 이사회의 필요성을 인정하고 있지만, 이를 정당화하거나 재정적인 것으로 전환하는 데에는 어려움이 따른다(Fuller, 1979). 아름다움, 취향, 지각은 주관적인 요소이기 때문에 단순히 모든 이를 위한 예술을 만드는 것 또한 어려운 일이다(Cooper, 2014). 리치랜드에서 바로 콜롬비아강 건너편, Hopper 대 파소시[4]의 사례는 공공 건물에서 노출을 검열하는 데서 비롯된 수십 년에 걸친 논쟁의 그림자를 드리웠고, 지속적으로 정책입안자들이 시민

---

4) 파소시는 트라이시티에 속하는데, 리치랜드시에서 콜롬비아강 바로 건너편에 자리하고 있다. Hopper 대 파소시의 사례는 1996년에 일어났다. 예술가 Janette Hopper와 Sharon Rupp의 프린트가 공공장소에 전시하기에 부적절하다는 이유로 파소시청의 전시회에서 제외되었다. 2001년 미국시민자유연맹이 예술가들의 권리를 위해 승소하였으나, 오늘까지도 파소 시는 예술위원회를 조직하는 데 소극적이다.

들과 직면하는 공공 미술을 회피하게 하고 있다. 리치랜드와 인근 지역(예: 트라이시티[5])이 빠르게 성장하고 있기 때문에, 리치랜드는 현대인의 생활에 있어서 필수 요소인 삶의 질을 고려해야 된다. 따라서 리치랜드시 전체에 걸쳐 예술을 육성하고 촉진시키기 위해서는 효과적이며 접근 가능한 매개자를 두는 것이 중요하다.

두 번째 가르침: 나보다는 우리

로터리

5) 주민들은 리치랜드와 근방의 두 도시 케네윅, 파스코를 통틀어 트라이시티라고 부른다.

인구 수의 증가는 새로운 도전을 불러일으킨다. 리치랜드는 맨해튼 프로젝트 이후 세대와 인근 대도시에서 온 이주민이 갖고 있는 새로운 기대치를 수용해야 할 어려운 변화 과정에 직면하게 되었다. 하지만 예술의 역할에 대해 뚜렷한 해답을 내놓지 못하고 있기 때문에 리치랜드와 예술 공동체 간 긴장은 계층 간 불가피한 분열을 초래하게 되었고, 이는 예술 환경을 바꾸고자 한 예술위원의 노력을 압박하고 방해했다.

Tuan(2012)은 개인과 공동체가 '인본주의 지리학'의 두 가지 요소라고 주장한다. 인본주의 지리학은 우리의 행동 방식을 통제하기 위해 짝지어진 2개의 상반된 견해를 따르고 있다. 그 한편은 지역적인 것이고, 다른 편은 공동의 것이다. 지역적인 것과 공동의 것은 집단 내 팀워크를 인정하지만, 그것은 어쩔 수 없이 우리를 그들과 분리시키고 분열을 초래하는 힘을 만들어 낸다. 다른 하나는 세계적인 측면으로 개인의 자유와 수월성의 추구를 강조하지만 활기찬 지역 문화와 더불어 타인과의 유대감을 망각하게 만든다.

수년에 걸쳐, 리치랜드 예술위원회의 구성원들은 예술의 중요성과 필요성을 강조함으로써 시민 정부 내 자신들의 목소리/장소를 강구했다. 우리 대 그들의 대립 저변에 깔린 영향이 예술위원회를 보다 큰 나머지 시민 공동체로부터 더 소외시킬 뿐이라는 것을 거의 깨닫지 못했다.

부족한 자금은 예술위원회로 하여금 창의적으로 생각하고 도시 계획에 예술을 포함시키도록 하였다. 리치랜드 예술위원회는 이를 인지하고 변화를 일으키고자 공동 협력을 이용하기 시작했다. 그 결과로 리치랜드 예술위원회는 최근 들어 다양한 공공, 민간 및 비

영리 단체와 성공적으로 협업하여 시내 전역에서 펼쳐지는 다양한
프로젝트에서 예술을 보다 발전시키고 홍보하게 되었다. CJ Rench
의 계절 나무(CJ Rench's Tree of Seasons, 2014)는 현지 농산물 직거
래 장터, 공공사업부 및 예술위원회가 함께 노력한 사례이다. 로터

[그림 2–1] **계절 나무**

출처: Rench (2014). [Metal] (사진 제공: Yichien Cooper)

리 중앙에 설치된 이 키네틱 조각물은 농산물 직거래 장터의 성장을 반영하도록 디자인되었다([그림 2-1] 참조).

이 키네틱 조각물은 일반 대중 사이에서 긍정적으로 받아들여졌다. 이러한 긍정적 반응을 통해 예술위원회는 긴 터널 끝 한줄기 빛을 볼 수 있었다. 이 예술적 로터리는 상징적인 랜드마크이자 만남의 장소로 자리했다. 리치랜드 예술위원회 및 다른 지역사회 그룹들 간 협업은 예술을 가시화했을 뿐만 아니라 도시 내 다른 프로젝트들이 진행될 수 있는 기회를 열어 주었다. 리치랜드시의 공공사업부는 2016년에 다시 예술위원회와 협업하여 다른 로터리에 2개의 예술품을 추가로 설치했다. 이와 같은 성공으로 인해 계획된 듀포트네일 다리에 미적 요소가 더해졌고, 4차 및 5차 로터리에 예술품을 설치하여 중요한 교통 통로가 되었다([그림 2-2] 참조). 시민 기획 부서 간 보다 원활한 협력이 이뤄지고 있다는 것은 공공예술과 같은 필수적인 "도로 시설물"의 통합이 도시 공간의 정체성, 성격, 질적 수준, 개발에 기여할 수 있다는 증거이다(Carmona, 2003, p. 196). 도시 주체들 간의 협업 관계를 구축하는 것은 물리적 구조물을 치장하는 것뿐만 아니라 우리의 가능한 생활 공간을 재구성하도록 한다. 계절 나무에서 미래의 다리까지, 이러한 변혁은 리치랜드시가 핵 물리학 및 과학적 혁신을 중심으로 과거, 현재, 미래가 변화하는 핵의 도시로 주민들에게 인식되는 각성의 계기가 되었다.

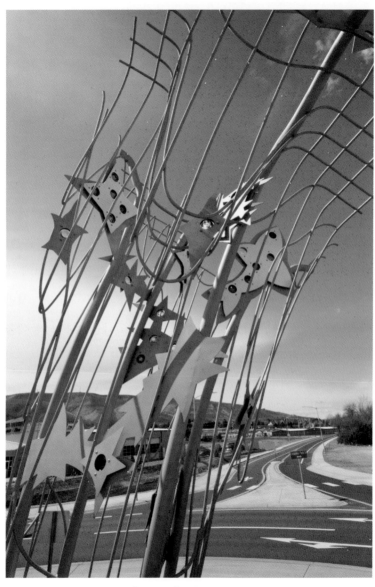

[그림 2-2] **별을 위한 낚시**

출처: RhizaA+D (2019), [Metal], Queensgate Roundabout Corridor, (사진 제공: Ean Eldred)

세 번째 가르침: 정체성의 리믹스

ABC 탱고: 과거와 현재(4/4비트)

원자	농촌관광
폭탄	바텔
냉전	정화
방위	다양성
에너지	환경
핵분열	식품가공
Leslie Grove 장군	중력파
핸포드	수상비행기
(빛/방사선) 조사	이주
일자리	일자리
케너윅 맨	성공의 열쇠
로렌스 리버모어	라이고(중력파 관측 시설)
맨해튼	다문화
핵	자연경관
작전	기회
플루토늄	보존
품질보증	콰드시티
방사선	레드 마운틴
비밀(유지)	스템 + A
터미네이션 윈즈	기술
우라늄	도시화
승리자	포도재배
화이트 블러프	폐기물
제논의 독작용	X세대
산출	야키마강
존	줌

[그림 2-3] 리치랜드의 정체성 1940 vs. 2017(Yichien Cooper에 의한 시각화)

1941년에 진주만에서 일본의 기습공격에 대응하여 핵무기용 플루토늄의 생산을 위해 핸포드 사이트가 만들어졌다. 트리니티 테스트를 통해 첫 번째 핵폭탄의 개발에 기여하였고, 이후 1945년 8월 9일 일본 나가사키에 일명 '팻맨' 원자폭탄이 투하되었다. 당시 핸포드 사이트에서 단 6마일 떨어진 곳에 위치해 있었던 리치랜드는 노동자들의 정착지이자 생활 공동체가 되었다(Kelly, 2007; Toomey, 2015).

1940년에 인구 수가 208명밖에 되지 않았던 불모지에서 1943년에 전략적으로 대규모의 인구 이주에 이르기까지, 많은 주민은 자신들이 하고 있는 일이 추후 전쟁의 판도를 어떻게 바꾸게 될지에 대해서 알지 못했다. 리치랜드는 제2차 세계대전부터 그 이후 냉전 때에도 기밀로 남겨졌다(Toomey, 2015). 그곳에서는 수십 년 동안 변화가 거의 없었다. 원자력 맥주공장(Atomic Brewery), 리치랜드 폭격기(Richland Bombers), 핵 길(Nuclear Lane)과 같은 상호명은 전시 당시의 분위기를 연상케 한다.

오늘날까지 빠르게 진행되고 있는 리치랜드와 핸포드는 마치 결합된 쌍둥이와 같다. 이 두 군데 모두 핵 폐기물의 정화를 위한 1,120억 달러 규모의 예산 편성으로 전국적인 관심을 끌었으며, 때때로 방사선 제거 중 문제가 발생하였다. 오랜 편견에도 불구하고, 점점 더 많은 주민이 현재 제2차 세계대전 후 1970년 리치랜드의 정체성을 비판적으로 검토해 왔다. 1940년대 이후부터 과학과 기술의 중심지였던 리치랜드의 21세기 모습은 어떠한지에 대해 많은 주민이 질문하기 시작하였다.

그 질문에 대한 답을 찾기 위해서 리치랜드 시의회는 2008년에 일곱 가지 성공 핵심 요인을 제시하였다(City of Richland, 2008).

- 핵심 요인 1: 재정 안정성 및 운영 효율성
- 핵심 요인 2: 사회기반 시설 및 기타 시설물
- 핵심 요인 3: 경제활력
- 핵심 요인 4: 센트럴 리치랜드 및 아일랜드뷰의 활성화
- 핵심 요인 5: 천연자원 관리
- 핵심 요인 6: 지역사회 편의시설
- 핵심 요인 7: 주택 및 이웃

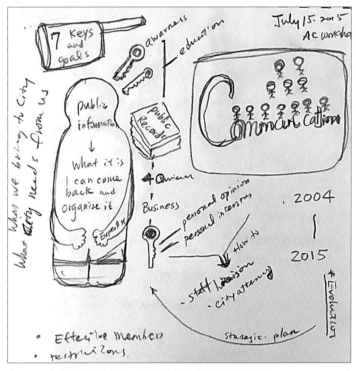

[그림 2-4] 성공을 위한 일곱 가지 핵심 요인에 대한 이해(회의 노트; 2015. 7. 15.)

　일곱 가지의 핵심 성공 요인들에 대한 대응으로, 예술위원회는 2015년부터 도시의 새로운 기대를 충족하기 위한 대대적인 재구조화에 착수하였다([그림 2-4] 참조). 리치랜드시는 2017년 5월 2일에 종합계획지원분석에 대한 초안 보고서를 발표하였다(Oneza & Associates, 2017). 이 보고서는 리치랜드를 경제적으로 번영한, 높은 수준의 교육을 받은 인력과 저렴한 주택 가격을 갖춘 도시로 묘사했는데, 이 모든 것은 대도시에서 다른 지역으로 이주하고자 하는 사람들에게 매력적으로 다가왔다. 실제로 트라이시티 지역은 최근 들어 가장 저렴한 비용으로 생활할 수 있는 지역사회로 선정되었다(*Tri-City Herald*, 2015). 한편, 리치랜드는 과거의 임시변통의 사고방식에서 벗어날 방법을 찾아야 하는 도전에 직면해 있다. 이 보고서는 도시가 자연경관 및 생활 편의시설과 같이 이미 활용 가능한 기능들을 장기적 경제 성장을 위한 자산으로 이용할 것을 강조한다. 해당 보고서에서는 예술과 문화 활동이 지속적인 경제 성장을 위한 핵심 요인들과 맥을 같이한다고 언급하고 있다. 그 변화의 증거는 리치랜드의 공공 미술이 확장하면서 공공 예술품과 소장품의 수가 급격히 증가한 것에서도 찾아볼 수 있다. 하지만 과연 그것으로 충분할까?

네 번째 가르침: 지속 가능한 스펙트럼

집단적 삶의 양상에 초점을 맞추는 것은 공공 개발에 있어 공리주의적 관심을 넘어서는 데 도움이 된다. 그러나 지역사회의 사회적 상호관계와 사회적 네트워크는 지역사회 참여, 자부심 및 장소성, 안전성과 같은 요소들과 함께 지속적인 도시 개발을 위한 핵심 요소로 고려되어야 한다(Dempsey, Bramley, Power, & Brown, 2011). 실제로 물리적인 공간을 만드는 것만으로는 도시화에 대한 소도시 시민의 요구를 충족하지 못한다. 결국 공간을 기억하게 하는 것은 사람이다. 뉴욕시의 전 수석 도시 계획자 Burden(2014)은 공공 공간에 대해 다음과 같이 말했다.

공공 공간은 처음부터 대중적 사용을 위한 것이라는 주장 이외에도 이것을 사용하는 사람들을 위해 디자인되고, 모든 사람을 위한 것이 되도록 그리고 그것이 파괴되거나 침해되거나 버려지거나 간과되지 않도록 유지하여야 한다(Burden, 2014).

예술과 문화는 사회계층적·경제적 제약이 없는 '공공 공간'을 형성하는 창의적인 행위이다. 도시의 예술위원은 포용, 관용, 연민, 다양성의 가능성을 열어 주는 예술의 목소리를 옹호하는 역할을 할 수 있다.

환경적·경제적·사회적 평등이 지속 가능한 지역사회를 개발하는 데 근본적인 요소가 된다는 점에서 행복은 사회적 평등을 이루는 데 도움이 되고, 이것은 다시 지역사회의 더 많은 참여 기회를 제공한다. 도시 계획과 관련된 행복의 역할을 고민하던 중 '행복을 통한 지속가능성 프레임워크(STHF)'를 발견하였다. 이것은 행복 비전, 참여자 참여, 수익성, 시스템 계획, 지속가능성 개입, 커뮤니티 개발 강화의 5단계로 구성된다(Cloutier & Pfeiffer, 2015). 행복을 핵

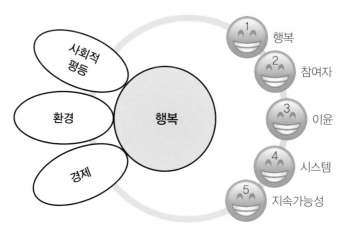

[그림 2-5] 행복 구조를 통한 지속가능성 개념도(STHF)

출처: Cloutier & Pfeiffer (2015).

심으로 하여 지역사회 구성원을 효과적으로 참여시킬 수 있는 비전과 커뮤니케이션 수단을 제공한다.

뜻이 있는 곳

침묵은 과거

땅에 묻혀 있다

강줄기들이 합쳐지고

또 나뉘어진다

바람에 먼지가 흩날리고

언덕들이 만연하고

또 사라진다

해와 지구가 만나는 때에 우리는 어디로 향하는가?

음식, 주거지, 건강과 돈

우리를 행복하게 만드는 것은 무엇인가?

SimCity 게임을 해 보자

다가올 일을 준비하며 소매를 걷어붙이고

모든 것

걷는 자에게 접근이 허용되고

회복하는 자에게 벽화가 속삭이고

무대가 세워졌으니 입장을 하자

노래하고 춤추고 환호하자

"금빛의 햇살 아래 모든 이들을 위한 공간."

51

결론: '나는 머무르고 나아간다: 나는 멈춤이다'

제2차 세계대전의 방향을 바꾼 역사적인 의미를 가진 마을에 정착한 이민자로서 새로운 도시 정체성을 찾기 위한 도시 계획에 있어 불확실성과 고군분투의 진화 과정을 지켜보았다. 도시 예술위원으로서의 나의 참여는 어떻게 예술이 도시 계획의 중요한 부분이 될 수 있는가를 조명한다. 사회적 편의를 제공하는 것은 공동체의 유대감을 강화하며, 이는 예술과 문화를 포함으로써 성취될 수 있다. 간략히 말하자면, 예술과 문화는 도시의 정체성을 유지하고 지원하는 창의적 행위이다.

도시 계획에서 예술을 엮어 내는 과정은 뜻밖의 놀라움으로 가득 차 있다. 2018년에 리치랜드시는 기본 도시 설계를 강화하기 위한 6개의 핵심 중점 분야를 새롭게 권유받았다. 다섯 번째 핵심 영역에서는 커뮤니티 편의시설을 확보하고, '도시를 개선하고 아름답게 만들기 위해 게이트웨이, 거리 풍경 및 공공 미술을 창조한다'라는 첫 번째 목표를 명시하고 있다. 실행 계획에는 예술 계획 구현, 예술 프로젝트를 위한 파트너십 탐색, 거리 조경 공사가 포함된다(City of Richland, 2019). 몇 년간의 노력 끝에 도시 개발의 핵심적인 역할을 담당하면서 예술은 마침내 뒤늦은 인정을 받을 수 있었다.

성공적인 결과가 계속되기 위해서 일부 개선이 필요하다고 생각된다. 첫째는 사람들의 신체적 · 정신적 · 사회적 참여를 증진하기 위한 지속가능성의 의미를 재정의하는 것이다. 또한 기존에 실행되고 있는 혹은 잠재된 정책들을 비판적인 관점에서 검토해야 하는 데, 이러한 정책이 예상 기대와 성과를 추동하기 때문이다. 양질의 라이프 스타일에 대한 요구가 높아짐에 따라 이러한 변화를 가능하게 하는 것이 무엇인지에 대한 연구가 필요하다. 결과적으로 앞으로 예술위원들의 과제는 사회적으로 책임 있는 도시 계획을 지속하는 것에 그치지 않고, 예술의 가치를 옹호하고 이에 관하여 공무원과 이해관계자를 다시 교육할 수 있는 적절한 채널을 찾는 것이다.

2019년 4월 16일, Robert Thompson 리치랜드 시장으로부터 공로상을 수여받았다. 지난 6년 동안 참여한 공공 미술 프로젝트를 시장이 요약해 주었을 때 나는 더없이 기쁜 마음이었다. 되돌아보면 리치랜드시가 진보적인 변화를 이어 가는 것과 같이 아시아계 미국인으로서 새로운 지역사회에 적응하면서 비슷한 도전에 직면하고 있음을 알게 되었다. 공공 미술이 풍부한 대만 가오슝시에서 성장했던 나로서는 리치랜드시의 한정된 예술 현장에 익숙해지는 데 오랜 시간이 걸렸다. 또한 침묵과 겸손이 미덕인 아시아 국가에서 왔기 때문에 언제 그리고 어떻게 의견을 피력해야 할지 혼란스러웠다. 나는 누구인가, 지역사회는 나에게 무엇을 의미하는가, 나의 지역사회는 어디인가와 같은 질문으로 항상 고뇌했다. 결과적으로 나는 문화적 차이와 언어 장벽, 그리고 시민 행정이 어떻게 작동하는지에 대한 나의 부족한 이해에 갇혀 있었다. 시청 단상에 앉아 있으면서 두려움, 불확실성, 자기의심에 압도당했다. 그러나 동료들과 함께 하는 적극적인 예술 옹호 활동을 통해, 나는 점차 지역사회가 나를 받아들이길 기다리는 것도, 지역사회에 나를 맞추는 것도 답이 아니라는 것을 이해하게 되었다. 그보다는 나 자신을 지역사회의 구성원으로 받아들여야 하는 것이다. 더 이상 멈춰 있지 않는 나는 도시 풍경을 새롭게 만드는 협력적 힘의 일부이다.

참고문헌

America Automobile Association. (n.d.). *Auto tour Washington travel services: Yakima Valley*. [PDF file]. Retrieved from https://wa.aaa.com/CMSPages/GetAzureFile.aspx?path=~%5Cmedia%5Caaawashington%5Caaawa%5Cmapsdirections%5Cpdf%5Cautotours%5Cyakimavalley.pdf&hash=f0284fe7ef1ca8079e476db1449ab198ae2db24e040ec70908e8c2033b9da39b

Burden, A. (2014, April 7). *How public spaces make city work* [Video file]. Retrieved from https://www.ted.com/talks/amanda_burden_how_public_spaces_make_cities_work

Campelo, A., Aitken, R., Thyne, M., & Gnoth, J. (2014). Sense of place: The importance of destination branding. *Journal of Travel Research*, *53*(2), 154-166.

Cahnmann-Taylor, M. (2009). The craft, practice, and possibility of poetry in educational research. In M. Prendergast, C. Leggo, & P. Sameshima (Eds.), *Poetic inquiry: Vibrant voices in the social sciences* (pp. 13-29). Rotterdam, The Netherlands: Sense Publishers.

Carmona, M. (2003). *Public places, urban spaces: The dimensions of urban design*. Boston, MA: Architectural Press.

City of Richland. (2008). *White paper on Richland's code enforcement programs*. Retrieved https://www.ci.richland.wa.us/home/showdocument?id=616

City of Richland. (2011). *City of Richland public art catalogue*. Retrieved from https://www.richland.lib.wa.us/Home/ShowDocument?id=370

02 사회적 목적을 내재한 예술 기반의 지속가능 창조 도시 건설: 예술위원장의 역할을 바탕으로 한 지문화기술지

City of Richland. (2017). *Chapter 2.17: Arts Commission*. Retrieved from http://www.codepublishing.com/WA/Richland/html/Richland02/Richland0217.html

City of Richland. (2019). Strategic Leadership Plan: 6 Core Focus Areas. Retrieved from http://ci.richland.wa.us

Cloutier, S., & Pfeiffer, D. (2015). Sustainability through happiness: A framework for sustainable development. *Sustainable Development, 23*(5), 317-327.

Collins, P.H. (2007). Pushing the boundaries or business as usual? Race, class, and gender studies and sociological inquiry. In C. J. Calhoun (Ed.), *Sociology in America: A history* (pp. 572-604). Chicago, IL: University of Chicago.

Cooper, Y. (2018). In the Folds: Transforming a City's Identity through Art and Social Purpose. *The Journal of Social Theory in Art Education (Online), 38*, 46-57. Retrieved from https://scholarscompass.vcu.edu/jstae/vol38/iss1/8/

Cooper, Y. (2014). Art on a trash can: Art for life with a twist. *Journal of Art for Life, 6*(1), 1-13.

Crenshaw, K. (1991). Mapping the margins: Intersectionality, identity, politics, and violence against women of color. *Stanford Law Review, 43*(6), 1241-1299.

Dempsey, N., Bramley, G., Power, S., & Brown, C. (2011). The social dimension of sustainable development: Defining urban social sustainability. *Sustainable Development, 19*(5), 289-300.

Faulkner, S. L. (2018). Poetic inquiry: Poetry as/in/for social research. In P. Leavy (Ed.), *Handbook of art-based research* (pp. 208-230). New York, NY: Guilford Press.

Fuller, L. (1979). Arts commissions in Washington State: Profiles, selected legal documents and arts commission papers (University of Washington. Institute of Governmental Research. Technical Report; no. 2). Seattle, WA: University of Washington, Institute of Governmental Research.

Grant, A., Short, N. P., & Turner, L. (2013). *Contemporary British autoethnography*. Rotterdam, The Netherlands: Sense Publishers.

Grisham, T. (2006). Metaphor, poetry, storytelling and cross-cultural leadership. *Management Decision, 44*(4), 486-503.

Ingils, T. (n.d.). Local belonging, identities, and sense of place in contemporary Ireland. *No. 4. in discussion series: Politics and identity*. Institute for British-Irish Studies University College Dublin. [PDF file]. Retrieved from http://www.ucd.ie/ibis/publications/discussionpapers/localbelongingidentitiesandsenseofplaceincontemporaryireland/P&D_Disscussion_Paper_4.pdf

Ingils, T., & Donnelly, S. (2011). Local and national belonging in a globalized world. *Irish Journal of Sociology, 19*(2), 127-143.

Kelly, C. (2007). *The Manhattan project: The birth of the atomic bomb in the words of its creators, eyewitnesses, and historians*. New York: Black Dog & Leventhal: Distributed by Workman Pub.

Kester, G. H. (2011). *The one and the many: Contemporary collaborative art and the many in a global context*. Durham, NC: Duke University Press.

Leavy, P. (2015). *Method meets art: Art-based research practices*. (2nd ed.). New York, NY: The Guilford Press.

Lakoff, G., & Johnson, M. (1980). *Metaphors we live by*. Chicago, IL: Chicago University Press.

Leyden, K., Goldberg, A., & Michelbach, P. (2011). Understanding the Pursuit of Happiness in Ten Major Cities. *Urban Affairs Review, 47*(6), 861-888.

Mannarini, T., & Fedi, A. (2009). Multiple sense of community: The experience and meaning of community. *Journal of Community Psychology, 37*(2), 211-227.

Montgomery, C. (2013). *Happy city: Transforming our lives through urban design.* New York, NY: Farrar, Straus and Giroux.

Ocasek, R. (1984). Heartbeat city [Recorded by The Cars]. On *The heartbeat city* [CD]. New York, NY: Eletkra/Asylum Records.

Oneza & Associates. (2017). *City of Richland draft comprehensive plan supporting analysis.* Retrieved from https://www.ci.richland.wa.us/home/showdocument?id=4158

Paz, O. (1991). Between going and staying. In E. Weinberger (Ed. and Trans.), *The collected poems of Octavio Paz, 1957-1987* (pp. 507-508). New York, NY: New Directions.

Paralkar, S., Cloutier, S., Nautiyal, S., & Mitra, R. (2017). The sustainable neighborhoods for happiness (SNfH) decision tool: Assessing neighborhood level sustainability and happiness. *Ecological Indicators,74,* 10-18.

Toomey, E. (2015). *The Manhattan Project at Hanford site* (Images of America). Charleston, South Carolina: Arcadia Publishing.

Tri-City Herald. (2015, February 18). West Richland, Tri-Cities rank high as the most affordable places to live. Retrieved from http://www.tri-cityherald.com/news/business/article32216439.html

Trumbo, J. (2012). Kiplinger.com says Richland is nation's second-best city to raise children. *Tri-City Herald.* Retrieved from http://www.tri-cityherald.com/news/local/article32066583.html

Tuan, Y, F. (2012). *Humanist geography: An individual's search for meaning.* Staunton, VA: George F. Thompson Publishing.

Wilson, K. B. (2011). Opening Pandora's box: An autoethnographic study of teaching. *Qualitative Inquiry, 17*(5), 452-458.

03 일본의 지역사회 특정적 예술:
포스트 미술관의 개념을 중심으로

Hiroya Ichikawa(일본 군마대학교 교수)

서론

오늘날 많은 예술 기반 프로젝트가 일본 전역에서 진행되고 있다. 예를 들어, 국제 현대 미술 전시회인 일본 에치고–츠마리 아트 트리엔날레(Echigo-Tsumari Art Triennial)는 2000년에 시작되었다. 전통적인 시골 풍경에 장소 특정적 작품이 전시되었다. 미술 평론가 Nakahara(2000, p. 14)는 "이번 전시는 우리에게 미술관의 장소적 역할과 전시 자체의 형태를 재고하게 한다."라고 카탈로그에서 언급했다. 하지만 이러한 의견에도 불구하고 아직까지 많은 미술 전시회는 전시회 자체를 단지 하나의 커뮤니케이션 도구로 간주하는 모더니스트적인 미술관의 개념을 기반으로 한다.

이 연구의 목적은 일상생활에서의 예술적 실행을 재고해 보는 것이다. '일상생활'이라는 키워드는 현대 미술사에서 새로운 것이 아니다. 예를 들어, Genpei Akasegawa, Natsuyuki Nakanishi, Jiro Takamatsu가 구성한 하이–레드 센터(Hi-Red Center)는 공공 장소

59

에서 예술적 활동을 선보였다. 그들은 1964년 10월 16일 도쿄시에서 청소 이벤트(cleaning event)를 진행하였다. Tomii(2007, p. 55)는 "하이-레드 센터는 반예술과 비예술을 연결하는 사회적 공간에 은밀하게 흡수되는 반예술의 개념주의적 진화를 구현한다."라고 주장하였다. 여기서 '비예술'이란 '비창조'를 의미한다. 몇 년 후에 Akasegawa, Tetusuo Matsuda, Shinbo Minami는 거리에서 무의미한 사물을 발견하고 '하이퍼 아트'라는 개념을 고안하였는데, 이는 '비예술'의 개념으로 확장되었다.

미술교육학의 관점에서 일상생활의 일부로서 미술 활동은 학교 교육에 충분히 접목되지 못하고 있다. 지역사회에서 예술가의 역할은 무엇인가? 비예술가로서 주민들의 창의적 영감은 어디서 비롯되는가? 지역사회 기반 미술교육 네트워크를 어떻게 구축할 수 있는가? 이 장에서는 두 가지 사례를 통해 예술 기반 프로젝트와의 관련성 속에서 교육 시스템을 고찰하고, 일본 현대 미술에서 지역사회 특수성의 중요성을 논의하고자 한다.

한시적 전시에서 일상적 삶으로

포스트 미술관의 개념

오늘날에는 미술관의 형태가 다양해졌다. 확장된 미술관의 개념은 다방면에서 분석할 수 있다. 1970년대 ICOM에서 '에코뮤지엄(eco-museum)'의 개념이 제안되었다. 제안자 중 한 명인 Georges

Henri Rivière는 스톡홀름의 스칸센(Skansen) 야외 미술관에서 이 계획을 수립하였다. 기존의 전통 미술관과 반대로 야외 미술관은 유물을 현장에 보존한다.

에코뮤지엄은 기본적으로 핵심 미술관과 위성 미술관으로 구성되어 있으며 각 장소를 연결하는 산책로 또는 진입로가 활용된다. Simard(1991)에 따르면 에코뮤지엄은 기억의 수집에 중점을 둔다. 에코뮤지엄은 포스트 미술관의 특징적인 형태이다. Eilean Hooper-Greenhill(2000)은 〈표 3-1〉과 같이 현대 미술관과 포스트 미술관을 비교하였다.

관람자 경험의 관점에서 볼 때 모더니스트적인 미술관은 일방향적이고 수동적인 학습을 제공하는 반면, 포스트 미술관은 다양한 참여 활동을 제공한다. Hooper-Greenhill(2000, p. 152)은 포스트 미술관에서 진행하는 이벤트가 지역사회와 기관 파트너십의 구축을 포함한다고 언급하였다. 또한 "포스트 미술관의 지적 발전은 근대 미술관의 탄생을 목격한 유럽의 주요 영역 밖에서 일어날 것"이라고 강조하였다.

〈표 3-1〉 현대 미술관과 포스트 미술관 비교

구분	현대 미술관	포스트 미술관
수집	유형 작품의 보관 및 관리	유형 작품의 보관 및 관리와 더불어 작품의 사용까지 고려(무형 유산 포함)
전시	전시가 주된 소통의 형태	전시를 이벤트의 일부로 설정
건물	미술관의 이미지는 건물	포스트 미술관의 이미지는 과정이나 경험

출처: Hooper-Greenhill (2000), pp. 152-153.

이러한 맥락에서 우리는 '토속 미술관'의 개념을 참조할 수 있다. Kreps(2007, p. 233)는 토속 미술관에서 "큐레이터의 권한은 지역사회 구성원과 기타 이해관계자가 공유한다."라고 언급하였다.

포스트 미술관 시대, 지역사회 특정적 미술 활동

포스트 미술관을 살펴보기 위해 권미원(Kwon, 2004)이 처음 제안한 '지역사회 특정적' 개념을 참조할 수 있다. 그녀는 1993년 시카고에서 열린 '행동하는 문화(Culture in Action)' 프로젝트에 참여한 Christopher Sperandio와의 인터뷰에서 이 단어를 인용하였다. 당시 큐레이터인 Jacob, Bronson과 Olson(1995, p. 13)에 따르면 이 전시는 '관람객' '대중' 또는 '조각'의 정의를 확장할 수 있도록 디자인되었다. Hoffmann(2014, p. 44)은 교육이 '행동하는 문화'에서 중심적인 역할을 했다고 설명한다. 이 전시회에서 Sperandio와 Simon Grennan은 노동조합과 함께 그들의 꿈을 실현하기 위한 공동 프로젝트 '우리가 해냈어!(We Got It!)'를 기획하였다.

전시 카탈로그에서는 그들 작품의 형태와 재료는 기존의 청동 조각과는 달리 노동에 대한 새로운 도시 기념물로서 표현되었다고 묘사한다. 이 두 가지 유형의 기념물은 '지역사회 특정'과 '장소 특정' 간의 관계와 유사하다. Sperandio(Kwon, 2004, p. 109)는 '장소'는 '중립적이고 타인에게 의거한 공간'을 의미하지만, 반대로 '지역사회'는 '더 구체적이고 자기결정적'이라고 분석하였다.

'행동하는 문화'의 전시자 Lacy(1995, pp. 178-179)는 작품과 관객의 관계를 동심원 모델을 기반으로 재고하였다. 원의 중심에는 발생과 책임이 있다. 중심에서 출현하는 다른 원에는 공동 작업자 혹은 공동 개발자가 포함된다. 다음 단계의 참여는 자원봉사자와 공연자로 이루어진다. 다음 원은 작품을 직접 경험한 관람자로 구성된다.

Lacy의 모델을 참조하여 Helguera(2011, pp. 14-15)는 참여 구조를 명목적 참여, 직접적 참여, 창의적 참여, 협력적 참여로 분류하여 체계를 설정하였다. 협력적 참여에서 '방문자는 예술가와의 직접적인 대화를 통해 협력을 이루고 작품의 구조와 내용의 전개에 대한 책임을 공유한다'. 지역사회 기반의 미술 활동에는 기본적으로 지역 주민들의 참여가 포함되는데, 이것은 오늘날 사회 참여 예술로 분류된다.

대표적인 예로, Jeremy Deller는 뮌스터 조각 프로젝트 2017 (Sculptur Projecte Münster 2017)에서 10년 프로젝트인 '지구에서 말하기(Speak to the Earth)'와 '이것이 말해줄 것이다[It Will Tell You(2007–2017)]'를 선보였다. 이 프로젝트는 분구 농원 협회와 협업한 작품이다. 전시 카탈로그에서는 분구 농원을 "중산층 가정이 자립하는 데 도움을 주기 위한 목적으로 설계된 과일, 채소 농원"으로 설명한다. 또한 "오늘날 사람들은 주로 여기서 여가 시간을 보내고 농원은 자연 체험 현장으로 사용된다."라고 밝히고 있다. Deller는 50개 이상의 협회에 연락해서 식물과 날씨 데이터의 기록을 요청하였다. 더불어 이러한 기록을 지역 협회 활동의 전기로 활용할 것을 제안하였다. 그리고 그것은 전시 기간 동안 방문객들이 읽어 볼 수 있었다.

지역사회 기반 프로젝트에서 제작된 작품은 항상 사물의 형태를 갖는 것은 아니기 때문에 과거의 전시 방향은 적합하지 않다. 시각적으로 '감상'하는 것뿐만 아니라 신체적으로 '참여'하는 것도 경험을 공유하는 데 중요하다.

일본의 지역사회 특정적 미술

일본에서는 일부 예술 기반 프로젝트가 축제 형태의 전시회에서 일상생활 예술로 전환되었다. 예를 들어, 도리데 미술 프로젝트(Toride Art Project)는 1999년부터 시민, 정부 및 도쿄 국립미술음악대학의 협력으로 설립되었다. 주요 프로그램으로 야외 전시회와 오픈 아틀리에 프로그램이 2년마다 개최되었다. 2010년에는 비영리 단체가 설립되어 연중 프로젝트에 집중하고 있다.

또 다른 예로 큰 파도 프로젝트(Breaker Project) 또한 일상생활에 중점을 둔다. 이 프로젝트는 문화 활성화 도시 프로그램의 일환으로 2003년에 시작되었다. 2014년부터 이 프로젝트는 방치된 학교 건물에 지역사회 기반 업무 현장을 구축하였다. 프로젝트 감독 Amenomori(2016, p. 43)는 이 사업의 목적에 대해 "미술과 사회의 경계를 허물고 일상 속에서 미술을 만드는 플랫폼을 제공하며, 이 과정이 발전된 미래를 위한 기초가 된다."라고 설명하였다.

포스트 미술관 이론을 적용할 때, 지역사회 기반 미술 활동은 포스트 미술관 미술의 효과적인 형태로 보인다. 작업 활동에서 유형의 대상으로서의 예술작품은 무형의 과정이나 경험으로 대체된다. 따라서 한시적인 전시 시스템은 더 이상 이러한 유형의 작품을 전시하는 유일한 선택이 아니다. 다음에서 이바라키 미토시에서 진행

중인 아트 프로젝트의 두 가지 사례에 대해 논의하고자 한다.

지역사회 특정적 예술 모델의 사례 연구

방과 후 동아리에 관한 실행 연구

● 프로젝트 개요

이 프로젝트는 Jun Kitazawa 작가가 총 책임자로 있다. 그의 미술 프로젝트는 지역 주민들과 함께 대안적인 일상을 만드는 것에 집중한다. 예를 들어, 사이타마현 모토시에서 시작된 거실(Living Room)은 주민들이 직접 가구를 가져와 방치된 공간을 공용 공간으로 구축하는 참여 프로젝트이다. 또 다른 예로 선 셀프 호텔(Sun Self Hotel)은 앞에서 언급한 도리데 미술 프로젝트의 일환으로 개발되었다. 이 프로젝트 기반 작업은 비어 있는 방을 주민들이 '호텔 맨' 역할을 하며 임시 호텔로 탈바꿈시키는 것이다.

방과 후 학교 동아리라는 프로젝트에서 Kitazawa는 그의 방법을 학교 시스템에 적용하였다. 그는 학교가 아이들에게는 '일상'의 상징이라고 생각하여 학교라는 평범한 존재를 근본적으로 흔들어 놓는 것을 목표로 하였다. 이 개념은 지역사회 내 성인이 아닌 어린아이들이 주도하는 대안학교를 만드는 것이다. 아이들은 이 프로젝트를 통해 교사의 역할을 하며 창작자로서의 정체성을 확립한다.

이 과정은 4단계로 구성된다. 첫 번째 단계에서는 예술가를 포함해서 어린이 활동의 촉진자들이 대안학교 설립을 제안한다. 어

[그림 3-1] 동아리 활동 모습(2011. 10. 23.)

[그림 3-2] 학교 개강일(2011. 12. 17.)

떤 아이들은 이 제안에 놀라면서 아이들은 '건물'을 지을 수 없다고 말할 수도 있다. 많은 학생은 '학교'라는 단어에서 건물을 떠올리기 때문이다. 두 번째 단계에서 촉진자는 "학교란 무엇인가요?" "학교에서 무엇을 할 수 있나요?" "학교 교과과정에서 무엇을 하나요?"와 같은 질문을 하고, 이어지는 대화를 통해 아이들은 조금씩 학교에 대한 선입견을 탈피한다. 세 번째 단계에서 촉진자는 자신의 학교에서 무엇을 하고 싶은지에 대해 질문하고 아이들은 그에 대한 계획을 세운다. 마지막 단계는 부모님, 교사 또는 주민들을 '학생'으로 간주하고 '방과 후 학교(School After School)'라는 대안학교를 개최한다.

● 프로젝트의 전개

시간이 흐르면서 방과 후 동아리는 몇 가지 단계를 거치게 되었는데, 첫 번째는 아티스트 추진 단계, 두 번째는 협업 단계, 마지막은 지역사회 추진 단계이다. 프로젝트는 학교에서 대안적인 일상을 창조하려는 예술가의 아이디어에서 출발한다. 사전 답사를 하기 위해서 예술가와 참여자는 프로젝트를 실행할 수 있는 학교를 방문한다. 마지막으로 지역사회 학교 프로그램으로 시작한다.

이 프로젝트는 2012년부터 2014년까지 미토시 교육청에서 추진하였다. 공동 작업의 주요 목적은 창의적인 활동을 방과 후 프로그램에 접목시키는 것이었다. 2014년부터 '방과 후 돌봄'과 '어린이를 위한 방과 후 수업'을 조정하기 위해 '종합 방과 후 학교 계획 (Comprehensive After School Child Plan)'이 시행되었다. 예전에는 아동 복지 문제에 집중했고, 이후에 실행된 계획은 어린이들에게 다

양한 경험의 기회를 제공하는 것을 목표로 했다. 모든 초등학교는
방과 후 수업을 진행하고 있었지만, 대부분의 경우 부족한 인력으
로 인해서 프로그램을 준비하는 데 어려움을 겪고 있었다. 이 문제
를 해결하기 위해 방과 후 학교 동아리 실행위원회와 미토 아트 타
워 현대미술관이 지원군으로 나서서 예술 활동 제공을 논의하였다.

2015년에 이러한 구조를 바탕으로 5개의 프로그램이 구현되
었다. 교육 코디네이터가 아트 센터의 홍보 프로그램의 일부분인
3개의 프로그램을 계획하였고, 다른 하나는 방과 후 학교 동아리
에서 구성하였다. 코디네이터와 동아리의 협력을 통해 방과 후 미
술 활동을 지원하는 네트워크가 구축될 수 있었다. 이러한 상황이
발생한 것은 예술가의 의도가 아닐 수도 있으나 지역사회 기반 미
술 활동이 지역사회 활동에 잠재적인 영향을 미칠 수 있었음을 보
여 준다. 실제로 일부 참가자는 지역사회를 위해 새로운 조치를 취
하기도 하였다.

● **참가자 유형**

지난 8년 동안 총 43명의 학생이 방과 후 동아리에 참여하였다.
〈표 3-2〉는 회원의 변화 추이를 보여 준다. 처음에는 11명의 학생
이 이 프로젝트에 참여하였고, 매주 활동을 통해 2011년 12월 18일
첫 번째 '학교'가 문을 열었다. 이 한시적인 '학교'는 상점가의 주차
장에서 열렸다. 두 번째 '학교'는 2012년 5월 13일 학교 옆 공원에
서 열렸는데, 13명의 학생이 세 그룹으로 나뉘어서 활동하였다. 세
번째는 2012년 9월 17일 쇼핑몰 주차장에서 '축제학교'라는 이름으
로 진행됐다. 16명의 학생의 아이디어를 실현하기 위해 학생들은

〈표 3-2〉 동아리 회원의 전환

No.	Sex	2011	2012	2013	2014	2015	2016	2017	2018
1	F	6th	7th						
2	F	5th	6th						
3	M	5th	6th						
4	M	5th	6th						
5	F	5th	6th	7th					
6	F	5th	6th						
7	M	3rd	4th						
8	M	2nd	3rd						
9	F	3rd	4th						
10	M	2nd							
11	F	2nd							
12	M	5th	6th						
13	M	3rd	4th						
14	F	2nd	3rd	4th	5th	6th			
15	F	1st	2nd	3rd	4th	5th	6th		
16	M		6th						
17	M		5th						
18	F		4th	5th					
19	M		2nd	3rd	4th	5th	6th		
20	F		1st	2nd					
21	F			3rd					
22	M		1st	2nd	3rd	4th	5th	6th	7th
23	F			1st	2nd	3rd			
24	M			1st		3rd			
25	M			3rd					
26	M					2nd	3rd	4th	5th
27	M					1st			
28	M					1st			
29	M					1st			
30	M					1st	2nd	3rd	4th
31	F					1st			
32	M					4th	5th		
33	M					3rd			
34	F					3rd	4th	5th	6th
35	F					1st	2nd	3rd	4th
36	M						1st		
37	F							3rd	4th
38	F							2nd	3rd
39	F							3rd	
40	F								1st
41	F								2nd
42	M								1st
43	M								1st

가르치는 일에 대한 자신의 입장을 준비하였다. 네 번째는 2013년 3월 16일 녹지공원에서 '숲속의 직업체험학교'로 진행되었다. 15명 의 학생이 일부 수업과 동아리 활동을 제공하였다. 그러나 2012년

도 말에 경험 있는 회원 중 5명이 졸업이나 전학을 이유로 동아리를 떠났다. 이후 원구성원 모두가 떠나게 되었다.

2013년도 이후 남아 있는 회원들은 예술가들과 함께 프로젝트에서 중요한 역할을 계속해서 수행하였다. 2013년 8월 11일 미토 아트 타워에서 다섯 번째 '학교'가 열렸다. 이 프로젝트는 교육 프로그램의 참여 워크숍 형태로 진행되었다. 그 이후로 프로젝트는 아트 센터와 협력하여 발전하였다. 현재 미토 아트 타워는 음악, 연극, 현대 미술의 복합 문화시설로 운영된다. 현대 미술관은 아카이브를 구성하고 작품을 전시하는 것보다 사람들의 참여에 더 큰 비중을 둔다. 이러한 미술관의 관념은 유연한 협업을 실현하기 위한 중요한 요건이다.

협력에도 불구하고 2014년에는 새로운 참가자가 없었다. 5명의 기존 회원과 부모들과의 대화를 통해 아티스트와 주최측은 프로젝트를 진행하기로 결정하였다. 이 단계에서 참가자는 프로젝트 기반 아트 워크의 '공동 작업자' 또는 '공동 개발자'가 되었다.

2015년 회원들은 여름 협력 프로그램 참여를 홍보하였고, 6명의 새로운 회원이 참가하였다. 이 회원들은 초등학교 1~2학년 학생들이었다. 기존의 회원들과 신규 회원들이 함께 협력하여 '재미난 여름학교'를 만들었다. 또 2016년 봄에는 4명의 추가 회원이 합류하였다. 2016년 이후 예술가들은 일본을 떠나야 했기 때문에 그들의 참여도가 감소하였다. 이에 비해서 동아리 회원들은 주도적으로 행동을 이어 나갔다.

아티스트와 '동아리 회원'의 관계는 크게 세 가지로 나눌 수 있다. 이 프로젝트에 관심이 있는 사람은 언제든지 참여가 가능하다.

[그림 3-3] 방과 후 학교에서의 하루(2012. 5. 13.)

[그림 3-4] 축제 학교에서의 하루(2012. 9. 17.)

처음 '방과 후 학교'가 무엇인지 모르는 학생들은 보통 관찰자로 참여한다. 이후에 다음 진행자 또는 다른 회원들과의 대화를 통해 프로젝트를 이해하고 자신의 학교를 만드는 데 참여한다. 일부 학생은 5년에 걸쳐서 수차례 '동아리'에 참여하는 반면, 다른 학생은 일회성으로 참여한다. 기존의 경험이 풍부한 일부 회원은 이러한 과정을 자신의 프로젝트로 인식하게 되고, 이런 '대안'학교는 더 이상 경험이 아닌 일상생활의 한 부분이 된다.

● 참가자 인터뷰

이 프로젝트의 중요성을 고찰하기 위해서 참가자와 인터뷰를 했다. 인터뷰의 중점은 참가자가 프로젝트를 어떻게 인지하고 있는지 파악하는 것이다. 앞의 〈표 3-2〉의 19번 학생은 2012년 초등학교 2학년 때부터 이 프로젝트에 계속해서 참여하였다. 처음에는 프로젝트를 '예술'로 인식하기보다는 '내 자신을 표현할 수 있는 장소'로 이해하였다.

가장 인상적인 경험은 '축제 학교'에서 형성된 도서관이다. 어른들은 카트를 자전거로 끌어 이동하는 도서관 조립을 도왔다. 이 과정에서 학생은 어른 회원을 '교사'나 '예술가'가 아닌 '지원자'로 인식하였다. 학생은 4학년이 될 때까지 계속해서 '대안학교'에 대해서 새로운 이해를 더해 갔다. 2015년 5학년 무렵 Kitazawa는 '미토 R의 카페(Café in Mito R)'의 제작자로 미토시에서 거실 프로젝트를 시작했다. 이 기회를 통해 학생은 또 다른 예술 기반 프로젝트에 참여하여 Kitazawa를 '예술가'로 인정하게 되었다.

2015년 이후 학생의 동아리 참여 방식에 변화가 있었다. 자신의 프로그램을 제공하는 대신 리셉션을 담당하게 되었다. 리셉션 책임자로서 학생은 물물교환 방식의 지불 방법을 도입하고 수행하였다. 프로젝트에 참여하며 학생은 자신만의 방법을 창조하는 즐거움을 얻었다. 그리고 이런 '자유'는 '일반학교'와 차이를 갖는 가장 특징적인 이유이다.

● 프로젝트에서 도출된 참여 모델

이 사례 연구는 예술교육이 기존의 교육 및 위치를 넘어 확장될 수 있는 방법과 관련된 혁신적인 수단에 관해서 설명한다. 프로젝트 시초에 예술가는 관습적인 교육 문제를 배제하지 않았지만 프로젝트는 성인과 학생, 교사와 학생, 또는 학교와 지역사회 사이의 확립된 관계의 전환을 야기한다.

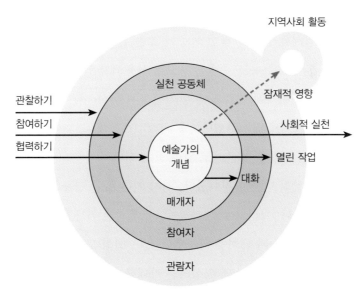

[그림 3-5] 관계 강도의 단계

교육학의 관점에서 이것은 사회의 탈학교론적 실험이다. 참가자들은 자신의 방식으로 예술가의 콘셉트를 해석하고 개인적인 장소에서 프로젝트를 구성하였다. 지역사회 기반의 예술교육은 예술가와 참가자 간의 개인적인 대화에서 발생한다. 일대일 대화의 축적은 Illich(1970)가 정의한 '학습 관계'를 형성한다. [그림 3-5]는 이 사례에서 도출된 관계 확립 단계의 모델이다.

'스낵 워싱타운 카페'에 관한 실행 연구

● 프로젝트의 시작

이 프로젝트는 2008년부터 Katsunobu Yaguchi와의 협의하에 진행되고 있다. Yaguchi는 드로잉을 공부하고 2004년부터 2008년까지 런던에서 활동하였다. 일본으로 귀국한 후에 미토 아트 타워에서 구성된 '미토의 카페 2008(Café in Mito 2008)'에 참여하였다. 작품을 전시할 공간을 찾던 와중에 그는 철거 직전의 건물을 발견하였다. 당시 2층 목조 주택은 창고로 사용되고 있었다. Yaguchi는 고풍적인 분위기에 매료되어 '마지막 집(Last House, 2008)'을 전시 장소로 만들기로 결정하였다.

콘셉트는 건물을 보존하고 원래 작은 식당이 운영되었던 장소의 기억을 되살리기 위한 것이었다. 전시 기간 동안 건물을 짚으로 된 밧줄로 둘렀다. 그리고 Yaguchi는 그곳에 작은 카페를 운영하며 마주하는 방문객들과 대화를 나누었다. 집주인의 도움으로 집의 철거를 여러 차례 미루어 스낵 워싱타운 카페를 계속 운영할 수 있었다. '워싱타운'은 미국의 수도가 아닌 미토의 한 신발 가게에서 이름이 유래되었다. 또한 알파벳 표기법 '워싱타운'은 오늘날의 도시 상태에 대한 예술가의 정서를 반영한다. 실제로 일본의 많은 도시는 무분별한 개발로 인해서 문화재를 제외한 많은 고건물이 무차별적으로 철거되고 있다. 마지막 집은 잃어버린 풍경에 대한 추모와 같은 것이다.

● 예술가와 지역사회의 관계

처음에 예술가의 창작 동기는 예술적 직감에 기반을 두고 있었다. 전시 공간을 건설하기 위해 잡다한 짐으로 가득한 집을 청소했다. 이웃과의 대화를 통해 그들과의 관계를 구축하고 지역에 대한 정보를 얻었다. 어느 날 한 중년 여성이 집주인에 대해 이야기 해 주었다. 미토의 카페를 시작으로 오래된 민가가 다시 활성화되었다.

전시 이후 작가는 지역사회의 안내자나 건축가로 역할이 이전되었다. 예를 들어, 그는 SUNTOPIA 거리에서 지역 행사로서 워싱타운 축제(Washingtown Festival)를 기획하였다. SUNTOPIA는 1978년에 지어진 쇼핑몰로 워싱타운에서 도보 1분 거리에 있다. 젊은 문화의 중심지로서 많은 사람이 할인 판매를 위해 줄을 섰다. 축제 당일에는 도로와 주차장에 장소를 마련하고 참가자는 수제 제품을 가져오고 다른 참가자는 거리에서 공연을 했다.

Yaguchi는 지역 주민들이 예술가로서의 역할을 경험할 수 있도록 하고, 이웃 주민이 제공한 사진을 워싱타운 페스티벌 포스터에 사용했다. 그는 길을 걷고 있는 여성에게 그녀가 촬영한 풍경 사진을 보여 달라고 하고 그중 하늘에서 찍은 풍경 사진, 창가의 꽃 사진, 문 앞에서 찍은 자신의 사진 세 장을 선택해서 사용하

[그림 3-6] 워싱타운 공사(2012. 12. 3.)

[그림 3-7] 워싱타운 페스티벌의 모습(2012. 5. 27.)

였다. 일상적인 것들은 작가에게 영감의 원천이 되었다. 나중에 그는 워싱타운 프로덕션사(Washingtown Production Co)라는 가상의 지방자치단체를 설립하고 『워싱타운 뉴스페이퍼(Washingtown Newspaper)』라는 지역 신문을 출판하였다. 이러한 활동을 통해 이웃뿐만 아니라 비슷한 관심사를 가진 사람들이 참여할 수 있는 기회를 마련하였다.

2013년 집의 틀은 그대로 남겨 두고 건물이 해체되었다. 해체 과정의 모든 장면은 사진으로 기록, 편집되어 다큐멘터리 형식으로 만들어졌다. Yaguchi(2015)는 이 화보집을 '언제 어디서나 누구에게나 존재하는 평범한 일상의 소중한 풍경'이라고 불렀다. 현재 이 공간은 '워싱타운 사이트(The Site of Washingtown)'로 지정되어 아트 센터로 사용되고 있다. 때로는 야외 극장이 되거나 강의 공간으로 장소가 활용되기도 한다.

● 예술가의 태도와 지역사회에 미치는 영향

예술가와 지역사회의 관계는 건물 철거 전후로 크게 달라졌다. 철거 이전에 예술적 실천은 사회적 참여 예술의 전형적인 형태로서 관심 있는 사람은 누구나 참가할 수 있었다. 그리고 작가는 주민들을 기업의 일원으로 지역화시켰다. 작가의 말에 따르면 그는 지역사회 활성화만의 목적을 갖고 모든 프로젝트를 수행하는 것은 아니다. 그는 하고 싶은 것을 한 것이고, 결과적으로 지역사회를 더 창의적으로 만들었다.

2013년 이후 상징적인 건물이 없어져 축제는 막을 내렸다. 따라서 '워싱타운 사이트'는 대중에게 더 이상 공개되지 않았다. 반면에

[그림 3-8] 워싱타운 사이트 풍경(2016. 5. 5.)

[그림 3-9] SUNTOPIA를 위한 마지막 바겐세일(2016. 8. 15.)

작가의 일상 활동은 이 장소와 보다 밀접한 관계를 갖게 되었다. 그는 뒤뜰에 옛 워싱타운의 주택 자재로 새로운 공간을 만들었다. 이 공간은 식당이나 극장이나 강의실, 갤러리, 아틀리에로 활용하기 위한 목적으로 건설되었다. Yaguchi는 이 야외 극장에서 워싱타운의 이야기를 각색하는 연극을 제작하였다.

2016년에는 SUNTOPIA 건물도 철거되었다. 건물의 기억을 보존하기 위해 Yaguchi는 새로운 프로젝트를 고안했다. 그는 공사 현장에 들어가 철거가 끝날 때까지 약 8개월 동안 사진을 찍고 동영상 촬영을 하였고 동시에 다른 프로젝트 기반 작품인 SUNTOPIA를 위한 **마지막 바겐세일**(Last Bargain Sale)을 구상하였다. 이것은 바겐세일을 재실현하기 위해 하루 동안 실행된 참여 프로젝트였다. 이 문화적 행동에 대한 다큐멘터리 책에서 Yaguchi(2018)는 "내 행동으로 인해 생성된 장면은 더 이상 사회적 가치가 없는 것이 일부 개인에게 대체 불가능한 의미를 지닌 것이 될 수 있음을 증언한다."라고 말했다.

● 본토 큐레이터로서 예술가

2018년 말 워싱타운 부지 뒤편의 집에 새로운 스낵 카페를 오픈하였다. 오래된 워싱타운과 달리 새로 오픈하는 카페는 완전히 예술가에 의해 지어졌다. Yaguchi의 건물에 대한 태도는 예술가라기보다는 건축가나 목수에 더 가까웠다. 이 공간을 만들기 위해 그는 오래된 워싱타운의 조각 나무 또는 SUNTOPIA의 파편 등 많은 재료를 조합하였다.

Yaguchi는 집을 지으며 동시에 아틀리에에서 작품을 만들었다.

워싱타운에서 가져온 목재나 철판을 모으고 그것을 그리기도 하고 사진 촬영을 하였다. 이러한 맥락에서 워싱타운 장소는 창조의 장이 되었다. 그의 작품집은 2019년에 출간되었는데, 이 책에는 33장의 작품이 실려 있다. 여기에서 Yaguchi는 다음과 같이 언급하였다.

> 한 곳에 오랫동안 머무르고 활동하는 동안에 다양한 사람, 사물, 사건이 눈에 들어왔다. 나는 지난 10년 동안 그들을 다양한 형태로 수집 · 저장 · 녹음해 왔다.

이 책의 기고자인 Amano(2019)는 문화인류학자 Lévi-Strauss가 소개한 '브리 콜라주'라는 용어를 Yaguchi의 행동에 적용하였다. Amano는 '폐쇄된 도구적 세계'에서 오로지 '손에 있는 방법'만을 사용하여 재료와 도구를 획득하는 과정에서 둘 간의 유사점을 찾았다. 건물이 철거된 후 대중에게 폐쇄된 장소에는 다양한 물건이 보관되어 있다.

그의 작품의 재료는 유형의 사물뿐만 아니라 무형의 요소도 포함되어 있다. 예를 들어, 주민들의 기억, 향수를 불러일으키는 풍경 등이 중요한 요소로 작용한다. 이러한 구성 요소는 일상생활에서 이웃과의 소통을 통해 점진적으로 축적된다. 워싱타운 프로덕션사는 이러한 일련의 행동의 결과이다. 하지만 중요한 점은 Yaguchi의 행동이 관계 형성 자체에 있는 것이 아니라는 점이다. 따라서 그의 예술적 태도는 '관계적 미학'의 맥락으로 통합되어서는 안 될 것이다.

Yaguchi는 자신만의 장소를 만들고 지역사회의 주민으로 자리

잡았다. 그는 민속학자처럼 주민들의 이야기를 듣고 예술 애호가처럼 소중한 풍경을 모아 예술가로서 작품에 활용하였다. 이런 의미에서 예술적 방법은 토착적인 큐레이션의 한 형태로 정의될 수 있다.

● 프로젝트에서 도출된 포스트 미술관 모델

Yaguchi의 활동에 근거할 때, 그들은 선험적으로 어떤 확립된 방법론에 연결되어 있지 않지만, 결국 각 현상은 다음 현상으로 이어져 갔다. 그가 이웃으로서 지역사회 구성원들과 관계를 형성하였고 일상생활에서의 성실한 대화가 그가 지칭한 '일상 극장'의 일부로 구성되었음에서 그 배경을 찾아볼 수 있다. 이 과정에서 대다수의 지역 이웃은 자신을 예술가로 인식하지는 않지만 다양한 장

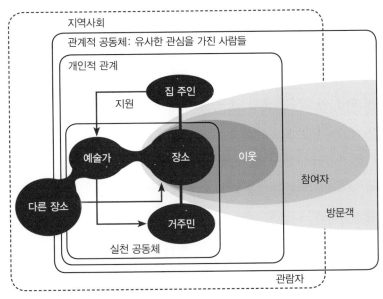

[그림 3-10] **관계 구축 과정**

면에서 창의력을 발휘하고 있다.

　가장 중요한 사람은 집주인이다. Yaguchi는 10년 넘게 집주인을 포함해서 이웃들과의 관계를 구축해 왔다. 그 과정에서 그는 장소에 대한 매력을 느껴서 워싱타운에 들어갔다. 비슷한 관심사를 가진 대중이 집합해서 관계 공동체가 형성되었다. 결과적으로 워싱타운은 지역사회 센터가 되었다. Yaguchi는 이 문화적 행동을 예술가가 홍보하는 포스트 미술관 모델로 간주한다.

결론

　이 장은 일상생활 속의 지역사회 기반 미술에 중점을 둔다. '지역사회 특정성'은 예술적 태도로 상정된다. 현대 미술의 '장소'에서 '지역사회'로의 전환은 과정이나 경험을 중시하는 포스트 미술관의 출현과 밀접한 관련이 있다. 포스트 미술관의 일부로서 지역사회 특정적 미술은 전시가 주요 커뮤니케이션 도구로만 인식하는 데에서 더 나아가서 비슷한 관심사를 공유하는 사람들에게 개방된 대안 공간으로 마련된다.

　여기에서 다룬 두 가지 사례 연구는 두 가지 다른 관점을 시사한다. 첫째는 장소 형성의 기술을 보유한 지역사회 중심 작업을 하는 예술가이다. 이런 장소는 기본적으로 지역사회를 기반으로 하지만 확립된 관계에 머물 필요는 없다. 이러한 개념에 관심이 있는 사람은 언제든지 참여할 수 있다. 둘째는 지역사회 특정적 미술 활동이 새로운 활동 공동체를 구성할 수 있다는 것이다. 예술가는 관계 형

성에 중요한 역할을 하지만 예술가와 비예술가 사이의 경계는 더
욱 모호해진다.

　참여적 모델과 포스트 미술관 모델을 결합하여 창의적인 지역사
회를 위한 가상의 지도를 도출할 수 있다. 예술가뿐만 아니라 어린
이, 미술관 직원 또는 행정기관을 포함한 모든 지역 주민도 동등하
게 기회의 연결망에 통합된다. 예술가의 내적 동기를 시작점으로
지역사회 특정적 미술 실천이 지역사회 기반 교육의 범위를 확장
할 것으로 믿는다.

참고문헌

Amenomori, N. (2016). Creating a place: from temporary sites to
　　permanent locations. *Breaker Project 2014-2015 Document Book*
　　(pp. 42-43). Osaka: Breaker Project Executive Committee.

Helguera, P. (2011). *Education for socially engaged art: A materials and
　　techniques handbook*. New York: Jorge Pinto Books.

Hoffmann, J. (2014). *Show Time: The 50 Most Influential Exhibitions of
　　Contemporary Art*. New York: Distributed Art Publishers, Inc.

Hooper-Greenhill, E. (2000). *Museums and the interpretation of visual
　　culture*. London, New York: Routledge.

Jacob, M. J., Brenson, M., & Olson, E. M. (1995). *Culture in Action*.
　　Seattle: Bay Press.

König, K., & Peters, B., & Wagner, M. (Eds.). (2017). *Catalogue Sculptur
　　Projecte Münster 2017*. Leipzig: Spector Books.

Kreps, C. (2007). The theoretical future of indigenous museums:
　　concept and practice. In N. Stanley (Ed.), *The future of indigenous
　　museums: Perspectives from the Southwest Pacific* (pp. 223-234).

New York, Oxford: Berghahn Books.

Kwon, M. W. (2004). *One place after another: Site-specific art and locational identity*. Cambridge, London: The MIT Press.

Lacy, S. (1995). *Mapping the Terrain: New Genre Public Art*. Seattle, Washington: Bay Press.

Nakahara, Y. (2000). *Leaving the city behind: artistic energy, Echigo-Tsumari Art Triennial 2000* (pp. 12-14). Tokyo, Echigo-Tsumari Art Triennial 2000 Executive Committee.

Simard, C. (1991). Economuseology: A New Term that pay its way. *Museum, 11*(4).

Tomii, R. (2007). GEIJUTSU ON THEIR MINS Memorable Words on Anti-Art. In C. Merewether & R. I. Hiro (Eds.), *ART ANTI-ART NON-ART: Experimentations in the Public Sphere in Postwar Japan 1950-1970* (pp. 35-62). Los Angeles: Getty Research Institute.

Yaguchi, K. (2015). *The deconstruction of my Suntopia: Washingtown documentaries 2008-2015*. Ibaraki: The Site of Washingtown.

Yaguchi, K. (2018). *The deconstruction of Suntopia: Washingtown documentaries 2016-2018*. Ibaraki: The Site of Washingtown.

Yaguchi, K. (2019). *REMNANTS' REPLAY: Study Drawings for the Mountains*. Ibaraki: The Site of Washingtown.

04 문화적 다양성 증진을 위해 미술 교실을 사회적 장소로 전환하기

Allan G. Richards(미국 켄터키 주립대학교 교수)

문화적 다양성을 장려하는 것은 21세기에 학생들의 성공을 위한 준비 과정에서 중요한 원리이다. 과거에는 문화적 다양성을 촉진한다는 것이 교육과정에 소수 집단의 기여를 일부 포함하는 것을 의미하였고, 그것으로 충분해 보였다. 일부 교사는 학생들이 다른 민족의 음식에 익숙해지도록 하는 방식으로 수업에서 다양성을 기념했다. 대표적인 행사로서 흑인 역사의 달인 2월에는 미국 사회를 구축하는 데 아프리카계 미국인의 공헌을 기념했다. 문화적 다양성을 증진하는 오래된 방식들은 문화 차용의 문제를 야기했다. 문화 차용이란 비고의적인 목적으로 다른 문화의 도상을 사용하는 것으로 특정 문화의 관습과 전통에 모욕적인 행위가 되기도 한다. 12학년(K-12) 학교 시스템의 교사 대부분은 백인이며, 다른 문화에 대해 가르치려는 시도는 예기치 않게 문화적 차용을 유도한다. 소수 집단이 스스로 자신의 이야기를 말하는 것이 더 나은 방법일 것이다. 이러한 이유로 연구자는 미술 교실을 문화적 다양성을 증진하는 사회적 장소로 전환할 수 있는 교육적 전략을 설계하였다.

85

배경

K-12와 같은 교육기관에서 문화적 다양성을 증진하는 데에는 항상 문제가 따르는 듯하다. 어떤 사람들은 문화적 다양성에 대한 근시안적인 견해를 가지고 있다. 아마도 이전에는 특정한 학생을 보고 그들의 문화를 단지 식별하는 것만으로 괜찮았을지 모르지만, 이제는 그렇지 않다. 문화적 다양성이란 무엇인가? 각각의 학생은 서로 다르며, 다른 문화를 교실로 가지고 들어온다. 문화는 개인의 관습, 전통 및 신념을 중심으로 구성된다. 이러한 관습, 전통 및 신념은 때때로 종교, 경제, 정치, 출생지, 선조의 고향, 제2의 고향 등과 밀접한 관련이 있다. 가지각색의 문화적 성향이 인식과 세계관을 형성하는 기반이 된다. 이러한 이유로 일부 학생의 문화를 도외시하지 않고 전통적인 접근 방식을 활용해서 문화적 다양성을 추구하는 것이 점차 어려워지고 있다.

학생들은 학습 과정에서 자신의 문화가 생략될 때 학습 내용에 대한 불만을 드러낸다. 이러한 불만은 교수·학습 자료가 자신과 관련이 없다는 식으로 표출되지만, 사실 학생들은 타인의 문화를 인정하도록 강요받고 있다고 말하는 것이다. 다른 경우 학생들은 자신의 문화가 학습 과정에서 누락된 사실에 대해 목소리를 내지는 않지만 제시된 교재를 배우지 않기로 선택할 수도 있다. 대부분 자신과는 다른 외모로 다른 언어를 사용하는 사람과 함께해야 하기 때문에 이러한 상황에서 학생들이 어려움을 겪는 것은 충분히 이해할 수 있다. 이런 미지의 경험은 학생들로 하여금 자신의 편안한 영역에서 벗어나도록 하기 때문에 두려움을 유발한다. 익숙함을 벗어나면 높은 수준의 학습이 일어나지만, 이러한 방식으로 불편한 상황을 합리화하는 학생은 많지 않기 때문에 문화적 다양성을 증진하는 것은 여전히 과제로 남아 있다. 교육자로서 학생들에게 높은 수준의 학습을 제공하고 싶지만 학생들이 문화적 다양성을 증진하는 것이 자신이 배워야 하는 것과 관련이 없다고 생각한다면 양질의 학습은 불가능할 것이다. 이것이 내가 문화적 다양성 교육을 위해 미술 교실을 사회적 장소로 전환하는 새로운 패러다임을 제안하는 이유이다.

미술 교실을 사회적 장소로 전환하려는 의도에서 몇 가지 장점을 찾아 볼 수 있다. 첫째, 모든 학생은 다르며, 그 단순한 사실은 모두 독특한 문화적 배경을 가졌음을 시사한다. 이러한 독특한 문화적 배경을 고려할 때, 학생들이 서로 상호작용하는 환경을 조성한다면 이러한 상호작용은 의심할 것 없이 문화적 다양성을 증진할 수 있다.

둘째, 사회적 장소는 사람들이 편하게 대화를 나누는 공간을 의미한다. 미술 교실을 사회적 장소로 전환하는 것은 편안한 상호작용을 유도하고, 이런 편안한 상호작용은 학생들이 거부감을 갖지 않고 문화적 다양성을 증진할 수 있도록 한다. 그 이유는 서로 다른 주제 영역 안에서 함께 작업하는 데 초점이 맞추어져 있기 때문이다.

셋째, 특정 프로젝트에서 함께 작업하는 것은 역동적이고 모험적인 학습이 된다. 이런 역동적이고 모험적인 학습은 학생들이 문화적 다양성 자체가 아닌 프로젝트를 위한 자신들의 연구, 아이디어 및 계획에 대해 토론하는 데 집중할 수 있는 환경에서 만들어진다. 특히 문화적으로 다양한 학생들이 모인 집단 안에서, 이러한 토론은 문화적 타자성에 대한 두려움이나 문화적 다양성이 자신과 관련이 없다는 생각 없이 문화적 성향이 한 학생에서 또 다른 학생으로 자연스럽게 이어지는 공간이 된다.

문화적 다양성을 증진하는 것이 왜 중요한가? 교실과 같은 사회적 장소에서 문화적 다양성을 증진하는 것에 대한 어느 학설에 따르면 모든 학생이 자신과 타인의 문화 집단이 이루어 온 기여를 이해할 수 있고, 따라서 학생들의 자존감을 높이고 학습을 향상시킬 수 있다. 다른 학설에 의하면 문화적 다양성의 증진은 교실에서 토론할 때 다양한 관점을 제공한다. 당면한 문제와 이슈에 대한 다양한 관점을 아는 것은 학생들에게 해결책에 대한 다양한 가능성을 제공하고, 모든 학생의 교육적 지평을 확장한다. 글로벌 커뮤니티와 시장에서 문화적 다양성과 타자성을 인정하고 이해하는 것은 우리가 다른 문화에 대한 이해와 통찰력을 얻는 데 도움이 되는 필수 요건이다. 이러한 이해와 통찰력은 보다 큰 글로벌 커뮤니티와 연결되면서 우리의 지평을 확장하는 데 핵심적인 역할을 한다.

문화적 다양성은 공동체를 견고하게 하지만 타자성에 대한 두려움은 이에 대한 장애물이 될 수 있다. 타자성에 대한 두려움은 '타자성'을 대표하는 개인이나 집단에 대한 지식이 부족할 때 나타난다. 문화적 다양성을 통해 사회가 강화될 때 타인에 대한 두려움은 줄어든다. 미술교육자들은 이 문제를 매우 효과적으로 다룰 수 있지만, 이를 이해하려면 먼저 교실이 더 큰 사회에 영향을 미치는 변화의 주체가 될 수 있고 또 되어야 함을 알아야 한다. 이를 위해 미술 교실은 학문적인 동시에 자연스럽게 문화적 다양성을 촉진하는 협업을 통해 학생들이 언어적, 내러티브 및 회화적 대화에 참여하는 사회적 공간이 될 수 있다. 문화적 다양성은 학생들의 문화적 지평을 확장시키고 다문화 교육을 제공할 수 있다.

학생들의 문화적 지평을 확장시키고 다문화 교육을 제공하는 것은 학생들을 교육적으로 준비시키고 미래의 직업 활동에서 성공할 수 있도록 돕는 일이 될 수 있다. 이에 연구자는 문화적 다양성을 증진하기 위한 방안으로 미술 교실을 사회적 공간으로 전환하는 아이디어를 구상하였다. 미술 교실을 사회적 장소로 전환하기 위해서 해야 할 과업 가운데 하나는 학생들이 개방적으로 토론할 수 있는 논제를 제시하고 모둠별로 문제에 대한 해결책을 찾도록 하는 것이다. 또 다른 과업은 교사가 이 학습 과정에서 학생들이 개발하기를 기대하는 지식과 기술의 종류를 선별하고 이것이 학생들이 글로벌 사회에서 성공하기 위한 조건에 부합하는지 확인하는 것이다. 그리고 미술 교사는 학생들이 주어진 논제를 해결하기 위한 연구와 아이디어를 토론하면서 다층적인 수준에서 동료, 교사 및 전문가와 적극적으로 상호작용할 수 있도록 하는 교육 전략을 설계해야 한다. 이러한 과업을 수행하기 위해 문제 기반 교육 및 프로젝트 기반 학습 전략을 설계하고 구현하였다.

문제 기반 교육은 문화적 다양성을 위해 미술 교실을 사회적 장소로 전환하는 과정에서 필수적이다. 이 교육적 전략을 통해 문화적 다양성을 위한 미술교육을 바탕으로 학생들을 사회적 소통에 참여시킬 수 있으며, 이는 학생들의 변화로 이어질 수 있다. 문제 기반 교육은 시사적인 사건과 해결해야 할 문제의 두 부분으로 구성된다. Richards(2019)는 여러 이유에서 시사적인 사건이 이 교육 방법에 포함되었다고 설명한다. 이것은 학생들의 관심을 이끌어내고, 주변에서 일어나는 일에 대해 스스로를 교육하도록 돕고, 실제 문제에 대한 해결책을 탐색하도록 참여를 유도하고, 토론과 교류에 참여시키고, 다른 관점을 존중하도록 가르치고, 연구에 참여시키고, 학생들이 전문가와 상담하고 사실 정보를 인식할 수 있도록 한다. 학생들로 하여금 실제 세계의 문제를 해결하도록 하는 이슈를 선정하는 것은 학생들이 연구와 동료와의 토론 그리고 전문가와의 협업에 참여하도록 하기 위함이다.

학생들이 함께 활동하도록 하는 메커니즘 없이 문제 기반 교육을 구현하는 것은 충분하지 않다. 프로젝트 기반 학습은 학생들로 하여금 협력하도록 한다. 예를 들어, 수업 프로젝트는 공동 참여가 필요하기 때문에 학생들이 친구뿐만 아니라 다른 사람들과 함께 협력하도록 한다. 이런 협업은 학생들이 협력 기술—다양한 아이디어를 전달, 분석 및 평가하는 방법, 익숙한 아이디어가 아닌 최상의 아이디어를 선택하는 방법, 언어·관습·전통과 같은 여러 방면에서 다른 사람들과 협업하는 방법—을 발전시키는 데 효과적이다(Richards & Willis, 2018). 학생들은 교사에게뿐만 아니라 동료로부터 여러 정보 자원을 획득하기 때문에 수업 프로젝트를 진행할 때 활발한 학습 활동이 발생한다. 다음에서는 본 저자가 어떻게 문화적 다양성을 위해 미술 교실을 사회적 장소로 전환하고 구현하였는지에 대한 간략한 개요를 제공하고자 한다.

교실의 사회적 장소로의 전환

본인의 연구와 실천은 어떻게 학습이 일어나는가, 인지적 과정과 기능, 다문화 교육 그리고 알츠하이머 치매에 관한 것이다. 나는 미술교육자 및 초등 예비교사와 함께 작업한다. 특히 후자의 경우 그들이 초등학교 학생들에게 미치는 영향을 생각할 때 초등 예비교사와의 작업은 중요성을 갖는다. 그리고 이러한 이유에서 어떻게 교실이 문화적 다양성을 위한 사회적 장소로 전환될 수 있는가를 보여 주는 것은 나에게 매우 중요한 일이다. 초등학생이 조기 교육을 토대로 문화적 다양성의 존중을 학습하는 것은 학생들을 21세기 교육의 길로 안내한다. 문제 기반 교육과 프로젝트 기반 학습 전략을 구현하면서 학생들이 자신의 문화를 시각화하도록 '나의 마을 지도'라는 미술 활동을 시행하였다.

나의 마을 지도

수업의 첫 번째 미술 활동으로 미술 교실을 문화적 다양성을 위한 사회적 장소로 전환하는 과정을 시작했다. 초등교육 전공자들 중 미술에 대한 전문성이 있는 사람은 거의 없었다. 마을의 지도를 만드는 것은 그들의 삶의 이야기를 시각적으로 그려 내는 것과 같다. 이와 같은 미술 활동으로 인해 어린 시절부터 마음 깊숙이 간직하고 있는 상세한 마을의 모습을 기억하도록 한다. 이러한 세부 사항이 시각적 스토리로 구성될 때 학생들의 문화, 관습, 전통 및 태도가 그림으로 그려진다. 이 작업의 마지막 단계는 크리틱이다. 크리틱에서 각 학생은 자신이 만든 작품을 설명하는 방식으로 어디 출신인지, 성장 과정은 어떠했는지, 꿈이 무엇이었고 그 꿈은 어디에서 왔는지, 왜 지금과 같은 성향을 갖게 되었는지, 그들의 관습은 무엇이고 어떻게 그런 관습이 생겼는지 등 그들의 시각적 스토리를 언어로 다시 설명하게 된다. 크리틱의 또 다른 중요한 부분은 작품에 사용된 상징의 의미를 설명하는 것이다. 첫 번째 크리틱 시간이 지나고 나면 학생들은 그림으로 표현된 다양한 문화를 인지하고 그것에 대해 질문하면서 상호작용이 시작된다. 미술 수업에서 『예술을 통한 글로벌 의식: 학생과 교사를 위한 여권』이라는 책을 교재로 활용한다. 이 교과서는 학생들의 자기탐구와 발견을 위해 활용되며, 자기탐구와 발견을 통해 학생은 최근의 사건들과 관련하여 주변에서 일어나는 일에 대해 이해할 수 있게 된다.

교과서의 소개

수업의 첫 번째 활동이 끝난 후 학생들은 『예술을 통한 글로벌 의식: 학생과 교사를 위한 여권』의 내용을 살펴보며 이해하는 과정을 밟는다. 이 교재에는 4개의 파트가 있으며, 각 파트는 다양한 시사적 사건을 다루는 4개의 장으로 구성되어 있다.

파트 1: 예술과 문화, 영성, 인문학, 시민으로서의 책임, 문화적 기여 등을 탐구하면서 어떻게 우리가 지구적 인식을 형성하고 자신을 발견하는 과정을 시작할 수 있는지 탐색한다.

학생들이 각 장을 주의 깊게 읽도록 하며, 각 장을 한 번 이상 읽은 후 교사에게 설명을 하는 시간을 갖는다. 브리핑 과정에서는 각 장에 대한 분석과 토론이 포함된다. 학생들이 가진 질문을 모든 학생과 함께 논의할 수도 있고, 책에서 나타난 해석과 상이한 의견을 제시할 수도 있다. 시사적 사건과 연결하는데, 이는 학생들에게 또 다른 논제를 제공한다. 브리핑 과정이 끝나면 학생들은 특정 장에 나온 핵심 내용을 기억하기 위해서 그에 관한 퀴즈를 풀어야 한다. 각 학생에게는 퀴즈를 풀었던 장에 대한 해석의 시각적 스토리를 만드는 미술 프로젝트가 지정된다. 학생들은 자신이 만든 스토리 이미지와 함께 자신이 제작한 작품과 밀접한 관련이 있는 예술가를 조사한다. 이 활동을 통해서 학생의 문화적 이야기를 생성하고, 이런 이야기가 다른 사람들과 어떤 관련성을 갖는지 알아본다. 또한 이러한 활동들은 크리틱 시간에 나눌 이야깃거리를 제공한다. 교과서는 비교와 대조 과제에 활용되는 등 다양한 방법으로 사용된다.

비교와 대조

교재의 파트 2와 파트 3은 파트 1과 비슷한 활동을 제공하지만 교재의 내용을 깊이 살펴보면 보다 자세한 분석을 활용하는 것을 알 수 있다. 앞서 논의한 바와 같이, 각 장을 해석하는 데 필요한 개념적 아이디어를 실행하는 데에 사용되는 조형 요소와 원리에 대한 이해를 제공하기 위해 정물화와 콜라주와 같은 추가적인 프로젝트가 제시되어 있다. 그러나 교재의 파트 4는 이 섹션의 각 장을 비교하고 대조하는 것에 관한 것이다.

> **파트 4**: 전통 미술이나 동시대 미술 실천, 테마와 포트폴리오, 환경적이고 생
> 태적인 미술, 여러 나라의 미술 교사 및 예술가가 기획한 수업 계획을 검토함
> 으로써 예술적 목소리를 탐색한다.

관찰한 바에 따르면 초등학교 교사는 아마도 미술에 대한 지식의 부족으로 인한 두려움을 가지고 있기 때문에 자신의 수업에서 미술을 적절하게 활용하지 않는다. 전통 미술이나 동시대 미술 실천, 테마와 포트폴리오, 환경적이고 생태적인 미술, 여러 나라의 미술 교사 및 예술가가 기획한 수업 계획을 검토함으로써 자신의 예술적 언어와 기술을 개발하고 예술로 소통하는 데 필요한 자원을 제공하여 학생들의 미술에 대한 기반을 강화하고자 하였다. 또한 학생들에게 자신의 교실을 예술을 통해 문화적 다양성을 추구하는 사회적 장소로 전환하는 방법을 보여 주는 데 주안점을 두었다. 이런 활동과 과제는 예술에 대한 기초 기술과 지식을 쌓기 위한 것이다. 이렇게 습득한 지식과 기술은 학기 말 수업 프로젝트를 성공적으로 완수하는 데 필요한 기반이 된다.

수업 프로젝트

초등교육 전공자들은 언어예술, 수학, 과학 등 다양한 과목을 가르칠 수 있도록 교육받는다. 그러나 학생들에게 21세기에 적절한 교육을 효과적으로 수행할 수 있는 교사가 되기 위해서는 그들의

교육적 접근에 예술을 도입하여야 한다. 전공자들이 교사를 위한 디자인 교육 워크숍을 수강하는 것은 예술의 효과적 활용에 목적이 있다. 이를 위해 학생들은 수업 프로젝트로 표준화된 시험을 선택하였다. 이 프로젝트는 표준화된 시험이 어떻게 학생들이 창의적이고 혁신적으로 생각하도록 교육하는 대신 시험을 위한 수업을 하도록 만드는가에 초점이 맞추어졌다. 과제의 종류에 따라서 학생들은 여러 그룹으로 나뉘었다. 어떤 그룹은 포스터를 만들었고, 어떤 그룹은 표준화된 시험에 대해 연구를 하였다. 또 어떤 그룹은 학생을 교육하는 보다 나은 접근 방법을 모색하였으며, 다른 그룹의 학생들은 교사 역할과 학생 역할을 수행하였다. 그들은 개념적 아이디어를 실행하기 위해 예술에서 배운 것으로부터 경험을 도출하였다.

결론: 교육 결과

이 수업을 포함해서 모든 수업에는 디브리핑 과정이 있다. 디브리핑 과정에서 학생들은 예술을 통해 얼마나 많은 것을 배웠는지 이야기했다. 수업에서 좋았던 점에 대해 나누면서, 문화에 대해 얼마나 많이 배웠는지 이야기했다. 한 학생은 자신에게 문화가 있다는 것을 몰랐다고 말했다. "우리가 모두 다르게 생각하고 행동하는 이유는 다른 문화적 배경을 갖고 있기 때문임을 알 수 있었습니다." 이러한 반응을 통해서 나의 마을 지도(Mapping-Your-Town) 활동이 학생들에게 상당한 영향을 미쳤음을 알게 되었다. 학생들

중 일부는 자신의 삶을 되돌아보고 자신의 태도가 수년에 걸쳐 발전된 공식이었다는 사실을 알게 된 것은 이번이 처음이라고 했다. 학생들은 수년에 걸쳐 형성한 이러한 태도가 문화의 주요 부분을 구성한다는 것을 배웠다.

학급 크리틱 시간이 문화에 대한 초점을 강화하는 데 도움이 되었다는 점도 주목해야 한다. 학생들이 자신의 작품에 대해 이야기하고 나머지 학생들은 이야기를 경청하며 자신에 대해 더 많이 알게 될 뿐만 아니라 다른 학생들의 문화에 대해서도 이해할 수 있는 기회가 되었다. 다른 사람의 이야기를 들을 때 이루어지는 자기성찰의 수준은 아주 놀라울 정도이다. 이런 이유로 학생들은 시사적 사건에 대해 생각하며 해결하고, 다른 학생들과 협력할 수 있는 기회가 되었으며, 평소 교류가 없던 다른 학생들에 대해 더 잘 이해할 수 있었다고 반응하였다. 이것은 학생들에게 다른 사람들과 협력할 수 있는 기회를 제공한 수업 프로젝트임을 뜻한다.

협력은 공동의 목표를 달성하기 위해 타인과 함께 일하는 것이다. 협력을 통해 공동의 목표를 달성하는 과정은 동질성에 익숙한 사람에게는 불편함을 유발하지만, 목표에 도달하기 위해 상호 의존이 필수적인 상황에서는 불편함이 그다지 중요하지 않다. 문제 기반 교육은 학생들이 교육 과제를 수행해야 하는 공동 프로젝트와 문제에 대한 최상의 방안을 탐색하기 위해 소통해야 하는 환경을 만들었다. 이 과정은 실질적인 대화가 일어나는 협업을 통해 학습할 수 있도록 하였다. 그리고 이러한 소통은 학생들이 창의적인 해결책을 위해 다양한 관점을 통합하는 데 자유로움을 느낄 만큼 변화를 가져왔다(Grant, 1996; Sawyer, 2013). 이 연습은 다른 세계관을 가진 사람들과 효과적으로 협력하는 데 필요한 협력 기술을 강화할 수 있는 기회를 제공하였다. 협업은 문화적 다양성에 대한 인식을 고취시키고, 문화적 다양성의 인식은 다문화 교육을 촉진한다.

교육적 지평을 확장하는 것은 다문화 교육의 기능이다. 다문화 교육은 단순히 학생들이 글로벌 커뮤니티에서 성공하기 위해서 다른 사람들의 문화에 대해 배우는 것이 아닌 인식과 세계관의 변화에 관한 것이다. 이러한 사고방식과 세계관의 변화는 자신이 모르는 사람이나 자신과 다른 문화적 배경을 가진 사람과 교류하는 방법에서 중요한 역할을 한다(Richards & Willis, 2018). 학생들이 자신에게 낯선 다른 학생들과 교류해야 했을 때 어느 정도 다문화 교육이 이루어진 것 같았다. 이 소통의 결과로 그 학생들은 수업 프로젝트를 진행할 때 토론에서 다양한 아이디어를 제시할 수 있었다. 문제 기반 교육은 수업에서 모든 학생 사이에 이러한 유형의 상호작용을 장려하는 독특한 방법을 제공하였다. 문화적 다양성은 서로 다른 사람들 간의 상호작용에 관한 것일 뿐만 아니라 각 과목은 서로 다른 문화에 기반을 두고 있으며 다양한 문화는 학생들의 전인교육을 위해 탐구되어야 한다는 점을 의미한다.

수업 프로젝트에 착수하기 위해서 학생들 스스로 그룹을 형성하고 예술 안에서 다른 학문 분야의 지식을 사용해야 한다는 현실에 직면하였다. 표준화 시험과 학업에서 활용하는 지식은 과학, 기술, 공학, 예술 및 수학 등에 대한 지식의 폭넓은 활용을 요구하였다. 이러한 각 분야에는 전문 용어가 있는데, 학생들은 그 분야의 지식을 활용하기 위해서 전문 용어를 배워야 했다. 예를 들어, 기술 전문가와의 대화에서 그들이 사용하는 전문 용어를 이해하기란 쉽지 않다. 이러한 현상은 예술, 수학, 과학, 공학 및 기타 분야에서도 마찬가지이다. 따라서 학생들이 이러한 분야에서 실질적인 학습의 기회를 갖게 되면 학업 태도와 학습 방향이 바뀌게 된다. 따라서 예술과 다른 교육 방법의 결합은 다른 학문 분야를 통하여 문화적 다양성을 활용하도록 미술 교실을 사회적 장소로 전환하는 데 매우 중요하다.

수업 프로젝트의 대본을 작성하면서 학생들은 영어 문법, 읽기, 언어예술을 더 심도 있게 사용하고 습득할 수 있는 기회를 갖게 되었다. 표준화 시험과 이러한 시험이 교육에 미치는 영향에 대한 연구를 하면서 학생들은 과학, 시민의 권리와 의무, 경제학과 이 문제의 역사에 대해 배울 수 있다. 학생들은 표준화 시험을 중심으로 단순히 어떤 일이 일어나고 있는지 그 이상을 알게 되었다고 말하였다. 이 프로젝트에서 학생들은 학습한 내용과 지식을 활용하여 표준화 시험을 변화시키는 혁신적인 방법을 탐구했을 뿐만 아니라 문화적 다양성을 촉진하기 위해서 교실을 사회적 장소로 재창조하는 방법을 배울 수 있었다.

참고문헌

Grant, R. (1996). The ethics of talk: Classroom conversation and democratic politics. *The Teachers College Record*, 97(3), 470-482.

Hollingworth, S. (1992). Learning to teach through collaborative conversation: A feminist approach. *American Educational Research Journal*, 29(2), 373-404.

Kimweli, D. M. S., & Richards, A. G. (1999). Pluralism: Student-student and student-faculty interactions and institutional attractiveness. *Action in Teacher Education Journal*, 21(2), 20-33.

Richards, A. G. (2003). Art and Academic Achievement in Reading: Functions and Implications. *The Journal of the National Art Education Association*, 56(6), 19-25.

Richards, A. G., Kimweli, D. M. S., & Morris, C. E. (2004). Pluralism, equity, minorities' and minority women's expectation to achieve academically. *Journal Cultural Research in Art Education*, *Volume 22*, 124-139.

Sawyer, R. K. (2013). *Pretend play as improvisation: Conversation in the preschool classroom*. NY: Psychology Press.

University of San Diego. (2019, April 27). Retrieved from https://onlinedegrees.sandiego.edu/steam-education-in-schools/

Part 2

미래를 구상하기

05 이미지 감상과 제작을 통한 문화적 인식 제고: 미술 교사 교육에서의 시사점

손지현(서울교육대학교 교수)

서론

우리 사회에서 발생하는 문제들을 보면서 우리는 미술교육자로서 책무성을 느끼게 된다. 개인적·사회적 영역에서 일어나는 문제들에 대해 미술교육은 중요한 역할을 할 수 있을 것이다. 한 연구는 한국의 청소년들이 OECD 국가의 청소년들과 비교해서 상대적으로 행복하지 않다고 느끼는 것으로 나타났다(염유식, 김경미, 이승원, 김수미, 2016). 이때의 주관적 행복지수란 자신이 생각하는 행복의 정도를 평균 100점과 비교하여 점수화한 것이다. 한국 청소년들의 주관적 행복지수는 82점으로 대상 국가인 22개 중에서 최하위를 차지했다. 또한 5명 중 1명의 청소년은 자살 충동을 느꼈으며, 자신이 불행하다고 생각한다. 이 연구는 전국 초등학교 4학년~고등학교 3학년 학생 7,908명(초등학생 2,359명, 중학생 2,538명, 고등학생 3,011명)을 대상으로 하였다. 한국 학생들은 수학, 과학에서 최상위의 학업 성취도를 보여 주며 학교 시스템에서 앞선 듯하지만,

학습에 대한 동기는 매우 낮은 것으로 보인다. 우리 사회의 청소년이 생각하는 행복에 대한 기준은 '행복한 가족'에서부터 '돈'에 이르기까지 다양하다(정은주, 2016). 이처럼 우리나라의 초중고 학생들은 학업 성취도에서 자아존중감이 낮고 성공기대치도 낮은 것으로 나타났다. 이는 또한 만족감과 가족과의 관계에 부정적인 영향을 미친다.

이러한 심각한 문제의 이면에는 우리 사회의 성공 기준과 개인의 정체성에 대한 기준이 획일적이기 때문일 것이다. 우리는 성공과 행복을 학벌, 경제적 가치 등으로 판단한다. 또한 학생들은 자신의 적성, 재능, 능력에 대해서 단일한 기준으로 판단하며, 이는 상대적이기 때문에 대부분의 학생의 정체성은 부정적이게 된다. 학생 개인은 자신의 고유한 가치와 다양한 기준에서 정체성을 구축해 가야 하는데 이는 경쟁 위주의 우리 사회에서 쉽지 않아 보인다. 하지만 우리는 여전히 사회적 압력을 느끼면서 표면적이고 가시적인 측면, 즉 학벌과 외모 등의 신체적 조건으로 사람을 판단하는 경향이 있다.

또한 우리 사회에서 최근 젊은 세대의 실업률은 높은 것으로 나타났다. 2019년 7월 청년층(15~29세) 실업자는 전년 동월 대비 2만 6,000명 증가, 실업률은 0.5%p 상승한 것으로 나타났다(통계청, 2019). 통계청에 따르면 젊은이들의 취업 준비율은 높은 것으로 나타났는데, 이는 젊은이들이 원하는 직장이 많지 않다는 것을 반증한다. 높은 고등교육 참여율과 학력에 대한 관심은 높지만, 직업 선택의 기준은 단일해, 젊은이들에게 원하는 직업은 상대적으로 많지 않다.

이처럼 우리 사회가 당면하는 일상의 문제들을 해결하기 위해 교육은 어떤 공헌을 할 것인지 고민해야 할 시점이다. 미술교육자들은 학생들이 각자 자신이 갖고 있는 가치를 느끼며 자존감과 정체성을 갖도록 개별화된 경험을 제공해야 할 것이다. 여기서는 세 가지로 제안한다. 첫째, 학생 자신의 내면세계 탐구, 둘째, 비판적이며 창의적으로 이미지 읽기, 셋째, 현실의 문제에 기반한 교육과정 설계이다. 이 장은 연구자가 종사하고 있는 미술 교사 교육 현장에서 수집한 교사, 초등학생들의 자료를 바탕으로 제시한 것이다. 현장의 목소리를 반영하여 개인적·사회적 영역에서 우리에게 필요한 미술교육적 접근을 바탕으로 한 문제점과 교육적 해결책을 제안한다.

창의적 · 비판적 도구를 위해 학생의 문화와 관심의 필요성

시각문화는 비주얼, 언어, 오디오 등이 결합되어 복합된 양상이다. 예컨대, 청소년의 문화를 표현하기 위해 리믹스 문화(Lessig, 2008), 매시업 문화(Bruns, 2010; Simonsen, 2013)라는 용어를 사용할 수 있을 것이다. 음악에서 리믹스(remix)는 서로 다른 음의 마디들을 따서 이를 뒤섞어 새로운 창작물을 만드는 것이고, 매시업(mashup)은 특정 리듬 위에 2개 이상의 보컬 트랙을 섞는 것이다(이광석, 2015). 이러한 음악 용어들은 문화 현상 전반에 존재하여 기존의 이미 만들어진 자원들을 합성하여 새로운 형식의 예술작품을 형성하게 된다. 언어, 장르, 내용, 기술 등이 합성되는 리믹스와 매시업 문화는 디지털 시대의 도래로 가능하다. 온라인의 자원과 디지털 테크놀로지는 접근성을 높이고, 이는 창의적 작업의 가능성을 넓혀 놓았다. 이미지, 텍스트, 음악, 비디오 등의 온라인 자료를 활용한 창작물은 새로운 잠재력을 가진 청소년의 문화가 되었다.

리믹스 문화는 전통적인 개념의 저자와 독자의 관계를 부정하고 텍스트의 절대적 권위에 도전한다. 텍스트를 디지털로 리믹스하게 됨으로써 텍스트는 고정된 것이 아니라 유동적이게 된다. 리믹스 문화는 디지털 시대의 미디어가 가진 다방향성(polydirectional)과 다성적(polyphone) 특성을 반영한다. Lessig(2008)는 리믹스 문화는 책 기반의 저자와 독자의 관계를 통한 메시지보다 좀 더 강력한 메시지를 전한다고 본다.

온라인 공동체 안에서의 리믹스와 매시업 문화에서 저자의 개념은 '집단적 저자'의 개념으로 변하게 된다. 이는 인터넷의 탈중심성과 복수성의 특성을 기반으로 집단적인 저자의 개념으로 변하게 된다(Kergel & Heidkamp, 2017). 집단적 창작의 참신성은 여러 사람이 참여하기에 사회적이고 소통적인 역량을 가지고 있다는 점이다. 리믹스와 매시업 문화는 기존에 존재하는 시청각 자원들을 조합하여 협력적인 텍스트와 복합적인 세계관을 표현한다. 이러한 비공식적 공동체가 추진하는 자기주도적인 활동의 중요성은 개인들로 하여금 외적 보상에 따른 것이 아닌, 자신이 원하는 것을 자발적으로 선택하여 추진하는 내적 동기를 갖고 사회의 다양한 부분에 참여하도록 한다. 온라인의 리믹스와 매시업 속성은 청소년이 다른 사람들과 소통하면서 자신의 생각과 정서를 표현하는 일종의 문화적 사이트가 된다.

　이러한 청소년 문화의 특성을 지적하며, 미술교육자의 관심을 촉구한 Duncum(2014)은 청소년 자신의 흥미에서 유래하는 비공식적 학습 방식에 주목해야 한다고 하였다. 예컨대, 유튜브나 다른 창의적 플랫폼을 활용한 청소년들의 작업을 미술 수업에 끌어들이고, 이후 서로의 동영상 작업에 대해서 비평해 보도록 지도하는 것이 필요하다고 하였다. 이때 우리는 인터넷에 있는 자료 중에 타인에 대해서 공격적이거나 적절하지 않은 콘텐츠에 대해서 학생 스스로 토의해 보도록 지도해야 할 것이다. 디지털 자원은 상업주의에 의한 생산물이며, 때로는 소통의 차원에서 온라인의 익명성은 사람들을 공격하며 상처 주는 경우가 많다. 우리는 온라인 자원을 활용할 때 비판적 접근을 통해서 학생들이 활용하는 근거나 출처를 생각해 보도록 해야 한다. 이 과정에서의 윤리적 가치와 생성될 수 있는 결과에 대해서 생각하도록 지도하는 것이 필요하다. 청소년 문화를 교실로 연계하여 학생들의 삶에서 일어나는 경우를 학습에 활용하면서 미디어 콘텐츠의 잠재력과 한계를 학생들이 생각해 보도록 하는 것이다.

　때로는 사회적 이슈에 대해서 관심을 갖고 이에 대한 자신의 생각을 표현하는 방식을 교육하는 것이 필요하다. 기존의 이미지, 음악, 텍스트를 리믹스하여 이를 새로운 방식으로 재창조한 예로 '마네킹 챌린지(The Mannequin Challenge)'는 온라인에서 많은 주목을 받았다. 마네킹 챌린지는 인터넷 비디오로 참여자들이 마치 마네킹처럼 움직이지 않고 정지한 상태로 카메라로 다양한 각도에서 장면을 찍은 것이다. 이는 단순한 재미로 시작하기도 하였지만,

때로는 정치적·사회적 이슈에 대해서 의견을 표현하기도 한다. 예컨대, 흑인에 대한 경찰의 폭력성을 지적한 사건은 마네킹 챌린지로 표현되고 주요 미디어에서 다루기도 하였다(http://abcnews.go.com/US/powerful-mannequin-challenge-video-focused-police-brutality-viral/story?id=43469138). 동영상은 흑인 남성과 여성이 경찰관에 의해 총으로 제지당하는 장면을 표현하였다. 등장인물들은 정지한 상태로 있으면서 흑인 인권 운동인 흑인의 생명은 중요하다(Black Lives Matter Movement) 운동의 정신과 음악, Martin Luther King의 인권에 대한 연설의 음성이 복합화되어 인터넷을 달구었다. 우리나라 학생들에게서도 사회적 문제나 정치인들에 대한 비판이 리믹스되거나 매시업된 창의적 제작의 사례들을 볼 수 있다.

미술교육자를 위한 제안

다음은 본인이 대학원에서 초등학교 교사들의 논문지도를 통한 초등학교 미술 수업의 사례를 기초로 한다. 저자는 대학원 수업에서 초등학교 교사인 학생들과 시각문화 연구, 비판 이론 그리고 미술교육의 창의적 실천에 관한 쟁점을 토의하였다. 미술교육 현장에서 당면하고 있는 개인적·사회적 문제들을 논의한 후 이 절에서는 세 가지로 제안하고자 한다.

학생 자신의 내면세계 탐구

초등학교 학생들은 주변의 영향을 많이 받는다. 특히 부모, 돌보는 이들 그리고 사회에서 학생 자신들에게 기대하는 사회적 규범과 규칙에 영향을 받는다. Lacan의 정신분석학 이론에 따르면 미술작품 창작 작업은 의식과 무의식 사이에서 이루어지는 과정이다 (Walker, 2009). 학생들이 미술 작업을 할 때, 내면의 의식적이며 자아의 목소리를 들으며, 지각적 경험을 하는 데 초점을 둘 수도 있다. 예컨대, 채색, 커팅, 페이스팅, 문지르기 작업을 하면서 학생들은 물성과 만나는 경험에서 감각적 측면을 느낄 수 있다. 무의식적 세계는 접근 방식에서 난해할 수 있지만, 우리의 비이성적·감정적 그리고 본능적 경험을 통해서 가능할 수 있다. 예컨대, 초현실주의나 다다(Dada)의 작품 창작 과정을 참고할 수 있다. 학생들은 자신의 감정이나 욕망에 대해서 초점을 두면서 미술작품 창작 과정에서 의미 만들기에 주목하고 미술작품 제작 과정을 경험할 수 있다. 이후 학생들은 현대 미술가의 작업 과정을 공부하고, 반성적 글쓰기, 그룹 토의, 교사와의 상호작용을 통해서 자신의 감정, 가치, 지식, 관점이 타인과 사회에 연계되었음을 인식하게 된다. 사례 연구에서 초등학교 학생들은 자신의 욕망, 꿈, 우울, 불안 등을 작품으로 표현하였다. 학생들은 가족, 친구, 다른 사람들과의 관계에서 나타나는 다양한 요인을 찾아보고 탐구하였다. 자아 이미지에서 심벌과 시각적 요소들을 활용해서 자신의 삶의 관계성에서 다양한 요인을 표현하였다. 한 학생은 자아 이미지를 컴퓨터 게임의 스크린샷의 이미지를 활용해서 자신이 다이어트를 실천하는 과정을 게임에 비유하였다. 이러한 작품 제작 과정은 학생들로 하여금 자신의 꿈과 재능을 찾아보도록 하면서 자신이 이룰 수 있는 목표와 삶의 동기를 부여하는 데 유효하였다.

정체성은 사회적 관계 속에서 구성된다. 초등학생은 또래 친구, 부모나 가디언 그리고 교사의 영향을 받는다. 학생들은 타인이 인식하는 일종의 라벨을 자화상으로 표현하였는데, 성격, 외모, 또는 타인이 인식하는 다른 특성에 의해서 라벨로 분류된다. 자화상 작품은 부정적으로 자신을 표현하는 경우가 많은데, 이는 주로 외적으로 보이는 표면적인 특성이다. 미술작품 제작을 통해서 미술 교사는 학생 자신의 내면적 강점을 이끌어 내도록 도와줄 수 있다. 사례 연구에서 한 학생은 따돌림을 받는 자신의 슬픔과 외로움을 미술작품과 저널로 표현하였다. 학생들이 자신의 작품을 공유하면서, 다른 학생들도 그녀의 개인적인 아픔에 공감할 수 있었다. 또 다른 사례는 '셀프 박스(self-box)'라는 작품으로 자신의 삶을 표현하는 어떤 것이든지 수집한 작품이다. 한 학생은 자신의 저널, 자신의 관심사를 보여 주는 물건, 저널에 있는 단어나 이미지를 수집하였다. 또 다른 학생은 사소한 이유로 자신의 어머니에게 파리채로 맞았던 트라우마적인 기억을 저널에 적으며 자신의 자화상을 그렸다. 작품 활동 이후 학생은 상담을 하면서 자신을 괴롭히는 무서운 기억들을 치유해 갔다. 이러한 사례들이 보여 주듯이, 미술작품 창작과 자신의 경험을 나누는 활동은 자신에 대해서 긍정적인 모습을 찾아가는 데 도움을 주는 활동이 된다.

비판적이며 창의적으로 이미지 읽기

Barthes의 기호학은 학생들이 광고, 애니메이션, 필름을 분석하고 비판적으로 보는 데 도움이 될 수 있다(Barrett, 2003). 기호 체계는 외연(denotation)과 내연(connotation)으로 의미를 형성한다. 외연은 드러난 의미이며, 내연은 암시하는 의미이다. Barthes(1978)는 내연적 이미지에 담긴 사회문화적 체계에서의 소통되는 숨겨진 의미인 이데올로기를 신화라고 불렀다.

자신과 세계에 대한 지식은 대중문화의 영향을 받아 형성되는데, 대중문화는 기호로서 편견을 조장할 수도 있고 사회에 대한 관심을 제한적으로 매개할 수 있다(Tavin & Anderson, 2003). 학생들이 이미지를 통해서 배우는 경험에서 의미를 부여하고 의미를 해독하는 방법을 학습하는 것은 중요하다. 예를 들어, 학생들은 자연스럽게 디즈니 애니메이션에서 젠더, 인종, 민족과 연령의 의미를 해독할 수 있다(Tavin & Anderson, 2003). 대중문화에 숨겨진 의미를 해독하기 위해서 학생들은 그들이 이미지에서 보는 것이 무엇인지 구별하는 것부터 시작해야 한다. Barthes가 제안한 텍스트 읽기의 방법으로서, 학생들은 자신이 관찰한 것과 이미지에서 해독한 것에 대해서 얘기하면서 인간이나 환경을 묘사하는 색채, 선, 형태, 느낌 등에서 발견한 것을 나누는 '외연적' 전략에서부터 시작한다. 그다음 상징적 그리고 암시적 의미를 발견하는 '내연적' 전략을 활용하여 조형 요소와 이야기의 주제, 의도된 의미 등이 우리 사회에 어떻게 관련되는지 생각하는 것이 필요하다. 마지막으로 이미지와 관련지어 자연스럽게 지시되었던 사회적 관습이나 문화적 신념 등의 '신화적' 의미를 생각해 보는 단계의 해석으로 나아간다 (Barrett, 2003; Tavin & Anderson, 2003).

학생들은 점차 미디어, SNS, 뉴스 등을 통해서 사회가 중요한 이 슈를 표현하는 방식에 대해서 인식하게 된다. 사회에 대한 이슈를 막연히 다루기보다는 예컨대 학교 폭력과 같이 학생들의 일상에서 부딪히는 문제부터 출발하여 사회와 관련시켜 토의하도록 한다. 토의를 통해 학생들은 문제의 맥락뿐 아니라 문제의 배경과 사유 방식까지 깊이 있게 발전시키게 된다. 미술 교사들은 사실적으로 재현하는 드로잉뿐 아니라 표현의 어려움을 느끼는 학생들이 리믹 스, 매시업 등과 같은 전략을 사용하도록 격려한다.

현실의 문제에 기반한 교육과정 설계

미술 교사들은 교육과정 설계를 다른 과목과 함께 간학문적으로 설계할 수 있다. 초등학교 교사들은 학생들의 삶에 중요한 빅 아이 디어를 선정하여 여러 과목의 접근을 통해서 작품을 창작하는 과 정을 통해 간학문적 교육과정을 구성할 수 있다. 빅 아이디어는 학 생들에게 중요한 이슈, 감정, 관점이 된다. 빅 아이디어를 중심으로 여러 교과에서 다루는 기술, 지식을 활용하여 학습한다. 학생들이 은유적 이미지를 창작하여 자신이 일상에서 중요한 것들의 의미를 해석하도록 하여 이미지, 상징 그리고 텍스트로 표현하도록 한다. 한 사례 연구에서 학생들은 그림책을 창작하여 사회가 가르치는 가 치, 꿈, 규범 그리고 학생들의 정체성에 대해서 다루었다. 한 학생 은 실과 시간에 배운 '솎아내기'를 '반차별'이라는 주제와 연계시켜

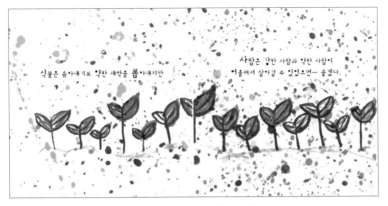

[그림 5-1] **그림책(6학년 학생 작품) 부분**

출처: 이현아(2017).

상징적으로 표현하였다. 학생은 사람을 식물에 비유하면서 약한 것
을 분리하여 제거하는 우리 사회의 현실을 지적하고, 서로 다른 속
성, 즉 신체적으로 부족하고 열등하게 보일지라도 모두를 존중하고
차별하지 않는 조화로운 삶을 그림책으로 표현하였다.

결론

이 연구는 미술 교사 교육에서 미술교육의 개념을 확장하고 실천
할 가능성을 제안하였다. 미술교육자들이 지도한 작품 창작과 시각
문화 해석을 통해서 개인적 · 사회적 영역으로 연계될 수 있을 것인
가를 살펴보았다. 연구자는 개인적 측면과 사회적 측면에서 실천의
의미를 제안하고자 한다. 개인적으로, 학생들은 자신을 의식적 · 무
의식적 세계를 가진 존재로 보고 학생 자신의 내면세계를 탐구하는
관점을 의미한다. 사회적으로, 학생들이 이미지, 텍스트, 음악의 의

미에 대해서 대화를 나누고 사회적 이슈에 대한 자신의 생각을 표현하는 공간을 창출하는 것을 의미한다.

개인적 그리고 사회적 측면을 위해 미술교육자는 기존의 실천을 변경하고 확장해야 할 것이다. 교육과정 설계는 현실의 문제에 기반하며 학생의 관심사와 문화를 반영해야 할 것이다. 현대미술, 대중문화 그리고 학생들 자신의 작품을 통한 참여로써, 미술교육자는 학생들 개인에게 의미 있는 이슈를 나누는 대화를 할 수 있을 것이다. 비판적 이미지 읽기는 학생들에게 자신의 삶이 사회-문화적 맥락에서 구성된다는 것을 알 수 있게 하는 중요한 방식을 알려 줄 것이다. 학생들의 삶에서 의미를 구성하는 예술적 과정은 자신의 감정, 사고 그리고 문화적 인식을 통한 세계관을 개념화하는 데 도움을 줄 것이다.

참고문헌

염유식, 김경미, 이승원, 김수미(2016). 한국 어린이. 청소년 행복지수: 국제비교연구조사결과보고서. 서울: 한국방정환재단.

이광석(2015). 디지털 시대 문화 권리의 제고: 복제문화와 콘텐츠 큐레이션의 쟁점. 한국언론정보학보, 197-224.

이현아(2017). 시각적 문해력 증진을 위한 그림책 창작 수업에 대한 실행연구. 서울: 서울교육대학교 교육전문대학원.

정은주(2016. 5. 2.). 한국 청소년 행복지수 다시 OECD 회원국 중 꼴찌. 한겨레. http://www.hani.co.kr/arti/society/society_general/742239.html

통계청(2019. 8. 14.). 2019년 7월 고용동향. 보도자료. 사회통계국 고용통계과.

Barrett, T. (2003). Interpreting visual culture. *Art education*, *56*(2), 7-12.

Barthes, R. (1978). *Image-music-text*. Macmillan.

Bruns, A. (2010). Distributed creativity: Filesharing and produsage. in S. Sonvilla-Weiss (Ed.), *Mashup cultures* (pp. 24-37). Heidelberg: Springer.

Duncum, P. (2014). Youth on YouTube as Smart Swarms. *Art Education*, *67*(2), 32-36.

Kergel, D., & Heidkamp, B. (2017). The digital turn in higher education towards a remix culture and collaborative authorship. In D. Kergel et al.(Eds.), *The Digital Turn in Higher Education: International Perspectives on Learning and Teaching in a Changing World* (pp. 15-22). Springer Fachmedien Wiesbaden.

Lessig, L. (2008). *Remix: Making art and commerce thrive in the hybrid economy*. Bloomsburry Academic Publishing.

Simonsen, T. M. (2013). The mashups of YouTube. *Nordicom review*, *34*(2), 47-63.

Tavin, K. M., & Anderson, D. (2003). Teaching (popular) visual culture: Deconstructing Disney in the elementary art classroom. *Art Education*, *56*(3), 21-35.

Walker, S. (2009). Artmaking, subjectivity, and signification. *Studies in Art Education*, *51*(1), 77-91.

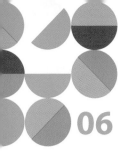

06 차세대 예술교육의 장으로서 뮤지엄

박진희(BMOCA 학예팀장, 한솔어린이뮤지엄 큐레이터, 헬로우뮤지움 에듀케이터)

창조적인 아이디어를 발굴하기 위해 동일한 시공간에서 집중적으로 논의하는 해커톤(hack-a-thon)은 마라톤(marathon)과 해킹(hacking)의 합성어로 주로 프로토타입 개발을 위한 경연의 형식이다. 문화예술 교육도 해커톤의 방식으로 고찰되었는데 '예술 해커톤: 차세대 문화예술 교육'이 그것으로 기술을 통한 예술교육의 가능성이 모색되었다.

예술 해커톤에서는 기술을 통한 학습과 경험의 확장이 주로 논의되었다. 뮤지엄 공간에서 관람자에게 맞추어진 메시지를 제공하는 증강현실(VR)과 예술 감상과 창작에 대한 물리적인 접근성을 확대하기 위한 가상현실(AR)이 고민되었다. 더불어 빅 데이터와 블록체인의 활용을 통해 감상자의 누적된 감상 경험에 의거한 취향에 따라 작품과 전시를 추천하는 큐레이션의 알고리즘 등이 고려되었다.

뮤지엄 교육자로서 참여한 해커톤은 공학자, 디자이너와 함께 문화예술 교육의 방향성을 모색할 수 있는 자리였다. 이제 기술적 구현의 방법론 이상으로 문화예술 교육에 대한 새로운 관점과 정의가 요구된다. 인간의 기억과 경험, 감성이 기술을 통해 확장되는 시대에 발맞춘 예술교육의 장으로서 뮤지엄은 어떻게 활용될 수 있을까? 참여자 중심적인 배움의 공간, 총체적인 심미적 경험과 공동체적 사고의 장으로서 뮤지엄의 기능을 생각해 보고자 한다.

능동적 배움의 장으로서 뮤지엄

데이터에 기반을 둔 학습은 학습자의 수준과 흥미에 맞춘 교수 활동이 가능하다는 강점을 지닌다. 교수 효율성의 저변에서 중요한 지점은 교육 주체가 지닌 내재적 동기와 가치의 발견과 존중일 것이다.

관람자가 지닌 뮤지엄 방문 전 경험과 지식의 가치에 대한 고려는 John Dewy의 경험주의적 시각에서 출발하여 George E. Hein의 구성주의 뮤지엄(the constructivist museum) 모형에서 구체화된다. 구성주의 뮤지엄 상은 학습과 지식 간의 관계를 의미하는 학습 이론과 지식 이론의 축이 교차된 좌표 평면상에서 제4사분면에 위치한다.

구성주의 뮤지엄은 학습자가 주어진 내용을 발견하는 제1사분면의 '발견의 뮤지엄', 전통적인 강의와 텍스트 중심으로 진행되는 제2사분면의 '제도의 뮤지엄'과 같이 지식이 학습자 외부에 존재한다는 관점과는 구분된다. 또한 자극과 반응의 행동주의적 학습 이론에 기반을 둔 제3사분면의 '질서의 뮤지엄'과는 학습의 주체성을 중시한다는 점에서 구별된다. 이처럼 구성주의 뮤지엄 모형은 학습자의 능동성과 학습자 내부 지식에 대한 존중을 대변한다(Hein, 1995).

학습자가 지닌 자원을 정확히 파악하고 인정하여 이끌어 내는 구성주의적 관점은 소장품과 전시품, 공간 전반을 학습자의 유형에 맞추어 다각적으로 접근할 가능성을 연다. 즉, 시각적 학습자나 청각적 학습자 혹은 장애를 가진 학습자별로 설계된 공간과 교수 방식을 활용할 수 있는 것이다. 특히 뮤지엄은 인간이 자연과 물질의 세계를 어떻게 정의하고 해석하여 표현하는지를 보여 주는 장이며 이를 관람객이 능동적으로 참여할 수 있는 플랫폼이라는 점에서 학습자 중심 예술교육의 장으로서 특수성을 지닌다.

총체적인 시공간에서의 심미적 경험

뮤지엄 관람객의 방문 후 회상을 추적한 Carole Henry는 관람객이 개별 작품과 전시 이상으로 환경적 요소와 전시 외적인 부분을 통합적으로 기억한다는 점을 밝힌다(Henry, 1992). 뮤지엄 관람객의 경험이 지니는 총체적인 측면은 Eilean Hooper-Greenhill의 '뮤지엄 경험(the experience of the museum)' 모형으로도 구조화된 바 있다(Hooper-Greenhill, 1994).

Neil Kotler와 Philip Kotler도 뮤지엄이 관람객에게 제공하는 경험의 속성 중 심미적인 부분과 매혹적인 부분에 주목한다(Kotler & Kotler, 2005). 심미적 경험은 시각이나 촉각과 같은 오감적인 활동,

사물을 도덕적 기준이나 실용적인 잣대로 보지 않는 미적인 시선과 취향의 고양을 의미한다. 매혹의 경험은 지적 상상력, 그리고 영혼을 고양시키는 지점의 활동, 어떤 사물이나 장소로부터 느끼는 미적 환희, 일상으로부터의 탈출에 관한 것이다(Henry, 2010).

뮤지엄 경험의 총체적인 측면은 상업이나 오락과 같은 기능 중심 공간과 다른 심미적 공간 경험의 가능성을 열어 준다. 관람객은 일상을 벗어난 심미적인 경험을 통해 통찰과 정서가 결합된 미적 경험을 원하며 이를 자신의 삶과 연관 짓고자 하기 때문이다.

총체적인 심미성을 제공하는 뮤지엄 공간에서는 다양한 장르의 융합과 해석으로 예술교육의 가능성을 실험할 수 있다. 몸의 언어를 시각작품으로서 해석하여 표현하고, 박자와 리듬이라는 전통적인 음악의 문법을 문학의 언어로 구술하는 장르 교차적 접근 또한 새로운 시각을 전하는 예술교육의 방법론이 될 수 있다(Park, 2010).

앎의 생태계로서 뮤지엄

뮤지엄 관람객이 만드는 의미는 관람객 자신의 정체성과 동반자와의 관계, 방문 동기와 효용의 역동에 의해 형성된다(Silverman, 1995). Lois H. Silverman은 뮤지엄이 유물과 작품의 수집과 보존, 유지라는 전통적인 기능에서 나아가 영적인 조우와 의미 형성과 사회적 의식의 기관으로 기능할 때 공공성을 강화하고 공적인 치유기관이 될 수 있음을 강조한다(Silverman, 2010). 뮤지엄에서의 경험이 지니는 힘은 의도와 이해, 가치와 삶을 바꿀 만한 가치를 지닌 의미의 형성에 있다는 것이다(Silverman, 2002).

의제를 중심으로 한 학습 공동체의 발생과 집단 지성의 발현은 동시대적 특징이다. 이에 뮤지엄은 학습 공동체 형성을 위한 플랫폼이자 터미널이 되고 있다. 시민 큐레이터의 발굴과 양성 프로그램이나 서구의 살롱 문화를 재해석한 프로그램과 같이 공공기관의 주인의식 발현을 위한 교육과 지적 호기심에 따라 자발적이고도 유연하게 형성되는 학습 공동체는 새로운 예술교육의 가능성이다.

뮤지엄은 전통적인 개념화와 목록화의 기관에서 공론적인 통합과 재해석의 공간으로 변모하고 있다. 역동적인 해석의 장으로서 뮤지엄은 서로 다른 견해와 입장에 대한 이해와 배려의 문화 형성의 장이 될 수 있다. 더불어 소장품과 전시물에 대한 다층적인 해석의 공론화는 사회적 이해의 출발점이 될 수 있다. 관람객은 뮤지엄에서 개인적 해석에서 출발하여 사회적인 성찰을 통하여 연민과 연대의 정서를 경험할 수 있기 때문이다.

학습 공동체와 학예연구실 간의 협업은 자발적으로 형성된 교육의 주체들이 호기심을 지속적으로 이끌어 가기 위해서 필수적이다. 양질의 학습 자료와 적절한 장소의 제공, 공동체의 적절한 구성 외에도 공동체의 필요와 관심에서 출발하고 기획된 토론 의제들은 학습을 독려할 수 있다. 뮤지엄은 학습 공동체의 역동을 창의적으로 설계하고 협업의 지속성을 지지할 수 있어야 한다.

결론

동시대 뮤지엄은 유물과 작품의 물리적인 실체와 가치만큼이나 관람객의 관심과 동기, 관람객이 만들어 내는 의미와 과정을 중요한 자산으로 여긴다. 관람객 연구의 주제로서 관람객의 학습과 의미 형성 과정, 대화의 장소로서 뮤지엄, 관람객의 관심과 동기가 대두되는 것도 이 때문이다(Allen, 1997).

InSEA 선언을 창의적으로 실천하는 통로로서 뮤지엄 교육의 가능성을 학습적ㆍ심미적ㆍ사회적인 측면에서 살펴보았다. 뮤지엄은 다각적인 방식으로 개인의 이성, 감성, 공감의 지경을 넓히며 공동체성과 나눔의 가치를 고민하는 예술교육의 가능성을 확장하는 장으로서 도약하고 있다.

참고문헌

백남준 아트센터의 NJP살롱. 서울시립미술관의 시민 큐레이터 양성 프로그램.

Allen, S. (1997). Sociocultural theory in museums: Insights and suggestions. *Journal of Museum Education, 22*(2), MER, 8-9

Hein, G. E. (1995). The constructivist museum. *Journal of Museum Education, 16*, GEM, pp. 21-23.

Henry, C. (1992). Retention and recall of images: Evaluating museum experiences of schoolchildren. *Visual Arts Research, 18*(2).

Henry, C. (2010). The museum experience: Discovery of meaning.

NAEA, pp. 13-19.

Hooper-Greenhill, E. (1994). *Communication in theory and practice. Museums and their visitors.* London: Routledge.

Kotler, N., & Kotler, P. (2005). 박물관 미술관학. (한종훈, 이혜진 공역). 박영사.

Park, J. (2010). *Significance and Possibility of Museum-based Cross-genre Interpreting Art Education Beyond Classrooms.* International Arts Education Week, UNESCO.

Silverman, L. H. (1995). Visitor meaning-making in museums for a new age. *America museum of natural history, 38*(3), 162-163.

Silverman, L. H. (2002). *Taking a wider view of museum outcome and experiences: theory, research and magic. Journal of Museum Education, 2*(3), GEM, 5.

Silverman, L. H. (2010). *The social work of museums* (pp. 59-64) London: Routledge.

07 미술교육에서
영상 미디어의 접목

Osamu Sahara(일본 도쿠시마 대학교 교수)

서론

영상 매체와 미술교육의 연결점

Debussy의 〈Images〉 중 1st 'Reflets dans l'eau'는 [그림 7-1]과 같이 물이 아름답게 번지는 모습을 연상시킨다.

'이미지'라는 용어의 정의는 두 가지 양상을 내포한다. 하나는 눈으로 보는 실제 세계의 이미지이고, 다른 하나는 마음속으로 상상해서 인식하는 심상이다. 이미지는 해석의 렌즈를 통해 시각적으로 인지하거나 기억이 된다. 다시 말해, 생각은 외부와 내부의 양방향 관계에 의해서 저장되기 때문에 시각 매체에 대한 미술교육은 밀접한 관련성을 나타낸다. 미술교육은 창조와 감상 과정을 통해 눈으로 보는 실제 세계와 심상 사이의 미학적 필터를 양성하는 교과 과목이다.

특히 20세기의 미디어 발전 이후 눈앞에 놓인 실제 세계와 더불

[그림 7-1] 물이 흐르는 모습

출처: Hurd (2011).

어 사진, 영화, TV 등 다양한 영상 매체를 통해 다양한 이미지를 이해할 수 있게 되었다. 다양한 이미지 인식 수단에서 얻는 정보를 바탕으로 세상에 대한 아이디어를 형성한다. 그리고 아이디어의 형성은 지난 30년 동안 지속적으로 발전해 온 온라인 문화를 통해서 더 확장되었다. 반대로 이상적인 세상을 상상하여 실제로 시각화하고, 미디어를 통해 이미지를 다른 사람들과 공유할 수 있다. 이런 이미지 교환은 호흡하는 것처럼 몸의 안팎으로 연결된다. 미술교육은 지식을 시각화하고 구현하는 연습을 제공하는 유일한 교과 과목이다. 오늘날 휴대폰과 인터넷에 대한 접근성은 어린 학생들에게도 쉽게 허용되고 더 보편화되고 있으며 영상 미디어가 어린 학생들의 아이디어와 지식에 어떤 방식으로 영향을 미치는지 확인할 수 있다. 우리는 과거 어느 때보다 인터넷과 다른 매체를 통해 많은 정보를 습득하는 것이 가능하다. 그러나 우리는 간접적 경험을 통해서만 이러한 개념을 습득한다. 예를 들어, 연꽃의 이미지를 통해서 알 수 있지만 향기나 그 느낌은 알지 못한다.

일본 미술교육의 경우 이러한 간접 경험의 증가를 문제적 요인으로 인식하고 1998년 국가 교육부는 영상 미디어 분야를 예술교육의 기준으로 도입하였다.

일본의 영상 미디어 예술교육

일본 교육문화스포츠과학기술부(MEXT)는 공교육을 감독하는 기관이다. 교육문화스포츠과학기술부는 10년에 한 번씩 일본 국가 기준을 업데이트하는 임무를 실시하고, 공교육 환경에서 국가 기준의 구현은 법으로 규제하고 있다. 이에 따라 초등학교의 약 99%, 중학교의 92%, 고등학교의 63%가 공교육으로 운영되고 있다(MEXT, 2018). 따라서 대부분의 일본 학생은 일본 국가 기준에 따른 교육을 받고 있다.

일본은 약 20년 동안 예술교육의 일환으로 영상 미디어를 교육하고 있지만 영상 미디어가 미술교육 교실에 항상 효과적인 접목을 실현하지 않는다. 공립학교의 예산 제약과 기술적 난관과 더불어 영상 미디어를 기존 미술 수업에 접목시키는 방법에 대한 교육적 관점을 확립하는 방안의 탐색이 필요하다.

일반적으로 일본의 미술교육은 자아 표현을 통해 개성과 개인적 성장을 기르고, 자아 형성을 통해 성장을 촉진하는 것을 목표로 한다. 아동 중심의 미술교육으로 진행되고 있으며, 일본 청소년들의 '생활에 대한 열정'을 향상시키는 데 기반이 되는 지식과 미적 감성을 확립하고 강화하는 중점을 두고 있다. 일본 미술교육의 근간이 되는 교육철학을 존중하는 관점에서 교육 영상 미디어 분야(eizou media ryoiki)도 이러한 목표에 주목하고 있다. 이러한 관점에서 다른 나라에서는 종종 미디어 아트라고 불리는 예술교육의 영상 미디어 분야가 일본에서는 독자적 모습을 보인다.

예산 및 기술적 관점에서 출현 시점을 기준으로 오늘날 영상 미디어 교육은 훨씬 순조롭게 이루어진다. 일본 국무조정실의 2018년 자료에 따르면 2017년 고등학생의 97.1%가 스마트폰을 소유하고 있었다([그림 7-2] 참조). 또한 최근에는 대학에서 학생들이 전자기기를 교실에서 활용할 수 있도록 BYOD(Bring Your Own Device)를 추진하고 있다. 이 운동이 고등교육뿐만 아니라 초중등교육 환경으로 확산될 것이라 사료된다. 대부분의 학생은 스마트폰 애플리케이션 사용에 능숙하다.

그렇다면 일본 미술교육에서 영상 미디어의 교육에는 어떤 이론이 제시되는가? 이 장에서는 다음 세 가지 관점을 기반으로 그 배경을 설명한다.

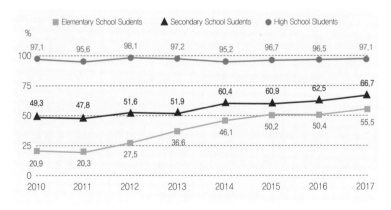

[그림 7-2] 스마트폰을 사용하는 일본 학생 비율

1. 영상 미디어를 학습 자료로 도입

2. 영상 미디어의 특성을 활용하는 방법론

3. 영상 미디어의 교육 구조

도입 단계: 이미지와 신체 감각 연결의 중요성

현재까지 여러 미술교육 연구자는 영상 미디어 콘텐츠에 대한 학생들의 관심과 현실감을 향상하고 구분하기 위해서 이미지의 촉각 경험을 제공하는 데 주목했다. 앞서 언급한 바와 같이 간접 경험의 확산은 일본 미술교육에서의 영상 매체 도입에 큰 영향을 미쳤다. 1990년대에 많은 연구자는 성장기의 아이들이 게임과 TV 미디어 중독과 같은 간접적 경험의 부정적인 영향에 대해 우려했다. 따라서 영상 미디어는 1998년 중등학교 국가 미술 기준에 정보교육과 연계하여 도입되었고, 1999년 고등학교 국가 미술 기준에 추가되었다.

상호작용 방식으로 이미지를 조작하는 경험은 일본 미술교육의 중요한 부분이다. 실제 수업을 안내하는 미술을 위한 모든 중등 수준의 교과서도 일본 교육문화스포츠과학기술부에서 개정한다. 교과서 예시에서는 19세기 상호적인 애니메이션 도구를 소개한다([그림 7-3] 참조).

일본 분쿄(일본 분쿄 삽판, 2009)가 발간한 교과서에는 만화경에 비디오 카메라를 장착하고 투사하는 〈만화경의 빛의 변화(Mangekyouno Nakano Hikarino Henka)〉"([그림 7-4] 참조)라는 학생 작품이 소개되어 TV 화면에서 볼 수 있다.

[그림 7-3] 교실에서 페나키스토스코프를 활용하는 모습

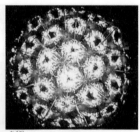

[그림 7-4] 학생 작품: 만화경에서 관찰되는 빛의 변화
(Mangekyouno Nakano Hikarino Henka)

1980년대 미디어 아트 운동은 이 아이디어에 큰 영향이 미쳤다. 특히 미디어 아티스트 Iwai Toshio는 모든 미술 교과서(Kairyudou Shuppan, Mitsumura Tosho Shuppan, Nihon Bunkyo Shuppan, 2009) 에서 영상 미디어 분야의 대표 아티스트로 소개되었다. 2009년 Iwai는 초등학교에서 신체와 이미지를 연결하는 워크숍 수업을 진행하였으며, 〈ETV는 신체를 일깨운다, 우주의 감각(ETV Awaken the Body, the Universe of Sense)〉으로 방송되었다.

[그림 7-5] **빛의 묘사(Iwai Toshio의 영상 미디어: Hikarino Portoraito)**

이 프로그램에서 Iwai는 신체적 감각과 이미지를 연결하는 것의 중요성에 주목했다. Iwai의 메시지에 대한 번역은 다음과 같다.

미디어 아티스트로서 컴퓨터와 휴대폰 등 다양한 기술의 사용으로 인한 혼돈을 발견하는 순간이 있다. 아이들에게 이러한 현상이 확실히 좋은 일인 것이라는 메시지를 전달할 수는 없다.

실제 공간에서 성립되는 사실적인 소통과 인터넷과 같은 가상 세계에서의 소통은 완전히 분리되어 있으며, 이 격차가 다양한 사건의 원인이라고 생각한다 .

오늘날의 아이들은 기술과 미디어에 노출되어 있기 때문에 수업을 기존의 방식으로 구성하는 것은 아이들에게 더 이상 흥미를 불러일으킬 수 없다. 이것이 이번에 계획한 수업 내용을 살펴봐야 하는 이유이다(Iwai, 2009).

이 점에 대해 NHK 미디어 리서치 센터의 Ken Sakurai는 사회적 현실은 넘쳐나는 이미지로 가득하다고 지적했다. 이런 상황 속에서 사람들은 불안감을 의식 속 가장 깊은 곳에 감추고 표현을 최소화하기 시작했다(Sakurai, 2013).

그렇기 때문에 현실 감각을 인식하기 위해서는 시각적 이미지와 신체적 감각을 연결하는 상호작용적인 과정이 매우 중요하다. 실제로 이미지 투사, 확대/축소, 시간 조작, 복사, 초과 인출, 소리 삽입 등의 설정을 통해 이미지와 상호작용하는 과정이 미술교육에서 영상 미디어 교육의 핵심이 된다.

몸의 감각과 이미지를 연결하는 활동의 예는 손전등을 자신을 향해 비추고 반사된 빛을 돋보기로 모아 벽에 이미지를 투사하는 것이다([그림 7-6] 참조). 투영된 이미지가 생성되는 것을 경험하고 자신과 이미지를 직접 연결하고 인식하는 경험을 통해 대부분의 학생은 "흑백이 아니다." "정말 이상하다!" 또는 "진짜다!" 하는 반응을 보이고, 학생들은 이미지와의 연결에서 현실 감각을 학습하고 익힌다.

연구 결과에 따르면 상호작용 조작을 통해 신체 감각과 시각적 이미지를 연결하면 비디오 이미지 내용에 대한 관심이 증가하고 현실성이 높아질 수 있다(Sahara, 2016). 이러한 연습은 영상 미디어 교육의 도입 단계로서 효과적이다.

학생들이 현실 감각을 키우면 세상에 대해 더 많은 관심을 가질 것이다. 미술교육은 학생들이 이러한 유형의 지식을 습득하도록 교육하는 유일한 교육 과목일 수 있으며, 이는 시각적으로 유발된 신체적 지식(V-TISK)으로 서술한다(Sahara, 2017a). V-TISK를 기르는 것은 일본 예술교육에서 영상 미디어를 가르치는 목적 중 하나이다.

[그림 7-6] 학생의 입 모양을 벽에 투영하는 모습

V-TISK란 무엇인가

서양 문화에서 시각과 촉각의 감각은 18세기까지 구별되었으며, 시각적 감각은 종종 지배적인 감각으로 취급되고 촉각적 감각은 하위의 감각으로 간주하였다. V-TISK는 촉각이 시각적 요소와 어떻게 연결되는지에 대한 연구를 바탕으로 시사한다. 다음은 몇 가지 중요한 시사점이다.

〈표 7-1〉V-TISK의 중요한 시사점

Alois Riegl 미술사학자 (오스트리아)	눈으로는 3D 형태는 볼 수 없고 2D의 평면만 확인할 수 있다. 깊이의 3D를 확인하기 위해서는 기존과의 다른 감각의 활용이 필요하고 그것이 바로 촉감이다(Riegl, 1966).
Susumu Kaneda 미학 연구자 (일본)	Riegl는 형태와 표면을 구분하고 촉감은 형태를 인식하기 위한 필수 감각이라고 설명했다. 형태는 표면만으로는 부족한 깊이의 요소가 필요하다. 깊이를 가늠할 수 있는 이유는 촉감에서 실현된다. 사물의 형태를 볼 때 우리는 촉감의 경험을 바탕으로 깊이를 이해한다(Kaneda, 1984, Translated by the Author).
Bernard Berenson 미술사학자 (미국)	촉감의 가치는 단순히 재현될 때 나타나는 것이 아니다. 부피를 느끼고, 무게를 들고, 저항을 느끼고, 떨어져서 간격을 벌리면서 우리가 상상을 통해 심상에 존재하는 감각으로 접촉하고, 파악하며 실체를 인지할 때 가능해진다. 밀접한 접촉을 통해서 가능하다. 반대로 관념적 감각은 심상에 존재하는 감각으로 그 실체를 인지하고 생명력을 인정하며 생성된다(Berenson, 1948).
Giuliana Bruno 시각 예술, 건축, 영상과 미디어 연구자(미국)	멀리서 본 것만으로는 공간을 설명할 수 없다. 촉각은 표면을 공간으로 확장시키는 감각이다. 이러한 감각들은 기관에서 함께 작용할 뿐 아니라, 공간을 형성하는 기능으로 상호작용한다. 이런 관점은 시각과 촉각을 반대로 보지 않는다. 눈은 촉각화될 수 있다. 촉각을 생각해 낸다는 것은 시각에서 출발한다는 것이 현대적 개념이며, 실제로 두 감각 간의 상호성이 작용한다(Bruno, 2002).

	영화적 경험의 '감각'을 인식하는 구조는 촉각적 시각과 시각적 촉각의 기계적 습관을 야기한다. 여기에는 기술이 감각과 상호 작용하고 자연사를 포함한 광범위한 역사의 영역에 영향을 미친 다(Bruno, 2002). Condillac의 1754년 감각에 대한 논문은 John Locke의 철학적 전통에서 점차 애니메이션화되는 동상을 구상 하여 감각적인 미학을 다루었다. Condillac는 동상의 감각이 하 나씩 순서대로 활성화된 다음 완전히 감각이 활성화되고 지식도 구성되는 결합을 서술하였다.
Mitsuru Fujie 예술교육의 미학 연구자(일본)	인지심리학에서 신체 지식은 예술 활동에서 신체성에 대한 개념 을 지지한다(Fujie, 2012, Translated by the Author).

시각적 감각과 촉각적 감각은 분리할 수 없으며 넓은 의미에서 촉각적 기준은 시각에 포함된다. 촉각은 과거 경험을 바탕으로 시 각에서 생각되며, 영상 미디어와 같은 기술은 모니터에서 시각적 정보를 받아들일 때 호흡과 같은 신체 상호작용을 지시하는데, 이 것은 단일 센서 상호작용이 아니며 전신 감각적 지식이 저장된다.

미술교육에서는 영상 매체 제작과 조작을 통해 시각적 영상에서 신체 지각을 형성하는 것을 수업의 목표로 설정하여 심미적인 감 성과 아이디어를 도출하고 지식을 형성한다.

따라서 V-TISK는 시각적으로 유발된 신체적 지식으로 정의되 며, 시각적 이미지의 감상 또는 생성, 지각 및 이해를 통해 신체적 감각이 시각적 감각으로 투영되는 과정을 의미한다.

영상 미디어의 재료적 특성을 활용하는 방법론

미술교육에서 종종 관찰과 접촉은 동등한 가치를 부여한다. 또한 미술 수업에서 관찰하고 만져 보는 행위는 대상에 대한 충분한 정보 획득에 필수적인 과정이다. 영상 미디어는 관찰하고 촉각의 감각을 경험하는 과정에서 효과적인 매개체이다.

스마트폰의 카메라와 같은 영상 미디어 도구는 물체나 내용의 시각적 관찰에 있어서 제한적일 뿐 아니라 촉각을 활용하는 접근 방식에도 부적절하다. 예를 들어, 게임을 할 때 시각적 감각과 신체적 감각이 밀접하게 연결되어 있어 화면상의 물체의 움직임과 함께 몸이 움직이는 것처럼 느껴지는 경우가 많다. 또한 레몬 이미지를 보았을 때 침이 고이는 경험을 해 보았을 것이다. 우리는 신체 감각을 이미지에 투영하고 이미지의 물리적 감각을 자연스럽게 흡수한다. V-TISK는 영상의 세부적인 정보를 관찰하여 신체적 지식을 구상해서 신체적 감각을 생성하는 과정을 의미한다. V-TISK를 향상시키는 과정의 학습은 이미지와 목표 맥락에 대한 더 깊은 이해를 파악하는 전략으로 사용된다.

미술 수업에서는 동영상 이미지에서 동작의 세부 사항을 관찰하고, 동작의 연속성을 확인하기 위해 비디오를 반복 재생하고, 텍스처 특징의 세부 사항을 확대하는 등의 활동은 신체적 정보를 얻기 위한 과정이다. 또한 이러한 활동은 스마트 기기로 편리하게 획득 가능하다.

V-TISK는 신체적 연결의 비유를 통해 지식과 정보를 얻는 방법이며, 이를 통해 학생들은 일반적인 인식 과정을 넘어서 목표 상황에 대한 아이디어가 확장된다. V-TSIK 방법은 미술 수업의 추가 관찰 방법으로도 효과적으로 활용된다. 특히 배경적인 관점에서 영상 미디어가 국가 미술 기준에 도입되는 현시점에서 V-TISK 과정

을 기반으로 한 시각적 이미지의 실재성을 높이는 매개체로서 채택하는 것이 필수적이다.

V-TISK를 접목한 수업을 예시로 소개한다. '사진 채색을 통해 세상을 바라보기'는 V-TISK 학습 과정을 포함하는 고등학교 수업이다. 이 수업에서 학생들은 마을의 친척이나 이웃으로부터 오래된 흑백 사진과 같은 미디어를 수집한다. 수업에서는 사진의 채색과 인터뷰 과정을 반복하는 프로젝트를 실시한다. 인터뷰는 실제로 당시를 알고 있는 지역사회 노인들과 함께 진행된다. 학습의 주요 목표는 학생들이 사진을 통해 자신의 뿌리와 지역사회 상황에 대해 알아내는 것이다([그림 7-7] 참조). 이 경우 사진의 채색 과정은 V-TISK 프로토콜로 작동한다(Sahara, 2018a, 2018c).

수업 전후의 사진을 비교하는 의미차별 척도 조사에 따르면 사진 채색 과정 이후에는 '따뜻하고 차가움'의 촉감적 인상이 발생한다. 또한 학생들은 색을 입힌 사진이 더 현실적이라고 했다([그림 7-8] 참조).

수업 후 진행된 인터뷰에서 일부 학생은 사진 속 사물의 냄새가

[그림 7-7] **사진 채색 작업 예시: 1941년 일본 Toyohashi, Aichi 가족 모임**

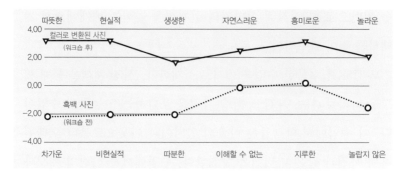

[그림 7-8] SD 조사의 결과: 수업 전과 후를 기준으로 한 사진 인상

주: 평균 연령 20, n=33, 여학생 29, 남학생 4.

느껴진다고 언급했다. 가족 사진을 가지고 작업한 학생은 사진에 '영혼을 불어넣었다'고 말하며 친척이 살아 돌아온 것과 같은 느낌을 받았다고 했다.

영상 미디어 표현 교육과정 구조: 영상 미디어를 통한 교육과 영상 미디어의 교육

미술교육에서 영상 미디어는 그 표현 범위가 넓다. 교육문화스포츠과학기술부 국가 미술 기준은 영상 미디어를 사진, 비디오 및 컴퓨터 등을 통한 표현으로 정의하지만 실제 교과서는 보다 포괄적인 영상 미디어 표현 범위를 나타낸다. 교과서 조사에 따르면 영상 미디어 표현과 장비는 다음과 같이 요약된다(Sahara, 2016).

● 영상 미디어 표현의 범위

사진(포토 저널리즘 포함) / 착시 / 회화와 조각의 시간 기반 표현 / 비디오 제작(프로모션) / 애니메이션 / 투영 표현 / 빛의 표현

● 영상 미디어 장비 리스트

더마트로프(thaumatrope) / 키네토스호프(kinetoscope) / 페나
키스티스코프(phenakistiscope) / 온브로 시에마(onbro cinema,
Barrier-grid Kinegram) / 플립북(flipbook, Para-para manga) / 핀홀
카메라(pinhole camera) / 디지털 카메라 / 비디오 카메라 / 칼레이
도스코프(kaleidoscope) / 프로젝터 / 컴퓨터

다양한 영상 미디어 표현과 장비를 확인하고 교과서에도 18세기
에 사용된 다양한 애니메이션 도구를 소개한다. 일본의 영상 미디
어 교육은 이러한 18세기 애니메이션 도구를 통해 시각적 인식에
대한 관심이 높아졌음을 알 수 있다. 미술 교과서를 보면 일본의 영
상 미디어에 대한 교육이 대중 매체의 사회적 역할에서 조금 벗어
나는 양상을 확인할 수 있다.

교과서는 영화, 사진, 비디오, 오디오, 컴퓨터/디지털 아트 및 인
터랙티브 미디어 표현을 소개한다. 따라서 일본 미술교육의 영상
미디어 분야는 '미디어 아트'라고 할 수 있다. 일본 교육과학기술부

1	시각 이미지와 신체 감각을 연결하기(영상 미디어의 소개 단계)
2	관찰과 촉각을 위해 영상 미디어 도구의 측면을 활용하기
3	시각 이미지와 영상 미디어를 통한 맥락을 표현하기(애니메이션의 순차적 원리를 활용한 표현)
4	목표 내용을 해독·해석 및 조직하기 위해 영상 이미지를 활용하기(의미 구조를 구성하는 사회적 맥락을 인식하고 현실 의식을 높이기)
5	아이디어를 표현하기 위해 영상 미디어 활용하기(사회적이며 반성적인 기술을 높이기: 의미를 상징화하는 기술)

[그림 7-9] 영상 미디어 교육의 5단계

출처: Sahara (2017b).

의 국가 미술 기준에 따라 영상 미디어 분야는 기존 예술교육 표현과 현대 미디어 표현을 연결하는 다리의 역할로 제시된다.

미술 교과서 내용을 바탕으로 영상 미디어 수업 구축 방법을 구조적으로 파악하기 위해 [그림 7-9]에 제시된 5단계의 요점을 재구성한다.

영상 미디어를 통한 교육은 1, 2, 3단계로 나뉘고, 영상 미디어 교육은 4, 5단계로 나눌 수 있으나 모든 단계 간의 경계가 뚜렷하지 않다. 중등 수준의 미술 교과서의 실제 사례를 살펴보면 지금까지 일본 미술교육은 1, 2, 3단계로 진행되어 왔으며 4단계와 5단계에 연결할 수 있는 실습은 거의 없다.

영상 미디어 교육의 발전된 미래 방향

미국과 일본의 교육과정 비교

미국에서의 영상 미디어 교육은 [그림 7-9]에서 볼 수 있듯이 4단계와 5단계에 집중한다.

미국 NCCAS(National Coalition for Core Arts Standards)는 영상 교육과정의 개발을 위해서 지속적으로 노력하고 있으며, 현재 2014년 개정된 국가 예술 표준에 포함되었다. 교육과정에는 비디오(시간 기반 미디어) 아트 작업에 중점을 둔 다양한 미디어 아트 카테고리가 포함된다. NCCAS가 만든 미디어 아트 교육과정에서 미술교육의 핵심 가치의 개발 방법을 확인할 수 있다.

학생들이 세상에 대한 이해를 다양한 방법을 통해서 모색하도록 지원하고 복

잡한 질문에 대해 자신만의 답안을 찾도록 권장하는 것도 포함된다. 이러한

목표는 특정한 과정을 통해 일반 기술을 기르면서 달성된다.

[그림 7-10] NCCAS가 제시한 학생의 작품: Dali의 다큐멘터리 영상

[그림 7-11] Dali의 다큐멘터리 영상에 대한 학생의 아이디어 스토리보드

따라서 NCCAS 교육과정에서 교육적 초점은 영상 미디어와 도구를 통해 학생들의 아이디어를 생성, 합성, 구성 및 분석하는 데 집중되어 있다([그림 7-10] [그림 7-11] 참조).

반면, 4단계와 5단계 접근성에 어려움이 있다. 실제 학교(미국 캘리포니아 고등학교)에서 조사한 결과는 다음과 같다(Sahara, 2018b; [그림 7-12] 참조).

고등학교에서 한 강사는 미디어 아트 수업을 유지하기 위한 보

학생들이 비디오 영상 제작에 참여하고 웹사이트 제작하며 진로 기회를 확장한다.

[그림 7-12] **플레전트 밸리(Pleasant Valley) 고등학교의 미디어 아트 수업**

조금을 조달하고 관리하는 것이 가장 해결하기 곤란한 문제라고 지적했다. 이 학교를 포함한 지역 내의 학교들은 CTE(Career Technical Education)와 같은 보조금을 사용하여 미디어 아트 수업에 자금을 지원하고 있다. 따라서 이러한 방식으로 미디어 아트 교육은 이제 경력 및 기술 교육에 집중하고 있다. CTE는 특수기술 교육이 아니라 직업교육의 일부로 21세기 신기술을 포함하여 다양한 기술 개발을 통해 고등교육과의 연결점을 만든다. 이런 관찰성 경험을 통해 강사는 영상 미디어에서 사회 문제를 신중하게 고려하고 그것을 기반으로 학생들의 기술 능력과 일반 능력을 도출하는 데 사용했음을 알 수 있다. 이 핵심 가치 설정은 일본 미술교육의 영상 미디어 연구에 매우 중요한 영감이 된다.

단계 배치의 중요성

최근 스마트폰의 빠른 발전으로 전문적인 영상을 제작하는 것이 수월해졌다. 현재까지도 영상 미디어 교육의 주요 장벽은 자본 투자의 어려움이라는 지적이 있었지만 이제는 이런 자금 조달의 문제가 점차 줄어들고 있다. 한정된 도구를 사용하더라도 교사는 미술교육에서 영상 미디어를 가르치는 최선의 방법을 고찰해야 한다. 미술교육은 항상 아이들의 발달 단계에서 풍부한 감성, 지식 및 기술을 제공했다. 영상 미디어 교육도 마찬가지로 최첨단 예술교육과 협력할 수 있다.

이미지를 통해서 지식의 생성을 지원하는 NCCAS의 미디어 아트 교육과정은 일본에서 영상 미디어의 교육과정과 교차하며, 미술교육의 궁극적인 목표는 삶의 열정을 높이기 위해 기술과 미적 감성을 키우는 것이다. 소개된 모든 영상 미디어와 미디어 아트 수업 활동은 동일한 목표를 갖지만 접근 방식은 다르다. 이미지가 넘쳐나는 사회에서 지능적 생활을 위해서는 영상 미디어 교육의 두 가지 측면을 적용하고 결합이 필요하다.

일본 미술교육은 학생들이 영상 미디어와 새로운 도구의 도입과 활용에 특정적인 측면을 보여 준다. V-TISK 접근 방식은 현실감을 높이고 동기를 부여하기 위한 예술 활동을 통해 이미지와 어린이들 사이의 연결점을 만든다. 이런 과정은 조기 아동 교육에 아주 적합하다(1, 2, 3단계). 중학교와 고등학교 교육의 경우 4단계와 5단계로 전환하는 것이 더 효율적이다. 영상 미디어는 소셜 네트워크와 인터넷 연결의 영향을 많이 받는 사회의 핵심 커뮤니케이션 도구 중 하나이다. 복잡하고 급변하는 사회에 대한 열정을 높이기 위해 미술교육은 젊은 미디어 크리에이터의 기술과 분석적 관점을 증가하고 확대시키며 높은 미디어 리터러시를 기르는 데 기여한다.

감사의 말
이 글은 JSPS KAKENHI Grant Number JP16K17450 연구 지원을 받았습니다. 또한 『영상 미디어에 의한 미술교육』의 영어 번역의 일부를 수정·보완한 버전입니다.

참고문헌

Berenson, B. (1948). Aesthetics and history in the visual arts. New York: Pantheon.

Berenson, B. (1950). *Aesthetics and History*. London, Doubleday & Company, INC., Gabden City, N.Y. 74

Bruno, G. (2002). *Atlas of Emotion-Journeys in Art, Architecture, and Film-*. Verso, New York.

Fujie, M. (2012). Rensai〈Sikkouryoku-Handanryoku-Hyougenryoku〉 to Bijutsu Kyoiku [Series 〈Self-Expression and Critical Thinking skills〉 and Art Education]. 8. Kyoiku Bijutsu [Magazine Education of Art]. 8. No. 842, 52-57.

Hurd, R. (2011). *Lake Wingra, Flicker*. Retrieved from https://www.flickr.com/photos/rahimageworks/8078999660

Iwai, T. (2009). ETV Mezameyo Shintai Kankakuno Uchu [ETV ETV Awaken the Body, the Universe of Sense], NHK. Japan: TV Broad casting

Japan Cabinet Office. (2018). *Heisei 29 nendo Seisho-nen no innta-netto riyoukankyou zittai chousaketka (sokuhou)* [2017-School Year Result of Youth Internet Usage Condition Survey (Bulletin Report)]. Retrieved from https://www8.cao.go.jp/youth/youth-harm/chousa/h29/net-jittai/pdf/sokuhou.pdf

Kairyudou Shuppan. (2009). *Bijyutsu 1* [Art First]. Japan: Kairyudou Shuppan.

Kaneda, S. (1984). *Fureru: Biteki keikennron shiron* [Touching: Tentative Assumption of Aesthetic Experience Tehory], *Chiki Bunka Kenkyu* [Local Cultural Studies]. 10. Hiroshima University Integrated Arts and Sciences Department, 183-199.

Mitsumura Tosho Shuppan.(2009). *Bijyutsu2.3 Ge Dezain Kougei Hen* [Art Second and Third Vol.2 Design and Craft]. Japan: Mitsumura

Tosho Shuppan.

MEXT. (2018). Gattkou Kihon Chousa-Heisei 30 nen kettkano Gaiyou-[Essential Survey of Schools-Overview of the Result in 2017-] Retrieved from http://www.mext.go.jp/b_menu/toukei/chousa01/kihon/kekka/k_detail/1407849.htm

Nihon Bunkyo Shuppan. (2009). *Hikarino Hyougen-Hikarino Ensyutsu* [Expression of Lights and Producing Lights Expression]. Bijyutsu2.3 Jou [Art Second and Third Vol.1] (p. 19). Japan: Nihon Bunkyo Shuppan.

Riegl, A. (1966). *Historische Grammatik der bildenden Künste* [Historical Grammar of the Fine Arts]. Hermann Böhlaus Nachf./Graz-Köln

Sahara, O. (2016). Image Media that Connect to the Core Values of Art Education—The Educational Structure of the Image Media Field Corresponding to the Knowledge-Based Society—. (Doctoral dissertation). Nagoya University

Sahara, O. (2017a). Tactile Experience in Image Media with the Field of Art Education for Our 21st Century Digital Society. In H.Ahn, S. Choi, & Y. Nam (Eds.), Spirit ∞ Art ∞ Digital: Proceedings from 2017 InSEA World Congress Daegu. 504-509.

Sahara, O. (2017b). A Vision for the Direction of Image Media in Japanese Art Education through the Study of American Media Art Curriculum NCCAS Identified Skills for Growth in the Media Art Curriculum. *Journal of Art Education Research*, *49*, 185-192.

Sahara, O. (2018a). *Syashinno Karakade Sekaiwotoraeru Eizou Media: Taishouwo Yomitoki Seirisurutameno Eizou* [Learning About the World through Colorizing Photos: Image media for organizing and understanding context]. *Bijyutsu Kyouikugaku*, *39*,185-192. Art Education Association.

Sahara, O. (2018b). A Vision for the Direction of Image Media in

Japanese Art Education Through the Study of American Media Arts Curriculum−From the Practice of Pleasant Valley High School. *Journal of Art Education Research*, *50*, 201–208.

Sahara, O. (2018c). Connecting a Class with Social Contexts in Art Education through the technology of Image Media. Proceedings from Abstract of Academic Research and Innovative Teaching Practice, InSEA Asia Reginal Congress, Hong Kong, 2018 and The 7th World Chinese Art Education Symposium. 12–14.

Sahara, O. (2018d). *Eizou Media niyoru bijyutsu kyouiku* [Art education by image media]. In T. Kanbayashi & M, Fujie (Eds.), *Bijyutsukyouiku handbook* [Handbook of arteducation] (pp. 219–227). Japan: Sangensya.

Sakurai, K. (2013). Terebi 60 nen no koukogaku−1970 nendai no documentary ni naniga okiteitanoka [Archeology in Television 60 Years−What was Happening to the 1970s Documentary]. *Housou kenkyu to chousa*, *63*(3), 69–72.

Part 3

예술로 인간애 강화하기

08 예술의 힘, 불순종과 학습: 삶을 구축하다

Dennis Atkinson(영국 골드스미스 런던대학교 명예교수)

서론

영화 〈죽은 시인의 사회(Dead Poets Society)〉에서 Robin Williams가 연기한 독불장군 영어 선생 키팅은 학생들에게 "현재를 즐겨라(carpe diem)."라고 말하며 현재를 받아들임으로써 삶에 특별함을 더할 것을 주문하였다. 키팅 선생이 추구한 교육의 목표는 학생들로 하여금 기존의 사고 및 행동 방식을 수동적으로 받아들이는 것이 아니라 독립적으로 생각할 수 있는 사람으로 성장하는 것이었다. 문학 수업을 시작하면서 그가 학생들에게 교과서의 첫 도입 페이지를 찢으라고 하자, 학생들은 당황스러워하며 마치 경범죄라도 저지르는 듯 조심스럽게 페이지를 찢어 쓰레기통에 버린다. 나는 이 장면에서 중요한 것은 '현재를 즐기는' 학생이 아니라 어쩌면 새로운 교육적 여행을 시작하게 할 불순종의 사건(event of disobdience)이라고 생각한다. 불순종의 사건은 모든 학생은 아닐지라도 어떤 학생들에게는 스스로의 잠재성을 일깨워 새로운 전망

151

이나 새로운 질문, 혹은 행동의 새로운 방식을 열게 할 것이다. 현재를 즐기는 것은 '즐기는 주체(subject)'를 전제로 하지만 불순종의 사건은 새로운 주체화(new subjectivation)를 촉발한다.

그러나 우리는 일상에서 기존의 사고방식이나 이해의 범주, 몸에 익은 경험이나 행동 규범, 환상 또는 이상에 따라 '현재(moment)를 포착'하는 경향이 있다. 이러한 방식은 '현재'를 제한하는 질료형상적인 힘(hylomorphic force)을 지닌다. 나는 수동적 상태의 질료(matter)에 형상(form)을 부여하는 것을 질료형상론(hylomorphism)이라는 개념으로 설명하고자 한다. 이 개념에 대해서는 후반부에서 자세히 다루겠지만, 낯선 것은 아니다. 우리는 어떤 일을 마주함에 있어 기존의 관점들이 만족스러운 해결책을 제시하지 못하는 새롭거나 익숙하지 않은 상황을 종종 경험한다. 가령 '좋은 선생님'에 대한 이상이나 교사로서의 '소명의식'이 경험 속에서 약해지거나 혹은 교사에 대해 꿈꿔 온 이상이 오히려 교사로서의 배움에 방해가 되어 어떻게 가르침에 대해 배워야 할지를 고민하게 되는 예비 교사의 경우를 생각해 볼 수 있다. 그러므로 교육이란 개념(추상화)이나 범주, 혹은 확립된 행위에 대해 이미 고착화된 질료형상적 힘을 부여함으로써 기존의 개념이나 실천을 우리의 경험이 되도록 하는 것이 아니다. 오히려 우리로 하여금 경험에 대해 '경탄(wonder)'을 허락함으로써—우리는 이것을 불순종이라고 한다—기존의 생각을 도전하고, 대안을 떠올리며, 새로운 생각과 행동 방식을 만들어 낼 수 있어야 한다. 이처럼 경험에 대한 열린 혹은 실험적 태도야말로 교육에서 중요한 의미를 지닌다.

불순종적 사물, 불순종적 교육학

● 불순종의 개념

2014년, 런던의 V & A 뮤지엄에서 개최된 '불순종적 사물(Disobe-dient Objects)'전은 개인과 집단, 공동체, 저항 단체와 시위 단체가 만든 각종 인공물과 사물, 행위들을 전시하였다. 전시품 중에는 노동 조합의 휘장, 평화 운동의 깃발, 부에노스아이레스의 파업 농부들의 남비 뚜껑, 우산, 바리케이드, 사진, 텐트, 저항의 전략이 담긴 팸플릿, 잠금 장치, 인형과 마스크, 잡지, 포스터, 플래카드, 배지, 칠레의 조각보 등이 있다. 이런 불순종적 사물들은 항의와 저항, 도전의 오랜 사회적 역사를 가지고 있다. 전시회는 이러한 사물과 생산에 대한 물질적 문화와 사회 운동의 목적을 달성하기 위해 사용된 사물들에 대한 전술과 전략의 범위를 보여 주었다.

이 전시회는 나로 하여금 불순종의 교육, 불순종의 배움, 불순종의 가르침, 불순종의 미술관, 그리고 질문과 생각과 제작의 불순종에 대해 성찰하도록 했다.

나는 우리가 미술실이나 다른 학습 공간에서 불순종의 사물과 행위를 경험하는 불순종의 개념이 가르침과 배움의 맥락과 닮았다고 생각한다. 물론 이러한 불순종의 사물과 행위가 고의적인 것은 아니지만 기성의 교육적 규준이나 체계에 의해 거부될 수 있다. 그러한 불순종의 사물이나 행위는 Judith Butler의 용어로 '주체의 생존 가능성과 존재−인식론적 변수'를 만들어 냄으로써 기존의 규정된 교육적 규범을 위반한다. 나는 아이들의 그림이나 행위가 내가 설정한 교육학적 기대에 부합하지 않는 형태로 나타날 때 이러한 불순종의 사물과 행위를 경험한다. 우리는 종종 현대 미술에서 이러한 사물이나 행위를 목격하지만, 그것이 학교나 미술대학 안에서 일어난다고는 생각하지 않는다.

그러므로 불순종의 교육이라는 개념은 미리 규정된 존재-인식론적 주체(교사/학습자)를 기대하지 않는 교육을 추구하는 것이며, 기존의 규범에 맞지 않은 배움이나 가르침이라고 해서 이를 존재-인식론적으로 무효화시키지 않는다. 오늘날 영국에서 교육적 주체는 경제적 열망과 완벽하게 연결된 생산성의 관점으로 간주된다. 이러한 배움과 가르침에 대한 존재-인식론적 규범으로 인해 미술은 거의 중요성을 갖지 못한 것으로 여겨지고 있으며, 중등학교에서 이루어지는 대학 입학 자격 시험(바칼로리아)에서 미술을 제외하려고 한다. 이러한 상황에서 미술교육은 생존을 위한 투쟁에 직면해 있다.

불순종의 교육학이라는 개념은 우리의 몸은 무엇을 할 수 있으며, 어떤 생각이 가능한지를 알 수 없다고 한 Spinoza의 개념을 적용한 것일 수 있다. 불순종의 사물 혹은 일탈적이거나 비문법적인 방식의 배움과 행위를 마주할 때, 이러한 교육적 태도는 우리로 하여금 배움과 행위에 대한 새로운 가능성 그리고 예술에 대한 새로운 이해의 방식을 열게 할 것이다. 그러므로 배움의 실천은 누구를 위한 것인가를 질문하는 것이 중요하다. 학습자를 위한 것인가, 교사를 위한 것인가, 정부를 위한 것인가? 이러한 질문은 다른 의제들을 내포하고 있다. 이처럼 관련성들에 대한 고민은 학습자에게 있어 어떤 것이 어떤 방식으로 중요한지를 질문한다는 점에서 중요하다고 생각한다. 다른 의제들은 다른 존재론적·인식론적·윤리적·정치적 지평과 다른 종류의 지식을 가정하기 때문이다.

● 불순종의 예시

불순종 개념은 최근에 내가 영국에서 교사 교육과 학교 미술교육의 맥락에서 불순종의 교육과 관련하여 연구하는 주제이다. 본론으로 들어가기에 앞서 우선 현대 미술에서 볼 수 있는 몇 가지 불순종의 행위에 대해 살펴보고자 한다.

첫 번째는 1992년 메릴랜드 역사학회(Maryland Historical Society)에서 개최된 '박물관 채굴하기(Mining the Museum)' 전에서 Fred Wilson이 개입하여 누구의 진실이 전시된 것인지를 '질문'함으로써 미술관 전시의 진실성에 대한 생각을 전복시킨 사건을 들 수 있다. 가령, 〈금속작업(Metalwork)〉(1793~1880)이라는 설치 작품은 철로 만들어진 노예 족쇄에 의해 통상적인 은식기의 배치를 '흐트러뜨렸다'. 비록 이러한 개입은 미술관 전시에 내재된 인종주의적 태도와 그것이 보여 주는 시각성에 도전하는 것이었지만, 부와 풍요의 사물을 그러한 풍요로움을 가능하게 한 사물들과 나란히 배치함으로써 전시된 사물을 넘어 세계와 사람들의 가능성을 보여 주는 사물로서 보다 긍정적인 측면을 지닌다고 생각한다.

두 번째 사례는 〈박물관 하이라이트(Museum Highlights)〉(1989)라는 Nancy Frazer의 작품이다. 작가는 Jane Castleton이라는 가명으로 1989년에 필라델피아 미술관에서 미술관 가이드로 참여했다. Frazer는 기존의 미학적 담론을 이용하여 예술작품을 설명하는 미술관 투어를 진행하였을 뿐만 아니라 미술품이 아닌 미술관의 분수대와 출구 표지판, 미술관 카페에 대해서도 기존의 미학적 담론을 사용하여 설명한 것이다. 이 두 가지 불순종 개입의 사례는 제도화된 행위에 대한 특정한 문화나 담론, 정체성과 결정성에 대해 문제를 제기한 것들이다.

세 번째로 언급될 예술 행위는 몇 년 전 런던 골드스미스 대학교에서 석사 과정 졸업 전시회를 위해 제작된 학생의 작품이다. 이 작품은 평가를 위한 작품 형식으로 제작된 약 2×1m의 거대한 크기의 작품이었다. 이러한 평가 형식의 작품은 중학교 미술 시간에서 진행하는 평가 과정에서는 일반적이기는 하지만 대체로 한 페이지를 넘지 않는다. 그에 비해 이 거대한 작품은 평가 도구가 실제적인 생활과 경험을 대체하는 영국의 학교 상황을 조롱한 것이었다. 학생은 이 평가 작품을 전시함으로써 교수진에게 도전했다. 이러한 학생의 행동은 감사(audit)와 평가, 교육 맥락에서 이루어지는 상품화에 대한 불순종이자 색다른 교육학의 가능성으로 해석된다.

우리는 이 작품과 관련하여 영국과 다른 곳에서 행해지는 미술교육의 현재적 교육 행위를 넘어 보다 넓은 관점, 즉 경제적 야심과 미래의 고용 창출의 자원으로서 학습자와 교사는 계산이 가능하고 상품화될 수 있다는 관점으로 읽을 수 있다. 이처럼 교육적 행위는 측정과 감사(audit)에 기반한 특별한 교육적 관계를 만들어 내기도 한다. Ziarek(2004, p. 62)는 다음과 같이 서술하였다.

존재가 자연, 광물, 사람과 같은 '자원'으로 설정될 때, 존재는 그 본질을 힘의 관점으로 구성한다. 이 점은 존재가 본질적으로 조작되고 재생산되며 이로 인해 권력의 흐름에 노출되는 것을 의미하며, 강화된 권력에 참여할 수 있도

록 하는 힘을 가치 있는 것으로 인식하도록 사전에 프로그램 되어 있음을 의
미한다.

최근 영국의 대학 연구는 이러한 기술성(technicity)의 먹잇감으
로 전락하고 있으며 이는 5년마다 실시되는 연구평가실행(Research
Assessement Exercises)에서도 확인된다. 이 연구평가실행을 통해 연
구물의 가치는 수량적으로 계산된다. 4*에서부터 1*에 이르는 평가
점수에 따라 대학이 받을 수 있는 연구 기금이 결정된다.

예술 행위에서 나타나는 불순종의 마지막 예시는 내가 종종 사
용하는 로그 게임(Rogue Game)으로, 이는 확립된 기존의 변수가
실패하는 상황에서 효과적으로 작업을 수행하도록 한다. 로그 게
임은 아는 것과 모르는 것 사이의 긴장 상태, 정체성 및 함께 하기
의 전략과 같은 다양한 이슈를 제기한다. 이는 스포츠 센터와 야외
혹은 갤러리에서도 일어나는데, 배드민턴이나 농구 또는 풋살 등
과 같은 여러 게임으로 이루어진다. 사람들은 3~4개의 게임에 참
가하며 여러 게임이 동시에 진행될 때 자신의 게임을 수행하도록
요구된다. 참가자들은 게임을 할 때 자신들의 영역에 침범해 들어
오는 다른 게임들로부터의 방해와 개입을 적절히 관리해야 한다.
이러한 방해의 조절이 로그 게임을 구성하는 요소이다.

각 게임은 실행 규칙을 준수하면서 선수들의 정체성을 형성하
며, 각 게임은 지정된 영역을 가진다. 로그 게임에서 선수들은 다른
게임으로부터 들어오는 방해에 대응해야 한다. 따라서 이 게임에
서 선수들의 정체성은 정의되어 있지 않으며 그에 대한 규칙과 전
통도 없다. 단지 선수들의 정체성은 게임이 진행됨에 따라 나타나

는 새로운 관계 및 전술에 따라 재구성된다. 로그 게임은 지속적으로 영역을 재설정하도록 한다. 공간과 규칙에서의 충돌과 협상이 이루어지며 이러한 과정을 거치면서 게임들은 서로 얽히게 된다. 이는 마치 새로운 리듬이 만들어지고 재구성되는 것과 같으며 새로운 영역에 따라 경기를 새롭게 보도록 한다. Altay(2015, p. 208)가 말한 바와 같이, "로그 게임은 경계를 지닌 영역 내에서 '사회적 단체'의 투쟁을 가정한다".

따라서 로그 게임의 환경에서 선수가 된다는 것은 '나'와 '우리' 사이의 관계에서 불안정한 개인과 사회적 존재가 얽혀 있는 다소 불확실한 세계에 들어가는 방법을 배우는 것이다. 그리고 지속적으로 재협상되면서 공동생활의 지평이 확장된다.

이질적인 게임이 같은 공간에서 충돌하는 비합리적 역학으로서 로그 게임의 교육적 측면은 우리로 하여금 교육적 공간의 구조와 영역, 규칙과 경계에 대해 성찰하도록 하며, '존재의 규칙과 관계'를 생각하게 함으로써 특정한 인식론과 존재론을 규정하고 정당화한다. 교육에서 주체와 실행 그리고 특정한 조직과 지식의 규제에 대한 '게임'은 학생들의 이질적인 존재로서의 세계에 대한 생각과 감정, 보기와 행동 방식과 대조를 이룬다. 지식과 교육과정의 동질성은 학생들의 실제 삶이 갖는 이질성과는 차이를 지닌다.

예술 프로젝트로서 로그 게임은 본질적으로 불순종을 다룬다. 이것은 우리에게 확립된 경험과는 다르며 행위와 사회적 참여에 대한 새로운 방식의 가능성을 열게 한다. 자신만의 고유한 형태의 순종을 개발하는 새로운 방식은 또다시 도전을 받게 된다. 우리는 비문법성(a-grammaticality)의 개념을 불순종으로 대체할 수 있는 데, 이 용어는 기존의 체계에 불순종하는 행동 방식을 의미한다. 비문법성은 기존의 행위와 틀의 밖에 있거나 다른 것으로 윤리적이면서도 정치적인 의미를 지닌다. 따라서 비문법성은 의견 일치와 초월적 선언이 아닌 변형과 내재성에 관련되어 있다.

● 불순종의 미술교육적 의미

불순종에 대한 예술적 힘 혹은 이에 대한 비문법성을 논의함에 있어 나는 실행과 이해에 대한 기존의 문법을 넘어 미술교육의 교육적 관점에서 고찰하고자 한다. 우리는 예술의 힘으로서 불순종이 학습자로 하여금 재창조 또는 변형으로 이어지도록 한다는 것을 안다. 중요한 것은 불순종 또는 비문법성이 학습 윤리와 생태계의 중심으로 간주된다는 점이다. 그리고 삶의 구축으로 이어질 수 있는 그러한 사건들은 그 사건을 '놓치기' 때문에 기존의 변수에 '반응'하지 않을 수 있다. Oscar Wilde는 몇 년 전 다음과 같이 썼다.

> 역사를 아는 사람에게 있어 불순종은 인간의 기본 덕목이다. 진보는 불순종과 반역을 통해 이루어진다(『사회주의에서의 인간의 영혼』 중에서).

> 예술은 개인주의이고 개인주의는 혼란스럽고 파괴적인 힘을 지니며, 그 힘에는 거대한 가치가 내재한다. 왜냐하면 개인주의가 흔들고자 하는 것은 유형의 독점, 관습의 노예, 습관의 독재, 그리고 인간을 기계의 수준으로 축소시키는 것이기 때문이다(『오스카와일드 콜린스 전집』 중에서).

우리는 여러 국가의 정부에서 증가하고 있는 교육 통제와 규제,

경찰의 권력을 목격한다. 이에 대해 더 자세하게 이야기하고 싶지는 않지만, 이러한 규제의 효과성과 영향에 관한 문제는 교육의 목적을 이해하는 데 있어 매우 중요하다. 또한 우리는 지난 수십 년 동안에 걸쳐 실행의 새로운 형식들이 개발되는 과정에서 미술교육의 체계들이 변화되는 초월적인 힘을 목격해 왔다. 이러한 실행의 새로운 형식들은 우리가 미술교육을 이해하는 틀로서 담론과 변수, 통제와 규준을 만들며, 미술교육에 대한 우리의 생각과 행동들을 확장시킨다.

우리는 초월과 규정이 지닌 문제점과는 대조적으로 교육에서의 실행을 규범이 없는(without criteria) 모험의 과정이나 실험의 과정으로 볼 수 있다. 이러한 과정들은 교육과 미술적 행위에 대해 기존의 확립된 변수들에 대해 불순종하거나 그 너머에 있음으로 해서 학습자들로 하여금 다른 방식으로 배울 수 있도록 해 준다. 이러한 불확실성을 직면하게 된다는 것은 내가 '상태에 대항하는 교육학(pedagogies against the state)'이라고 부른, 즉 존재의 상태, 지식의 상태, 정치적 통제의 상태를 개발하도록 하는 실험의 기회가 되는 것을 의미한다. 이러한 교육을 불순종의 교육학으로 생각할 수 있다. 불순종한다는 것은 단순히 그 자체를 위해 이상한 방식이나 체제 전복적인 방식으로 불순종하는 것이 아니라 생각과 행동에 대한 새로운 방식을 열게 하는 비순응(non-compliance)의 방식을 의미한다. 이와 같은 맥락에서 배움은 무엇이며, 미술 행위는 무엇인지에 대한 새로운 이해를 가질 수 있다.

여기에서 우리는 불순종 교육학의 존재-인식론에 대해 생각해 볼 수 있다. 이 불순종의 교육학은 배움에서 비문법적 사건에 대응해야 하며 그것은 '카이로스(Kairos)'라는 시공간에서 발생하는 것으로 미리 규정되거나 계획될 수 없는 것이다. 카이로스란 어떤 일이 발생하는(something-to-come) 창조적 순간을 의미하며, 행동과 개념, 형상과 바라보는 방식을 만들도록 한다. 우리는 배움에서 발생하는 불확실성과 불안함을 카이로스의 존재 방식으로 생각해 볼 수 있다. 이러한 존재 방식은 새로운 것의 발생에 대한 열림을 의미하며, 이러한 방향성에는 일종의 저항이나 불순종이 내재되어 있다. 그리고 이러한 저항과 불순종은 존재의 방식과 가치를 넘어서도록 한다.

Ingold(2015, p. 97)는 예술가—우리의 경우 교사가 될 것이다—에 대한 글에서 카이로스의 이러한 방향성에 대해 다음과 같이 서술하였다. "예술가란 세계가 그 자신을 드러내려고 하는 순간, 그 미끄러지는 순간에 영원히 서 있는 존재이며, 예술가의 자각은 동시에 세계의 탄생이기도 하다." 우리는 세계와 '함께' 경험하고 세계와 '함께' 배우는 것이다.

불순종 개념은 예술의 실제적이면서도 가상적인 힘이지만 교육 분야에서는 매우 낯설기 때문에 윤리적 · 정치적 · 미학적 논쟁을 불러일으킨다. 나는 이 문제를 생태계와 질료형상론, 상관성과 책임을 탐색하는 과정을 통해 다루고자 한다. 앞서 논의한 불순종 사건들은 교사나 학습자 같은 교육 주체나 실행의 규칙을 미리 전제하지 않고 오히려 주체나 실행을 자극한다. 그러므로 불순종의 사건은 기존의 확립된 윤리학(공리학)이나 도덕 규범, 좌파/우파의 정치 (또는 교육학)를 전제하지 않으며 오히려 이러한 문제들은 불순종의 사건 후에 등장한다.

● 질료형상론

질료형상론은 간단히 말해 수동적인 질료(matter)에 형상(form)을 부여하는 것을 의미한다. 예를 들어, 미술가는 물감이나 찰흙, 돌이나 나무에 표현적인 형상을 부여한다. 질료형상론은 많은 사회적 행위 속에 널리 퍼져 있다. 예를 들어, 우리는 인간의 행동이나 발달에 이론적인 틀이나 개념을 부여함으로써 부여된 형상을 통해 대상을 이해한다. 우리가 가르침과 배움에 대해 특정한 방법론을 설정하는 것은 배움의 행위에 대해 특정한 기대를 갖도록 하는 것이며, 가르침과 배움에 대해 특정한 형상을 부여하는 것을 말한다. 우리는 이러한 질료형상적 힘을 교육과정의 내용과 지침은 물론 교수 · 학습 방법과 평가에 대한 정부의 교육 정책에서도 목격할 수 있다. 어쩌면 우리는 질료형상적 힘이 지닌 폐쇄적 측면과 어그러진 만남을 통해 새로운 배움의 사건이 드러난다는 점을 대비하고 싶을 수 있다.

서로 다른 인간과 인간 외적인 존재들이 공존하는 세계에서 '만남(encounter)'이라는 형상(form)은 기성의 체계와 작동 방식을 흐트러뜨리며, 그로 인해 생각과 관점, 행위와 감정에 대한 새롭거나 변화된 방식을 만들어 낸다. 우리가 불순종이라는 만남의 사건을 마주할 때 우리의 사고 및 행동 방식은 재구성되는 것이다. Deleuze(2004, p. 139)는 "세상의 어떤 것은 우리로 하여금 생각하게 만드는데, 그것은 인식의 대상을 통해서가 아니라 만남 그 자체를 통해서이다."라고 하였다. 예를 들어, 도발적 작품이나 행위를 마주할 때 예술에 대한 기존의 사고방식을 넘어선다. 왜냐하면 이러한 만남은 해석을 통해 만나는 것이 아니라 기존의 생각을 다시 생각하도록 도전하기 때문이다. 다시 말해, 그러한 만남은 예술에 대한 이전의 사고방식과 설명 방식을 흐트러뜨림으로써, Deleuze의 표현에 따르면, 이미지 없이 생각하도록 하며 결국은 질료형상적 힘을 넘어서게 한다. 그러한 만남은 습관을 변화시킴으로써 새로운 존재의 등장을 가능하게 하는 주장이나 질문을 만들어 낸다. 이러한 예술작품이나 예술적 행위는 색다른 방식으로 새로운 질문이나 주장을 촉발함으로써 새로운 사고방식과 관점 및 행동 방식을 불러일으키도록 하는 불순종의 힘을 지닌다. 따라서 질료형상론이 지닌 힘을 피하기 위해서는 정해진 규범이나 기존의 개념을 넘어서야 한다. 이러한 기존의 체계는 자신의 경계 내에 갇히도록 하는 '관계성의 패러다임(paradigm of relevance)'을 구성한다. 그러므로 교육적으로 시급한 것은 기존에 존재하는 실행 체계에 대해 교육적인 질문을 하는 것이 아니라, Whitehead가 '여기에서 중요한 것은 무엇인가?'라고 말한 바와 같이 배움의 알려지지 않는 것에 대해 교육적으로 질문을 던지는 것이며, 이를 통해 어떤 배움이 이루어질 수 있는가로 질문을 확장하는 것이다.

따라서 Deleuze가 『차이와 반복(Difference and Repetition)』에서 논의한 '생각의 이미지'에 대한 질료형상적 개념과는 반대로 Deleuze가 영화와 관련하여 이름 붙인 '이미지의 교육학(pedagogy of the image)'으로 하여금 질료형상적 체계와 초월성의 힘을 따져 물을 수 있도록 해야 한다. 특히 이 점은 불확실성과 불안정성이 기하급수적으로 증가하는 현대 세계에서 중요한 문제이다.

질료형상론의 힘에 대항하여 Simondon은 변조(modulation)와 개별화(individuation), 그리고 주체-객체의 이분법적 구분에서 벗어날 것을 제안하였다. 이러한 관점은 교육학 영역에 적용될 수 있는데, 학습자에게 어떤 것이 왜 중요한지를 안다는 것은 곧 감정과 인지, 행동과 지각 그리고 인간과 비인간 사이의 관계를 통해 진행형으로 이루어지는 것임을 아는 것이다. 질료형상론이 능동적인 힘과 수동적인 물질 사이의 관계를 구성하지만, 두 힘 사이에서 발생하는 관계에 대한 조절이 중요하다.

그러므로 학습자에게 있어 학습적 만남이 어떻게 중요한지는 교육적 모험에 참여하는 것을 말하는데, 이러한 모험은 교사에 의해 미리 짜인 시나리오와 그에 상응하는 해결책을 제시하는 것을 의미하지 않는다. 그보다는 학습자의 만남을 상황의 특수성에 내재된 것으로 보고 인간과 비인간의 관계 속에서 서로 만나고 소통되어야 한다. 이러한 함께 되어짐(becoming-with)은 질료형상론이 아닌 힘들 사이에서의 조정을 구성한다.

그러므로 '여기서 중요한 것은 무엇인가'를 생각함에 있어 중요한 교육학적 질문은 학습자로 하여금 '여기'라는 생태계를 어떻게 구성할 것이며 '그곳'에서 중요한 것은 무엇인지를 질문하는 것이다. 이러한 논리를 따를 때 학습자에게 중요한 것이 어떻게 교사로부터 전수되는지를 질문하여야 하며, 학습적 만남과 관련하여 중요성을 결정하는 특정 방식에 대해 윤리적·정치적·미학적 도전을 제기하여야 한다. 학습자에게 있어 학습적 만남의 중요성에 대해 반응하기 위한 교육적 작업은 그 자체로 발명을 필요로 한다. 이러한 작업은 곧 학습자에게 중요한 것이 무엇인지를 질문하는 것을 말한다. 교육적 대상과 그 대상에 대한 제안과 질문을 만드는 것 사이에는 매우 조심스러움이 필요하다.

학습자에게 '여기'가 어떻게 구성되어 있는가는 교사의 책무이지만, 그것은 해석의 책무이자 규범에 저항하는 책무가 아닐까? 그리고 질문의 생태계를 통해 실험적인 시도를 해야 하는 책무이지 않을까?

우리는 대개 학습적 만남이란 학습자와 배움의 사이에서 발생하는 일련의 내적 행동이라고 생각한다. 예를 들어, 예술 실천에서 실천의 주체가 되는 학습자와 재료나 방법을 별개의 분리된 것으로 생각하려는 경향이 있다. 이런 사고방식은 우리가 초월적 질료형상적 체계라고 부르며 실천적 행위와 평가 방법을 결정하는 기존의 확립된 관습과 기준을 통해 보거나 이해되기 때문이다.

그러나 만일 우리가 내재적 교육학이라고 부르는 것을 적용할 때, 학습적 만남은 인간과 비인간의 존재 방식이 포함된 상황의 특수성에서 서로 영향을 주고받는 지속적인 물질적 관계로 구성된다. 이것은 물질과 의미가 연합되는 것을 말하여 평가 행위에서 보이는 바와 같이 학습자를 물질과 행위로부터 구별하기 이전에 힘 및 인간과 비인간 사이의 관계를 조정하는 과정이다.

내재성과 조정의 개념을 다루는 것은 인간이 내재적 속성을 지닌 독립적 실체가 아니라 한계와 속성, 의미가 끊임없이 변화되는 세계에 대한 특별한 물질적 재구성을 가능하게 하는 관계적 과정으로서 인식되는 것을 말한다. Karen Barad에 의하면, 인간이란 있는 존재(species-being)가 아닌 되어지는 존재(species becoming)로서 의미를 지닌다.

드로잉을 통해 배움을 이루는 물질적 행위는 세계에 대한 특별한 물질적 재구성을 가능하게 하며, 이를 통해 세계의 경계와 속성,

의미가 끊임없이 변화한다. 드로잉에서 중요한 것은 지속적으로 반복되는 행위이다. 여기서 행위자는 주체나 대상에 특정되는 어떤 것으로서가 아니라 경계와 의미, 불순종의 힘을 재구성하는 일련의 지속적인 관계의 속성을 띤다. 그리고 그것은 특별한 실행의 맥락에서 어떤 것이 중요하고 어떤 것이 배제되는지를 질문하고 다시 작업하도록 한다.

● 리토르넬로

우리는 이러한 재작업과 관련하여 무엇이 중요하며 어떻게 발생하는가를 '리토르넬로(ritornello)'라는 개념을 통해 생각해 볼 수 있다. Guattari와 Deleuze가 언급한 바와 같이 리토르넬로는 기초적이지만 보편적인 과정으로 있음(being)과 되어짐(becoming)의 서로 다른 측면들로 짜인다. 이들은 리토르넬로에 대한 유명한 예시로 안정감을 주기 위해 어둠 속에서 아이가 흥얼거리는 행위를 든 바 있다. 리토르넬로는 구별하기로서의 반복을 통한 시공간적인 과정이자 안정과 일관성을 갖춘 영토에 대한 창조 행위로 간주될 수 있다. 삶은 우리가 사는 이질적인 환경에서 영토를 만드는 다양한 리토르넬로로 구성된다. 리토르넬로는 우리가 스스로를 구성하는 특정한 리듬과 반복으로 구성된 작은 영토이다. 그것은 세계와 함께하는 영역으로 구성되며, 이러한 구성은 일련의 리토르넬로와 서로 다른 리듬과 반복으로 이루어짐으로써 어떤 것이 중요한지를 결정한다. 각 리토르넬로 혹은 표현의 방식은 자신의 영토에 대한 동기를 의미하며, 다른 용어로 표현하자면 다양한 삶의 맥락에서 중요성을 다루는 방식 자체를 의미한다. Kleinherenbrink(2015, p.

216)가 말했듯이 "리토르넬로는 세계 속에서의 서명이며 이러한 서명의 표현은 어떤 영역의 형성으로 이어진다". 영토는 리토르넬로라는 표현 방식에 의해 표시되는데, 이는 사전에 계획된 것이 아니라 실천의 과정에서 떠오른다. 리토르넬로의 이러한 측면은 중요하며 주체가 떠오르는 일련의 관계에 대한 결과를 통해 형성된다.

우리는 어린이들의 드로잉에서 리토르넬로가 실천에 대한 생태계와 행동을 유발하는 영토화와 탈영토화의 힘이 된다는 것을 목격할 수 있다. 어릴 때의 이러한 시도들은 몸짓과 인지적·정서적·통합적 리듬을 형성하며 세계를 살아가는 실행이 된다. 이 실행은 미리 규정된 세계를 재현하는 것이 아니라 주변의 환경으로

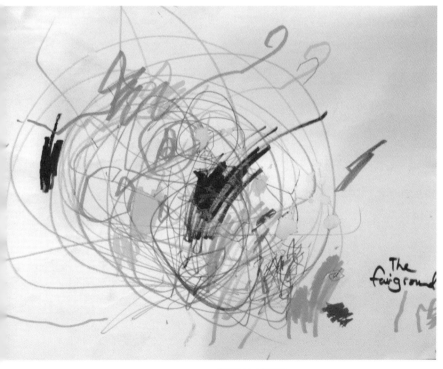

[그림 8-1] 무제

부터 세계 혹은 새로운 영토를 만들어 낸다. 따라서 드로잉 리토르넬로는 신체적 · 인지적 및 정서적 리듬의 혼합을 통해 영토를 만들어 내는 사건으로 구성된다. Deligny가 말했듯이 "어린이의 그림은 예술작품이 아니라 새로운 환경에 대한 요구"이며 그러한 과정의 내재된 시공간적 힘을 표상한다.

[그림 8-1]은 관람자에게 정보를 전달하기 위한 이전 경험의 재현이 아니라 물질적인 세계와의 만남으로부터 발생하는 실험이자 발명이다. 또한 이 그림은 현실을 재현하기 위해 질료(matter)에 형상(form)을 부여한 것이 아니라 반복과 차별화에 의해 구성된 드로잉 리토르넬로를 통해 실존적 영토를 창조한 것이다. 드로잉의 실험적 과정에서 우리는 불확실성과 미지 속에서 나타나는 표시와 몸짓, 운동과 관계, 소리와 감각의 리듬에 의해 리토르넬로가 이루어지며, 이를 통해 미래의 잠재성이 열리는 것을 볼 수 있다. 리토르넬로가 차별화됨에 따라, 관계를 변화시키고 새로운 실존의 영토를 형성하게 된다. 그리고 이러한 영역들은 여전히 변화에 대한 불확실성으로 남겨진다.

각각의 관계적 시공간성과 각각의 배움 행위나 과정은 일련의 리토르넬로이자 각각의 개별적 리듬으로 간주될 수 있다. 행위에 대한 개별적 구성과 생태계를 이루는 실험의 과정에서 행위의 생성물(예: 표시나 몸짓 등)은 공존과 협력, 지속성을 형성하며 변화 속에서 개별화의 과정을 만들어 낸다. 그것은 개인의 자의식을 넘어 여러 관계의 수준에서 기능하는 과정이다.

리토르넬로는 실행에 관한 생태계를 형성하는 것에 대해 생각하도록 하는 가치 있는 장치이다. 리토르넬로는 기존의 체계나 초월적 선언 혹은 거대 서사로부터 시작하기보다는 실행을 통해 개별적 리듬과 영토를 만든다. 그리고 실행에 대한 내재된 영토화는 시간과 공간을 어떻게 엮어 가는지에 대해 말해 주며 세계에 거주하고 세계를 만드는 개별적 환경을 말한다. 따라서 리토르넬로는 실제적인 것뿐만 아니라 가상의 잠재적인 것에도 관심을 지닌다. 학습의 시공간성의 내재적 기능과 이를 촉진하는 리토르넬로는 교육적 실천에도 시사점을 제공한다.

따라서 리토르넬로는 개별적인 영역화와 일관성을 가능하게 하는 근본적인 힘으로 여겨질 뿐만 아니라 탈영역화 및 재영역화의 가능성이기도 하며 실험과 예상치 못한 상황에 근거한 순간이 될 수 있다. 이러한 개별적 힘과 리듬은 때로는 가르침과 배움을 결정하는 제도적 · 시각적 · 재현적 관점에서 볼 때 임의적이고 비일관적으로 보일 수 있다. 그러나 새로운 방식의 실행, 새로운 방식의 관점, 새로운 방식의 감정과 사고방식을 위한 잠재성을 구성하는 것이 바로 리토르넬로의 불순종이다.

교육학은 리토르넬로의 비문법성 혹은 불순종에 대한 창의적 잠재력에 민감할 수 있을까? 이러한 실행의 싹은 종종 교육학의 레이더에서 빠져나가거나 기존의 형태와 실행에는 감지되지 않기도 한다. 교사는 "자신의 언어 안에서 외국인"이 될 수 있을까?(Deleuze 1995, p. 41)

이런 질문은 창의적 사건에 있어 윤리적 · 정치적 · 미학적 시사점을 지니며, 이 창의적 사건은 '나' 혹은 창조하는 '주체'에서 벗어나는 기존 체계에서는 일어나지 않는다. 되어짐(becoming)과 관련하여 아직 보이지 않거나 생각할 수 없는 것을 불러일으키는 것은 창조적 사건이자 과정을 창조하는 움직임이며, 실행의 리토르넬로이다.

예술과 불순종의 힘은 윤리-미학적, 정치적 가능성을 생성하며, 비정상적이거나 비문법적 실천의 형식과 앎의 방식을 존재-인식론적으로 무효화함으로써 기존에 확립된 규칙이나 행위를 넘어서도록 한다. 이것은 로그 게임 프로젝트에서 제시되었지만 아동과 청소년 학생들의 미술 행위에서도 발견될 수 있다. Guattari가 변종 좌표라고 부르는 리토르넬로는 미술 행위를 새로운 영토로 나아가도록 한다. 이러한 불순종의 존재론적 어려움은 아직 출현하지 않은 삶의 방식에 대해 이야기한다는 점이다.

결론

Badiou(2005)는 확립된 규범과 실천에 대한 두 가지 욕망의 관계를 제시한다. 하나는 전통에 의해 통제되는 욕망으로서, 정상적인 것으로 불리는 욕망을 제거한다. 또 다른 욕망에는 확립된 지식의 변수를 넘어 튀어나오는 것으로서, 집단적·실천적이며 아직 존재하지 않는 것에 대한 욕망, 보수적 권력을 넘어서는 발명을 향한 욕망이다. Badiou는 발명의 힘에 상징적 형식을 부여하는 것이 중요하며, 아울러 전통과 약탈적 자본주의 혹은 과거의 계급과 정체성에 대한 회귀적 호소를 넘어 새로운 이야기를 추구하는 것이 중요하다고 주장한다. 아마 오늘날 모든 미술교육자—모든 교육자—에게 있어 중대한 도전은 교육학을 위한 새로운 이야기를 개발해야 한다는 것일 것이다.

참고문헌

Altay, C. (2015). Rogue Game: an architecture of transgression. In L. Rice & D. Littlefield (Eds.), *Transgression: Towards and expanded field of architecture*. London: Routledge.

Barad, K. (2003). Posthumanist performativity: Toward an understanding of how mater comes to matter. *Signs: Journal of Women in Culture and Society*, *28*(3), 801-831.

Badiou, A. (2005). Being and event. London: Continuum.

Deleuze, G. (1995). *Negotiations 1972-1990*. New York: Columbia University Press.

Deleuze, G. (2004). *Difference and repetition*. London & New York: Continuum.

Deleuze, G., & Guattari, F. (1988). *A thousand plateaus*. London: Athlone Press.

Deligny, F. (2007). *Oeuvres* ed. Sandra Alvarez de Toledo. Paris: L'Arachneen.

Ingold, T. (2015). *The life of lines*. London & New York: Routledge.

Kleinherenbrink, A. (2015). Territory and ritornello: Deleuze and Guattari on thinking living beings. *Deleuze Studies*, *9*(2), 208-230.

Whitehead, A. N. (1938). *Modes of thought*. New York: Free Press.

Wilde, O. (1891). *The Soul of Man Under Socialism*.

Ziarek, K. (2004). *The Force of art*. Stanford, CA: Stanford University Press.

09 미학적 경험을 통한 학습:
성인 교육에서의 복잡성, 전기 및
비판적 사고

Laura Formenti(이탈리아 밀라노 비코카 대학교 교수)

서론

    이 장에서는 성인 교육에 사용되었던 상상과 신체화, 대화와 같은 협력적 탐구의 한 방법으로서 미학적 경험에 기반한 '시적 교육학(poietic pedagogy)'을 제시하고자 한다. 미학적 경험은 자기 자신과 세계 및 타인에 대한 비판적 지식을 구성하고 참여를 지속시킬 수 있지만(Clover, Sanford, & Butterwick, 2013), 의도와 방법을 필요로 한다. 나는 이러한 방법을 제시하기 위해 자전적-민족지학적 글쓰기를 사용할 것이며(Holman Jones, Adams, & Ellis, 2013), 나의 생각과 경험을 보다 넓은 체계와 결합할 것이다. 예술에 대한 경험은 매우 주관적이고, 문화적이고, 상황적이면서도 보편적이다. 중립적이고 비체화된 맥락의 어떤 것도 복잡성을 드러낼 수는 없으며, 오직 이야기만이 그러한 힘을 가진다(Formenti & West, 2016).

2019년 3월 10일 8:00

나는 미술관을 사랑한다. 미술관에서는 언제나 우리를 생각하게 하는 어떤 것이 발생한다. 특히 활동적이고 호기심이 많은 나의 아버지 덕분에 나는 미술관을 단지 오래된 물건을 쌓아 두는 먼지 낀 장소로 생각해 보지는 않았다. 나는 모든 미술관을 사랑하지만 특히 현대 미술을 선호하는데, 나를 놀라게 하고 감동시키는 힘을 가지기 때문이다. 나는 미술관을 돌아다니면서 작품에 대한 이야기를 듣는 것을 좋아한다. 자신의 삶을 바탕으로 생각하고 배움의 자극을 제공하는 예술가들에게 감사하다. 하지만 나는 또한 일상에서 예술이 분리되고 예술가에 대한 신화가 만들어지는 시장성(marketization)의 어두운 측면을 알고 있다. 권력(역사적으로는 교황, 군주, 상인, 은행, 부유한 재단)에 봉사함으로써 사람들을 예술의 원천인 창의성과 상상력으로부터 거리를 두게 하는 것은 서양 예술의 특징이지만 세계적이기도 하다. '모든 사람은 예술가이다'라는 유명한 말에서 Joseph Beuys는 여성을 잊고 있었지만, 나는 여전히 예술은 삶에 관한 것이며, 현실에 대한 진정한 참여라는 그의 말에 대해서는 감사함을 가진다.

미술관은 훌륭한 예술을 위한 중립적인 공간이 아니다. 작품들은 관심에 의해 결정되고, 큐레이터들은 어떤 작품을 어떻게, 어디에서 전시할 것인지를 결정한다. 여기에는 주류가 아닌 것들은 배제될 수 있는 위험이 존재한다. 그럼에도 불구하고 나는 여전히 미술관을 좋아한다.

성인 교육, 예술과 비판적 사고

성인 교육과 학습은 직업화(vocationalisation; Bagnall & Hodges,

09 미학적 경험을 통한 학습: 성인 교육에서의 특정성, 전기 및 비판적 사고

174

2018)와 학습화(learnification; Biesta, 2014)의 담론에 의해 지배된다. 이러한 담론들은 제한적이고 설명적인 관점에서 연구와 실천을 형성하며, 단편적이고 상상력이 부족한 방식으로 성인들을 학습에 참여하게 하며, 특정한 목적을 달성하는 데는 매우 유용한 기능을 발휘한다. 전 세계적으로 정규 교육은 '능력 획득, 검증 및 인증'을 목적으로 하는 '학습 결과'를 통해 '고용 가능성'을 창출하도록 설계되어 있다. 교육과정은 경쟁력을 육성하고 적응력을 유지함으로써 시스템을 도와주지만 모두에게 더 나은 삶을 제공하지는 않는다. 신자유주의적 가치는 인간의 주관성과 연대성, 다양성의 존중에 대한 인식에 매우 부정적인 영향을 끼친다.

이러한 상황에서 아름다움에 대한 경험은 우리의 공통적인 인간성을 개발하고 억압과 배제에 맞서 싸우며, 사회적으로 그리고 생태적으로 보다 지속 가능한 사회를 구축하고, 학습자를 지혜롭게 교육하며, 인간의 의미와 감각을 발견할 수 있도록 하는 데 중요한 역할을 한다(Fraser, 2018; Tisdell & Swartz, 2011). 성인에게 적합한 학습의 형태, 즉 '변환적 학습(transformative learning)'(Mezirow, 1991; Taylor, Cranton, & Ass., 2012)이란 의미에 대한 우리의 관점을 변화시키는 능력을 의미한다. 만일 우리가 변화를 위해 '관점'의 은유를 진지하게 받아들인다면, 물리적 · 상징적으로 새로운 입장을 가져야 한다. 이것은 우리 자신, 우리의 세계, 우리의 삶을 다시 상상하는 것과 관련을 지닌다(Formenti & West, 2018).

따라서 예술과 교육의 협력은 다양하고 비판적 · 대화적이며 시적인 관점들을 연결하고, 우리는 이를 통해 교육에 대한 생각과 실천에 대해 보다 넓고 깊은 성찰을 갖게 된다. 나는 이를 '시학'이라는 이름을 따서 '시적 교육학'(Formenti & Vitale, 2016)으로 이름 지었다. 그것은 동사 포이에인(ποιεῖν) 'to do'에서 유래했는데, 원래 의미는 기술, 예술 및 생각을 포함한다. 물질적 또는 비물질적인 어떤 것, 물체나 텍스트, 실천이나 행위를 구성한다는 것은 지식과 배움에서 중요하다. 마치 우리를 제작자로 만들기도 하며, 세계와 우리 자신, 우리 자신의 생각과 행동을 만드는 오페라처럼 형태를 변환시킨다.

나는 예술과 교육 사이에 시적인 유사성이 있음을 본다. 인간 행동의 영역으로서 여러 오페라를 창작할 수 있으며 이를 통해 행동의 상호 연결, 지각과 창조 및 해석을 수반하는 미적 경험이 가능해진다. 그리고 관계와 변환으로 나아간다. 나는 예술과 교육을 나란히 배치함으로써 하나를 어느 하나에 종속하지 않으려 한다. 예술에 대한 교육이거나 교육의 목적을 위해 예술을 도구로 사용하지 않으려 하는데, 이는 어떤 하나를 위해 다른 하나를 취조하는 것이기 때문이다. 교육에서 핵심적 추진력은 계획이다. 나의 주된 추진력은 질문하기이다. 그래서 나는 예술을 통해 교육을 질문하고 교육을 통해 예술을 질문한다. 이런 방법은 의도성을 지니지만 인과관계적인 사고는 아니다. Bateson(1972)이 주장했듯이, 의도적인 목적은 예술과 교육 모두에 대한 인식론적 오류-병리학을 낳는다. 예술가는 자신의 창의력에 굴복하도록 훈련되어 있기 때문에 예술가들은 지식을 알아야 한다고 생각했던 적이 있지만, 이것은 나의 편견이자 신화일 수 있다. 어떤 예술은 도구적이다. 모든 성인은 의도적인 목적의 일방향성과 권력, 성공과 통제의 환상과 맞서 싸워야 한다. 모든 예술가는 인간이다.

나는 예술과 교육을 같이 두고자 하며, 다른 종류의 이해를 강화하기 위해 설명이나 통제를 위한 노력을 멈추고자 한다. 이는 예술가와 예술작품, 예술적 맥락과 관객 사이의 미학적·체화된 관계성을 강화할 것이다(Bourriaud, 1998). 주관성은 인정되고 권한을 부여받아야 한다. 사물과 공간은 무엇인가를 환기시키는 특성을 갖는다(Bollas, 2009). 사물과 공간은 개인으로서 혹은 문화와 삶의 구성원으로서 우리에게 영향을 주며, 지식과 의미에 대한 우리의 분투를 격려한다. 특정 대상과 공간 또는 상황에 대한 미학적 경험을 공유하는 성인들 사이의 생성적 대화는 변환적 학습을 가져오게 할 수 있다(Formenti & West, 2018).

교육에서 이것이 완전히 새로운 개념은 아니다. 그리스어로 파이데이아(paideia), 빌둥(Bildung)의 낭만주의 관념, 아프리카어로 우분투(Ubuntu), 중국-일본어로 교이쿠(Kyo-iku)로 부르는 인본주의 교육은 서로 문화를 달리하지만 모두 창조를 지식의 한 형태로 인식한다. 모든 문화권에서 예술은 가치를 형성하고 정보를 전달하며 존재의 의미를 탐구한다. 서구 문화는 이러한 탐구를 시장의 법칙에 의해 통제받는 직업으로 변화시켰고, 재능 있는 사람들에게 사회적·경제적 인정을 부여함으로써 평범한 사람들과는 다른 특별한 사람으로서 '예술가'를 창조했다. 교육 역시 직업이 되었고 법률에 의해 통치되며 국가에 의해 통제를 받게 되었다. 법률과 국가는 모두 사회적·문화적·역사적 맥락과 연관되어 권력과 통제의 목적을 봉사한다. 그럼에도 이 둘은 모두 변화의 씨를 내포하고 있다.

따라서 예술과 교육은 복잡하고 역설적인 실천의 영역이다. 우리는 하나의 영역을 다른 영역으로 대체할 수 없지만 두 영역 사이의 관계성과 상호관계를 이해할 수 있다. 예술은 어떤 조건에서 전환적인 힘을 드러내는가? 불확실성을 불러일으키는 낯선 것(uncanny; Freud, 1919)의 효과는 예술을 구성하는 특징이자 예술을 수행하는 궁극적인 이유가 된다. 다른 한편으로, 예술은 또한 위안이나 치료의 한 형태이며 딜레마를 미적 형태로 변형하며 치유의 목적으로 활용된다.

예술과 교육은 모두 변화를 일어나게 할 수도 있고 아닐 수도 있다. 그러면 어떤 조건에서 변화가 발생하는가? 학교와 미술관은 예술과 지식의 시적인 힘을 잠재우는 일종의 학습을 위한 제도화된 공간이다. 전시회와 관련한 미적 경험에 대한 생성적인 대화는 전환적 학습을 발생시키는 과정이다.

복잡성, 학습 그리고 불확실성

서울MMCA, 2017년 8월 5일

'[……] 한 쌍의 입자에 내재된 특성을 측정하는 것은 하나의 관찰이 다른 하나에 영향을 미치고 변화를 작용하기 때문에 불가능하다. 불확실성의 시대에 [……] 현실이나 진실에 대한 예술적 추구와 그것에 관련한 질문은 종종 새로운 형태의 작품을 생성한다.'

나는 전단지를 읽고 있다. '불확실성의 원리'전은 내가 보고자 하는 전시회의 제목이다. 불확실성은 내가 가장 좋아하는 주제 중 하나이며 복잡성 이론의 기초이다. 이 전단지는 예술가들의 작품에 대해 다음과 같이 설명하고 있다. '그들은 집단적 또는 개인적인 기억을 통해 자신의 비전을 실현한다. 다양

한 기술을 사용하여······ 예술의 가치와 의미에 의문을 제기하면서 공공의 진
실과 개인적인 기억을 재구성하고······ 현실과 비현실 사이의 불확실한 경계
를 넘는다.'

나는 미술가들이 어떻게 불확실성을 인식하고 표현하는지 궁금해하다가
그만 방향을 잃고 말았다. 전시회는 어디에 있지? 질문에 대한 답을 찾는 과
정에서 나는 대단한 미술작품인 강익중의 '삼라만상'을 발견했다. 제목은 '우
주의 만물과 현상'을 의미한다. 나는 수천 개의 작은 세라믹 타일로 된 작은
원형의 영역에 들어가 보았는데 그곳은 마치 파티의 초대 같았다. 놀라움 속
에서 나는 작품의 모든 다채로운 세부를 조사하느라 정신을 잃을 정도였다.
······ 오브제들이 작품 전체에 걸쳐 흩어져 있는데, 가령 붓, 톱니 바퀴, 플라
스틱 자동차, 장난감, 나무 조각, 일상생활과 관련이 없는 작은 것들 등······
방의 중앙에는 은으로 된 불상이 있었다. 나는 불상의 존재와 그것이 어떻게
전체와 연결되는지에 대해 명상해 보았다.

로라? 남편이 나를 부르는 소리에 집중을 잃었다. 우리는 '불확실성의 원리'
전을 찾아가는 중이다. 어디에 있지? 나는 전단지를 다시 살펴보았다.

'불확실성의 원리'전에는 권하윤(대한민국), Ho Tzu Nyen(싱가포르), Zach
Formwalt(미국), Walis Raad(레바논)의 4명의 작가가 참여하였다. 남자만
4명? 농담해? 나는 이 전시에 대한 성별 편견과 기획자의 경시에 대해 의문
을 가졌다. 이것은 남성이 여성보다 불확실성을 조사하는 데 더 관심이 있고
능력 또는 자격이 있다는 것을 의미하는가? 난 그렇게 생각하지 않아. 미술관
에서 여성 예술가의 '당연한' 부재 또는 과소 표현에 대해 생각해 보았고, 모
든 사실에 대해 불편함을 느꼈다.

복잡성 이론(Alhadeff-Jones, 2008; Capra, 1997; Formenti, 2018)과

체계적 사고(Bateson, 1972; Bateson & Bateson, 1987)는 학습을 생명체와 환경을 포함하는 공진화 과정으로서 예측 불가능한 결과로 정의한다. 살아 있으면서 자율적인 유기체와 그것의 환경 사이의 구조적 결합은 미적 경험의 기초가 된다. 복잡한 시스템은 복잡하게 얽힌 상호 의존의 과정에서 발생하고 학습된다(Davis & Sumara, 2006). 예를 들어, 우리가 어떠한 명령을 내림으로써 이런 종류의 시스템을 통제하고자 한다면 시스템은 자신의 방식으로 전체 상황을 해석하게 될 것이다.

이것은 사소하게 하기(trivialization; von Foerster, 1993)로서, 즉 살아 있는 시스템을 원인-결과 기계로 취급한다. 기계는 단순하며, 기껏해야 복잡한 정도이다. 즉, 기계는 완전하게 설명되고 제어될 수 있다. 그러나 복잡한 시스템은 결코 완전하게 설명되지 않는다. 더욱이 기계를 예측 가능한 것으로 취급한다면, 우리는 정교한 균형을 잃을 수 있다. 대부분의 교육은 복잡성에 대해 반생태적이며 복잡성을 가볍게 여긴다.

미학적 경험은 지각과 행동, 상호작용에 기반한 해석의 과정이다. 그것은 살아 있는 유기체의 구조에 의존하며 이전의 상호작용의 역사를 통해 구축된다. 학습은 사회적·물질적 환경 안에서 자신과 다른 사람들과의 지각과 감정, 생각과 서사에 대한 상호 협력을 필요로 한다. 그리고 나서 복잡성은 우리로 하여금 맥락을 만들도록 하며 이를 통해 행동과 성찰, 상호성을 발생시킨다. 이것은 개인적이며 인지적이고 누적을 통한 학습에 기반하는 기존의 지배적 교육학을 도전한다(Fenwick & Edwards, 2013). 성공적인 상호 협력은 비록 국지적이고 상황적이기는 하지만, 진실과 확실성에 대한 환상을 만듦으로써 일관된 행동과 의미를 갖게 한다(Bagnall & Hodges, 2018).

복잡성은 우리로 하여금 관계적 실천을 구축하고 대화를 사용함으로써 성찰과 변화를 촉진한다. 그리고 복잡성은 불확실성을 인간의 기본 조건의 특징 중 하나로 간주하며 의미의 여러 관점을 탐색하는 방법을 익히도록 한다(Morin, 1999). 예술작품은 타자성 (otherness)을 내보인다. 작가의 개인사, 생각과 가치, 문화를 보여 주며(Bateson, 1972), 양극성과 역설, 딜레마를 제시하고 사회에 대한 비판을 담아내며, 불편함과 혼란을 일으킬 수 있다. 예술은 완전히 이해하거나 설명될 수 없는 어떤 것이다. 예술은 미학적·전기적·비판적 의식을 결합함으로써(Freire, 1973), 우리의 경험을 형성하는 권력 구조와 담론을 비춰 준다. 서울의 국립현대미술관을 방문한 경험을 토대로 한 나의 이야기는 관람자가 어떻게 비판적인 학습자가 될 수 있으며, 자신과 작품을 질문함으로써 열린 가능성으로 나아가도록 한다.

전기적 질문과 미학적 경험

여전히 예술에서 여성의 위치에 대해 질문을 갖고 있던 나는 남편이 모퉁이를 돌아 사라지는 것을 보지 못했다. 나는 그곳이 '모퉁이'가 아닌 계단형 복도인 것을 알게 되었다. 나는 종이에 한글로 "이 길은 '불확실성의 원리'전으로 이어진다"라고 적힌 걸 보고 마치 초청에 대한 아이러니라 느껴져 거의 웃을 뻔했다. 나는 그 길을 따라갈 준비가 되었다. 왜 아니겠는가? 결국 나는 불확실성의 열렬한 추종자이다. 이정표는 전시회의 일부인가? 단어 아래에 있는 화살표가 계단 쪽을 가리키며, 나의 웃음은 사라졌다. 계단이 너무 좁고 어둡고 가파르다. 마치 지하 깊은 곳을 파헤치는 것 같았다. 남편이 나보다 훨씬 앞선 아래에 있다는 것을 알게 되자 심장이 뛰고 불편함을 느꼈다. 나는 사진을 찍었다.

[그림 9-1] 계단과 서울 MMCA에서의 로베르토(저자 촬영)

다음에 무슨 일이 있었는지 기억나지 않는다. 전시가 특별한 인상을 남기지는 않았지만 그것이 작품 때문인지, 아니면 나의 태도 때문인지는 말할 수 없다. 나는 이미 생각의 재료를 가지고 있었고 부분마다 의식하고 있었지만 나중에 호텔에서 도착해서야 현장 노트를 통해서 알 수 있었다. 미술관에서의 경험에는 내가 탐험하고 싶은 어떤 것이 있었다. 그것은 죽음과 유한함, 두려움과 위험에 관련된 것이다. 나는 두 편의 시를 썼다.

불확실한 깊이로 내려간다

중력이 그 길을 가르쳐 준다

안경은 필요하지 않다

계단들

희미한 빛

그는 멀리 아래에 있고

이제는 내 차례

나는 왜 여기 있는가?

단지

느끼기 위해서

계단들을

이 이야기는 나에게 변형의 근본적 요소가 되는 것으로서 의미를 위한 전기와 투쟁을 안내해 준다. 나는 Bateson의 작업(1972, 1979)에서 큰 영감을 얻었다. 그는 서구 사회의 교육이 지닌 단점과 인식론의 병리 현상인 단절에 대해 염려했다. 단절은 여러 가지 형태를 띤다. 예술과 교육의 분리, 이성적 사고와 감정, 몸과 마음, 물질과 정신, 의식과 무의식의 분리뿐만 아니라 '우리'와 '그들' '나'와 '타인' 등등. 집단과 문화 사이에 벽을 만듦으로써(Alheit & Dausien, 2000),

우리는 호혜성과 상호 연결성을 파괴한다. 그리고 그 효과는 가시적이다. 증가하는 근본주의와 과격성, 배타성과 폐쇄된 공동체, 자연 세계에 대한 착취는 같은 인식론적 문제의 결과이다. 그 결과는 의미와 방향성을 갖지 못하는 파편화된 현대판 바벨탑이다.

Bateson(1979)의 주장에 따라, 이야기를 통한 생각은 모든 살아 있는 것과 무생물, 과거와 현재, 행동, 존재 및 존재를 연결하는 규칙을 고려한 인간적인 방법이다. 그래서 우리는 의미를 찾고 단절을 해결하는 방안으로서 이야기를 한다. 전기적 탐구는 성과를 만들어 낼 수 있으며(Formenti & West, 2016), 연결을 구축한다. 미학적 경험은 감정과 기억, 통찰을 불러일으킴으로써 우리와 우리의 전기를 연결하며, 변형적 대화는 우리 자신과 타인을 연결한다. 예술작품에 대한 이야기는 우리의 과거와 현재의 학습적 맥락과 이에 대한 주관적 · 사회적 · 문화적 · 환경적 결정 요인이 무엇인지를 밝혀 준다. 전기적 글쓰기는 우리의 삶에 수반되며 우리를 제한하는 다양한 문맥과 차원들을 인식하게 하는 변화의 도구이다. 그리고 전기적 글쓰기는 우리 자신과 우리 세계를 포괄하며 체화된 서사의 새로운 발전을 내포한다(Formenti, West, & Horsdal, 2014).

전기적 탐구는 다양한 수준의 이해를 밝혀 준다. 미시적 수준에서 전기적 탐구는 우리의 신체, 주변과 내부에서 의식적으로, 무의식적으로 일어나는 일에 대한 인식과 해석에 대한 주관성을 강화한다. 주관성은 경험에 감정, 가치와 의미라는 색을 입히며, 전기는 지각과 의사소통이 해석적 행위임을 보여 준다.

거시적 수준에서 전기는 우리가 살고 있고 우리를 만드는 성별, 계급, 민족적 기원, 배경 및 담론에 관련된 선입견과 편견을 드러낸다. 지배적인 서사는 상식이 되며 우리가 알아채기 어려운 숨겨진 구조를 형성한다. 주관성을 완전히 이해하기 위해서는 사회적 차원에서 서사를 인식해야 한다.

교육자로서 나는 중간적 수준과 지속적인 상호작용과 일상적인 대화를 통해 세계가 어떻게 구축되는가에 관심을 가지고 있다. 피드백, 시스템과 네트워크(가족, 직장, 친구, 소셜 미디어)는 우리의 행동을 형성하며 그것은 우리의 행동에 의해 형성된다. 교육은 행동과 학습을 위한 관계와 공간을 의도적으로 구축하는 것이다.

이러한 수준들을 연결함으로써 전기적 탐구는 삶의 복잡성을 존중하고 우리로 하여금 단절과 방향성의 상실 및 딜레마에 대처할 수 있게 한다. 그러나 앞서 언급했듯이 지배적인 인식론은 복잡성을 파괴하고 학습을 경시하는 경향이 있다. 우리는 관계적이며 대화의 차원을 함양하고 감정과 정서, 체화된 과정에 대한 신뢰를 다시 구축함으로써 학습자를 보다 넓고, 알려지지 않고, 예측할 수 없는 환경과 재연결할 수 있는 도구가 필요하다. '지금-여기'라는 상황에 충실히 반응하기 위해서는 현재에 주목하는 것이 필요하다.

전기적 글쓰기는 배움에 대한 개인적 · 사회적 그리고 상호작용적 차원에 대한 각성을 유지하도록 하지만 우리는 그 이상이 필요하다. 즉, 배움의 공유성을 개발하는 대화, 매료적인 공간을 열어 주는 예술, 새로운 이해를 개발하는 비판적 교육학이 그것이다. 따라서 Heron(1996)의 주장을 따라, 나는 미술관에서 전기적인 관점에서 네 단계로 이루어진 조사를 구상하였다.

- **진정한 경험**: 질문이 시작되는 단계. 학습자들은 주위를 돌아

다니거나 가만히 정지한 가운데 예술작품, 공간이나 전시를 탐색할 시간을 가져야 한다. 이때 모든 것을 이해하려 하려는 것을 멈추고 안팎의 움직임에 귀를 기울여야 한다.

- **미적 표현**: 경험이 창조를 통해 형성되는 단계. 학습자는 은유, 소설이나 시, 그림이나 행동 언어를 사용하여 자신의 경험을 나타낼 수 있다. 이 단계는 주의가 필요한데, 왜냐하면 예술은 재능, 완벽함, 사회적 인정에 대한 담론에 의해 형성되는 전문적이고 매우 지적인 작업이 되었기 때문이다. 많은 성인이 자신의 창작 능력을 상실하고 말았다. 이들은 스스로에게 감정을 표현하고 '예술가'로 행동할 권한을 주지 않기 때문에 이들에게는 격려와 평가의 중단, 즐거움이 필요하다.

- **지적인 이해**: 의미가 공유되고 구축되는 단계. 대화가 시작되며 필요할 경우 촉진된다. 아이디어가 떠오르며, 떠오른 아이디어들은 양극성, 질문이나 투쟁의 주제와 결합된다. 딜레마는 불균형을 만들고 해결책을 향하여 나아간다. 진실에 대한 탐색은 중단되고, 우리는 이 딜레마를 '해결'할 필요가 없다. 아마 병치는 딜레마와 함께 살아가는 방법, 한계점을 마주하는 방법, 복잡성을 존중하기 위해 긴장을 유지하는 방법을 가르쳐 줄지도 모른다. 이러한 탐구의 단계는 서로 다른 이야기와 목소리를 구성하고 감추어진 전제들을 드러내고 드러난 것을 나란히 배치함으로써 비록 지엽적이고 일시적일 수 있지만 만족스러운 이론을 구축할 수 있다. 이것은 행동을 위한 새로운 생각과 가능성을 열어 준다.

- **사려 깊은 행동**: 가능성이 진지하게 다루어지는 단계. 만일 학

습자가 스스로에게 세상에 들어가서 새로운 질문을 하고 새로운 탐구의 과정을 시작하지 않는다면 진정한 배움은 존재하지 않는다.

이 4단계의 순서와 구성은 참가자로 하여금 복잡성을 인식하고, 이야기와 차이점, 즐거움과 사회적 책임으로부터 배울 수 있는 능력을 키워 준다.

Gloria, Anselm Kiefer, 그리고 변형의 공간으로서 미술관

나는 외롭다

나의 위에는 오직 하늘

나의 아래에는 폐허

당신은 위험을 무릅쓰고 올라갈 수 있다.

나는 푸른 빛의 그림자를 던진다

당신의 피부는 그것을 빨아들이지

당신은 위험을 무릅쓰고 올라갈 수 있다.

그들은 골판지 상자로 나의 균형을 잡으려고 했지

당신은 위험을 무릅쓰고 올라갈 수 있다.

아마 어느 날

지치고 피곤할 때

나는 나를 내려놓을 것이다

나는 내 위로 떨어질 것이다

그리고 소란스러움의 지옥을 만들 것이다(Gloria)

워크숍 중에서 석사 과정의 Gloria는 고립, 위험, 고통에 대한 감정을 시로 표현했다. 그녀의 이야기는 고등교육을 받은 성인 학습자들에게 헤아릴 수 없는 이야기들을 불러일으킨다. 이러한 감정들은 현대 미술에서도 표현되며 우리로 하여금 성찰과 변형(transformation)에 이르는 황금 통로가 된다. 2013년 대규모 프로젝트의 한 부분으로 시작된 이 워크숍(Formenti & Vitale, 2016)은 진로 지도와 상담에서 활용된 은유인 '삶의 설계'를 해체함으로써 배움에 대한 작은 생각을 전달할 수 있었다(Savickas, 2015). 자기서술은 상담가들로 하여금 복잡하고 관계적인 과정을 대신하여 개인적인 책임감을 지지하는 지침으로 종종 사용되었다. 그러나 미학적 차원은 가장자리로 밀려나며, 의도적인 목적과 명료한 목표, 의지와 일관성 및 자유에 기반하여 직업 선택이 이루어진다. 꿈과 상징, 난잡함과 영성 혹은 의존성뿐만 아니라 신체의 역할은 저평가되어 있다. 복잡성은 합리성과 의지를 문제시하며 불확실성과 합리성, 상호 의존성과 즉자성 간에 균형을 갖도록 애쓴다.

또한 권력과 배제의 구조는 삶의 설계와 진로 상담에서 제외된다. 만일 우리가 개인과 가족, 사회적 신화를 해체하고 새로운 가능성을 열고자 한다면 비판적 성찰이 필요하다. 한 사람의 전기를 탐구한다는 것은 깨어 있음으로 한발 다가서도록 하며, 자유에 대한 실천이 된다. 그러나 그것은 당면한 상황에 존재하고 주목하며 책임을 지는 일이 필요하다. 그래서 나는 미술관, 전시회, 도서관들과의 협력을 시작하였다. 이들 장소는 오늘날 다양성과 더 많은 관객의 참여에 대한 관심을 지니고 있으며, 이에 나는 새로운 대중과 시학적인 교육이 포함된 실험을 제안했다.

앞서 말한 바와 같이, 나의 실험은 예술에 대한 교육이나 교육을 위해 예술을 사용하는 것이 아니다. 그것은 인간 행동의 두 영역 사이를 나란히 배치하고 관계를 생성하는 것이다. 나는 실험에 전기적 앎(biographical knowing)을 자신이나 다른 사람에 대해 실험하고 싶어 하는 교사와 사회교육가, 미술관 교육자들뿐만 아니라 연구자와 학생들을 포함하였다. 우리는 설치 작품, 상설전이나 기획전, 단독 작품, 사진, 카탈로그, 혹은 장소를 환기적 사물(evocative objects)로서 접근하였다(Bollas, 2009). 참가자들은 서로에게 각자 다른 이야기들을 들려주어 그림과 조각, 콜라주와 시 혹은 짧은 이야기로 표현하도록 하였다. 각 워크숍은 미술관 직원과 함께 준비하고 상황에 알맞게 적용된다. 우리는 전문적 지식에 기반한 교육 개념에 도전하지만 미술관 교육자들은 예술작품과 예술가들에 대한 정보를 제공하도록 훈련받은 사람들이다. 여기에서 이들은 기대하지 않은 의미가 떠오를 수 있도록 열려 있는 마음으로 조용히 기다린다. 그러므로 미술관은 끝이 열린 행동과 대화를 위한 공간이 된다. 예술작품 그리고 참가자들 간의 예측할 수 없는 상호작용의 결과로서 배움이 일어날 수도 있지만 그렇지 않을 수도 있다.

밀라노의 비코카(Bicocca) 격납고에서 여러 차례 개최된 'Kiefer와 나(Kiefer and I)' 워크숍은 독일 예술가 Anselm Kiefer의 '일곱 개의 하늘 궁전(The Seven Heavenly Palaces)'을 위해 기획된 것이다. Kiefer의 거대하고 인상적인 설치 작품은 고단한 시기에 살고 있는 현대인들에게 강력한 은유와 희망과 의미를 전한다. Kiefer는 자연과 생명, 초월을 불러일으키는 거대한 그늘진 공간에 구원과 무력함 그리고 파괴의 딜레마를 표현하였다. 유대인의 전통적인 헤갈롯서(Book of Hechaloth)에서 영감을 얻은 7개의 탑은 90톤의 6층 높이로 설치되었으며, 납이 삽입된 철근 콘크리트와 천, 필름, 짚과 깨어진 유리들은 각각에 이름과 이야기를 지니고 있다. 유대교의 상징을 통해 전해지는 이야기들은 제2차 세계대전 후 폐허가 된 유럽에 대한 기억(Kiefer의 주제)과 디스토피아적 미래에 대한 전망을 담고 있다. 어두운 분위기의 고요한 폐허의 풍경을 걷다 보면 문명의 자멸, 구원과 의미에 대한 질문을 마주하게 된다.

2015년에 Kiefer는 여기에 불모지(사막, 소금), 희망과 생명(해바라기 씨앗, 풀, 물), 연금술 변형(균형), 영성(사원, 무지개)을 상징하는 5개의 거대한 그림을 추가했다. 격납고의 맨 끝에 있는 커다란 그림에는 독일 철학자들의 아이디어와 지적 작업이 그들의 이름과 함께 새겨져 있는데, 이는 역사의 고난의 파고 앞에서 정체성과 의미에 대한 투쟁을 보여 준다. Kiefer는 선과 악, 하늘과 땅, 파괴와 희망, 역사와 자연과 같은 딜레마를 표현하지만 해결책은 제시하지 않는다. 그는 우리로 하여금 스스로 답을 찾을 수 있는 공간을 남겨 둔다.

이처럼 시적이고 도발적이며 심오한 상징적인 명작은 다양한 감정과 의미를 불러일으킨다. 이것은 시적인 워크숍에도 매우 적합하며 다음과 같은 4단계의 질문을 실시하였다.

- **진정한 경험**: 장소에 대한 조용한 탐험. 각 참가자는 혼자서 보

고 듣고 자유롭게 돌아다닌다. 작품에 대한 설명은 제시되지
않는다.

- **미학적 표현**: 각 참가자는 세부 사항을 선택하고 그린 후에 이
  야기나 시를 쓴다(앞의 Gloria의 시 참조). 장소에 대한 새로운
  탐험이 시작된다. 여기서 각 '예술가'들은 각자 선택한 곳으로
  향하여 그림을 보여 주거나 이야기를 큰 소리로 읽는다. 전체
  의 모습은 마치 공연과 같은 장면을 연출한다. 참가자들의 신
  체는 설치물과 상호작용하면서 작품의 일부가 된다.

- **지적인 이해**: 우리는 대화를 시작하며 개별적인 감각과 이미지
  는 명제적 언어로 전환되며 다른 느낌과 아이디어들은 연결되
  고 대조되며 병치된다. 점차 그룹은 자신들의 이론을 만들게
  된다. 예를 들어, Emma는 다음과 같이 읽는다.

> 나는 공중에 매달려 있는 작은 네온 불빛인 Hod입니다. 사실 나는 작은 불
> 빛이었습니다. 재앙이 발생하여 내 주변은 파괴되었고 나는 여기에 홀로 남겨
> 져 절반은 공중에 매달린 채 더럽혀지고 빛을 잃었습니다. 내 주변에 닥친 재
> 앙도 내 안에서 존재합니다. 모든 것이 바뀌었습니다. 그렇다면 나는? (Emma)

- **개인적 참여와 성찰**: 마지막 단계의 질문으로서 안과 밖에서 예
  술가의 작품과 우리의 경험은 연결되고 세밀한 것에 대한 미학
  적 표현은 삶과 의미, 학습과 회복에 대한 개인적 이론으로 변
  환된다. 토론은 더욱 내면화되며 우리는 도전과 투쟁에 대해
  이야기할 수 있다. 그림과 이야기들은 우리에게 어떤 것을 드
  러내 준다. 마치 빛 속에서 우리를 지켜 주는 길이 되듯이. 대

화는 외로움과 혼돈, 희망과 미래에 대한 두려움, 선택의 책임, 영성과 다중의 정체성, 지혜와 타자 등과 같은 보편적인 주제를 불러일으킨다. 판단은 유보된다. 우리 모두는 삶의 계획과 지침에 대해 관심을 가지며, 청중에게 유사한 길을 제안하고 다시 만날 것을 제안한다. 이것이 우리의 의도적인 행동이다.

결론

나는 이 글에서 감각들(경험, 존재)과 행동, 감정과 의미, 가치를 연결함으로써 어떻게 미학적 경험이 성인들에게 있어 의미를 만들고 변화를 이끌어 낼 수 있는지를 보여 주고자 했다. 이를 위해서는 서로 다른 종류의 앎과 설명을 모아야 한다. 내가 제시한 '시적 교육학'은 타인과 환경과의 대화에서 자신에 대한 자율적·이질적·생태적 구성의 순환적 과정을 구축한다. 이는 집단적 마음을 구성함으로써 "예술의 교정적 성질"을 활용하는 배움의 과정이다 (Bateson, 1972, p. 144). Kiefer와 Bateson이 자신들의 작품에서 주장하는 바와 같이 인간의 앎은 제한적이다. 의도적인 목적에 의해 안내되는 합리성과 개인주의는 질과 의미, 삶을 파괴한다. 현대 미술은 사회의 모순을 드러내기도 하고, 끌어들이고 밀쳐 내기도 하며, 분리하고 구성하며, 예술 그 자체에 대한 정의에 대해서까지 우리에게 질문을 던진다. 현대 미술은 우리로 하여금 다르게 보도록 요구하며, 때로는 방향 감각에 대한 상실과 두려움, 환멸을 느끼도록 한다. 이들은 모두 인간 경험의 부분이며 미술관 안에서 '전시'

되지만 보다 깊은 학습 경험의 측면에서 관객들은 미술과 상호작용함으로써 인간으로서의 지혜를 일깨우게 된다. 미술관에서의 교육은 과거와 현재, 미래를 연결함으로써 이야기와 언어, 의미와 관점을 확장시키며, 우리로 하여금 새롭게 보고, 생각하고, 성장하고, 경청할 가능성을 교육한다.

참고문헌

Alhadeff-Jones, M. (2008). Three generations of complexity theories: Nuances and ambiguities. *Educational Philosophy and Theory*, *40*(1), 66-82.

Alheit, P., & Dausien, B. (2000). 'Biographicity' as a basic resource of lifelong learning. In P. Alheit, J. Beck, E. Kammler, R. Taylor, & H. Salling Olesen (Eds.), *Lifelong learning inside and outside schools* (Vol. 2, pp. 400-422). Roskilde: Roskilde University Press.

Bagnall, R. G., & Hodges, S. (2018). Contemporary adult and lifelong education and learning: An epistemological analysis. In M. Milana et al. (Eds.), *The Palgrave international handbook on adult and lifelong education and learning* (pp. 13-33). London: Palgrave Macmillan.

Bateson, G. (1972). *Steps to an ecology of mind*. New York: Ballantine Books.

Bateson, G. (1979). *Mind and nature. A necessary unity*. New York: Bantam Books.

Bateson, G., & Bateson, M. C. (1987). *Angels fear. Towards an epistemology of the sacred*. New York: Macmillan.

Biesta, G. (2014). *Beautiful risk of education*. London: Paradigm Publishers.

Bourriaud, N. (1998). Relational aesthetics paris: Les presses du réel.

Bollas, C. (2009). *The evocative object world*. New York/London: Routledge, Taylor & Francis.

Capra, F. (1997). *The web of life*. London: Flamingo.

Clover, D. E., Sanford, K., & Butterwick, S. (Eds.). (2013). *Aesthetic practice and adult education*. Abingdon: Taylor & Francis.

Davis, B., & Sumara, D. (2006). *Complexity and education: Inquiries into learning, teaching and research*. Mahwah: Lawrence Erlbaum.

Fenwick, T., & Edwards, R. (2013). Performative ontologies. Sociomaterial approaches to researching adult education and lifelong learning. *European Journal for Research on the Education and Learning of Adults, 4*(1) 49-63.

Formenti, L. (2018). Complexity, adult biographies and co-operative transformation. In M. Milana et al. (Eds.), *The Palgrave international handbook on adult and lifelong education and learning* (pp. 191-209). London: Palgrave Macmillan.

Formenti, L., & Vitale, A. (2016). From narration to poïesis: Local museum as a shared space for life-based and art-based learning. In D. E. Clover et al. (Eds.), *Adult education, museums and art galleries* (pp. 165-176). Rotterdam: Sense.

Formenti, L., & West, L. (Eds.). (2016). *Stories that make a difference. Exploring the collective, social, and political potential of narratives in adult education research*. Lecce: Pensa Multimedia.

Formenti, L., & West, L. (2018). *Transforming perspectives in lifelong learning and adult education. A dialogue*. London: Palgrave Macmillan.

Formenti, L., West, L., & Horsdal, M. (2014). *Embodied narratives. Connecting stories, bodies, cultures and ecologies*. Odense: University of Southern Denmark.

Fraser, W. (2018). *Seeking wisdom in adult teaching and learning: An autoethnographic inquiry*. London: Palgrave Macmillan.

Freire, P. (1973). Education for critical consciousness. New York: Seaburry Press.

Freud, S. (1919). The uncanny (transl. by D. Mclintok). New York: Penguin Books.

Heron, J. (1996). *Co-operative inquiry: Research into the human condition*. London: Sage.

Holman Jones, S., Adams, T., & Ellis, C. (Eds.). (2013). *Handbook of autoethnography*. Walnut Creek: Left Coast Press.

Mezirow, J. (1991). *Transformative dimensions of adult learning*. New York: Wiley & Sons.

Morin, E. (1999). *Seven complex lessons in education for the future*. Paris: UNESCO.

Savickas, M. L. (2015). Life designing with adults: Developmental individualization using biographical bricolage. In L. Nota & J. Rossier (Eds.), *Handbook of life design: From practice to theory and from theory to practice* (pp. 135-149). Goettingen: Hogrefe.

Taylor, E., Cranton, P., & Ass. (2012). *The handbook of transformative learning: Theory, research, and practice*. San Francisco: Jossey-Bass.

Tisdell, E., & Swartz, A. (Eds.). (2011). *Adult education and the pursuit of wisdom*. San Francisco: Jossey-Bass.

von Foerster, H. (1993). *Understanding understanding: Essays on cybernetics and cognition*. New York: Springer.

10 미술과 지식:
미술교육의 인식론적 의미

강병직(청주교육대학교 교수)

서론

　교육은 배움과 지식을 다루는 학문이다. 배움은 무엇인가에 대한 개념을 형성하고 아는 힘을 키움으로써 우리의 생각과 행동에 긍정적인 변화와 발전을 가능하게 하는 사회적 행동이다. 그리고 교과교육은 학교라는 제도의 공간 안에 존재하는 특별한 형태의 교육 형태이다. 보편교육으로서 교과교육이 사회적 제도 안에 존재한다는 것은 공적 자원에 대한 사회 구성원의 합의에 의해 교과교육의 지속 여부가 영향을 받는다는 것을 말한다. 그러므로 사회적 제도로서 교과교육은 시대의 변화나 요구와 끊임없이 상호작용하고 그 과정에서 자신의 교육적 가치를 제시하여야 한다. 이것은 보편교육으로서 교과교육이 지닌 숙명이자 존재 조건이다.
　이 장에서 나는 미술교육의 가치를 인식론의 관점에서 살펴볼 것이다. 인식론은 지식에 대한 이론으로서 지식의 본성과 범위, 지식의 방법을 탐구하는 철학의 한 분야이다. 교육이 지식의 실천에 관한 학문이라는 점에서 인식론은 교육의 내용과 목적, 교수 방법을 결정하는 기초적인 토대가 된다.

교육사에서 인식론은 낯설지 않다. 20세기 초 Dewey(1916)는 지식이란 실제의 문제를 해결하는 데 가치를 지니며, 변화하는 삶의 실제 현장에서 경험으로 다가오는 가변적이고 연속적인 것이라고 보았다. 변하지 않는 실재에 대한 철학적 관심이 변하는 삶의 실제 문제에 대한 해답을 줄 수 없다는 점을 우려한 Dewey에게 교육이란 전통적 인식론의 이분법을 넘어 삶의 문제에 대한 지식을 얻는 경험의 과정이었던 것이다. Piaget(1971)는 인지 발달과 학습 과정의 특성을 발생학적 인식론(genetic epistemology)의 관점에서 접근하였다. 그는 철학사를 양분하는 선험적 인식론과 경험적 인식론이 각각 인식의 한 면에 주목하였던 이분법적 관점을 넘어서고자 했다. 그의 실증적 인식론 연구는 학습자 자신의 자생적 성숙과 외재적 환경과의 경험의 상호작용 사이에서 균형을 이루는 것이 지식의 과정임을 보여 주었다. 이를 통해 우리는 학습이란 고정적인 지식 체계의 전달이 아니라 학습자와 지식 간의 역동적 상호작용의 과정에 참여함으로써 얻어지는 질적 변형임을 알게 되었다.

Freire(1970)의 비평적 교육론(critical padagogy)은 전통적 인식론의 이분법을 극복함으로써 가능했다. 전통적 인식론은 이론과 실천, 의식과 세계, 주관성과 객관성, 자아와 타자와 같이 대립하는 쌍을 전제하고 하나는 우월, 다른 하나는 열등한 것으로 인식하였다. 그에 반해 Freire는 변증법적 인식론의 관점을 통해 대립하는 개념은 서로를 성립 가능하게 하는 상호 전제적 조건이 되는 개념이라고 본 것이다. Hamlyn(1979) 역시 인식론의 토대 위에서 학습과 지식의 문제를 탐구하였다. 그는 학습과 관련하여 전통적인 인식론에서 놓치고 있는 지식의 사회적 성격과 인간의 정서적 조건을 중요하게 다루었다. 그는 학습이란 지식의 공적 형식에 참여하게 하는 것이라고 하며, 무엇이 지식이고 진리이며 객관적인가 하는 것은 '합의의 틀' 속에서 결정되는 것이라고 보았다. Hamlyn의 인식론에서 볼 때 지식의 객관성은 사회적 의미로 이해된다. 그런 점에서 지식의 가능성이 없는 곳에는 경험 또한 있을 수 없다.

이상과 같은 학자들의 견해는 교육의 개념과 지식의 속성, 지식의 조건과 방법에 대한 통찰을 제공한다. 그렇다면 지식의 관점에서 미술교육은 어떤 의미와 가치를 지니는가? 미술교육이 추구하는 지식의 속성은 무엇이고 그 지식은 타 분야의 지식과 어떤 차별성을 지니는가? 이 질문들에 대한 답을 지닐 때 미술교육의 지식이 우리의 삶에 어떤 가치를 지니는지를 설명할 수 있을 것이다.

미술교육에서의 반지식주의

현재의 미술 수업과 교육과정

나는 초등학교의 실제 미술 수업을 참관할 때 특이한 점을 발견한다. 미술 시간에 교사는 어떤 미술 활동이 이루어질 것인지를 안내하지만 무엇을 배우는지에 대해서는 안내하지 않는 것이다. 이 점은 대학에서 내가 학부생들에게 미술 수업에 관한 지도안을 작성하는 워크숍을 진행할 때에도 경험된다. 수업 지도안에는 미술 활동의 종류와 절차가 제시되어 있지만 무엇을 배우는지, 어떤 지식을 얻게 되는지에 대한 안내가 제시되지 않는 것이다. 나는 학생들에게 이 미술 수업을 통해 아동들은 무엇을 배우는지 질문한다. 그러면 이들은 "꼭 지식을 배워야만 하나요? 그냥 즐겁고 자유롭게 참여하면 좋은 것이 아닌가요?"라고 반문한다. 이 같은 미술 수업 장면은 학생과 교사에게 미술교육에서 지식의 문제가 어떻게 받아들여지고 있는지를 상징적으로 보여 준다. 미술교육에서 지식의 획득은 경험과 표현 활동에 비해 상대적으로 소홀히 다루어진다. 이로 인해 미술은 '배우지 않아도 되는 교과' 또는 '지식이 아닌 체험 교과'로 여겨진다.

미술교육에서 지식의 문제가 소홀히 다루어지는 것은 국가 수준에서 제시한 교육과정 문서에서도 마찬가지이다. 현재 한국의 미술과 교육과정은 체험, 표현, 감상의 3개 영역으로 구분되며, 각 영역별로 내용 요소를 배치한다. 이러한 미술과의 내용 체계는 수학이나 과학의 분류 방식과 차이를 지닌다. 수학, 과학, 사회 과목이 개념에 근거한 내용 체계라고 한다면 미술과는 경험의 종류와 활동에 기반한 방식이다. 이같은 내용 구성 방식은 미술과의 특성을 반영한 것이기는 하지만 미술과적 지식에 대한 구조를 체계적으로 제시하지 못하는 한계를 보인다.

미술교육에서 반지식주의

나는 미술교육에서 지식의 문제가 소홀히 다루어져 온 배경에 경험을 미술의 본질로 여기는 관점과 미술과 미술교육을 동일시하는 관점이 영향을 주었다고 생각한다. 경험 중심의 미술교육관은 미술의 본질은 경험이기 때문에 미술교육이 다른 교과와 구분되는 특성은 직관과 물성에 대한 경험이라는 관점의 연장이다(Lim, Lee, & Kim, 2006). 미술에서 직관(intuition)은 분석적 사고의 단계를 거치지 않는 감각의 직접성에 기반한 사고 과정으로 설명된다(Lee, 2009).

지난 20세기 창조주의 미술교육은 미적 경험의 직접성에 기반한 교육이었다. Lowenfeld는 미술교육론에서 지식의 역할을 매우 소극적으로 혹은 부정적으로 간주하였다. 왜냐하면 선입견으로서의 지식은 창의적 표현에 부정적 영향을 준다는 점 때문이다. 결과적으로 경험 중심의 미술교육은 미술 과목을 지식을 얻는 교과가 아닌 자기를 표현하고 창의적인 경험을 하는 탈지식형 교과로 인식되도록 하였다.

경험과 창의성을 중시하는 미술교육관은 심리학의 영향이기도 하다. 현대의 심리학 연구에서는 지식이 거의 언급되지 않는다(Williamson, 2000). 이런 심리학의 영향을 받은 현대의 교육학은 지식보다는 역량(competency, ability) 개념을 중시한다. 역량 중심의 교육담론은 지식을 표피적 혹은 종합화된 정보로 간주한다. 그러나 행동이 지식의 외재적 상태라는 점에서 앎과 행동은 분리된 것이 아닌 상호작용을 통해 구현된 완전한 마음의 상태라고 할 수 있다. 그러므로 미술교육에서 지식과 경험은 분리될 수 없다.

미술교육에서 지식론이 중요하게 다루어지지 않는 또 다른 이유로 미술과 미술교육을 동일시하는 관점을 들 수 있다. 이 관점은 미술을 모학문으로 규정하고 미술교육은 모학문으로서의 미술을 가능한 한 충실히 이해하도록 하는 교육을 지향한다. 이러한 동일시 관점에 따를 때 미술의 구조는 미술교육의 구조와 동일할 수밖에 없다. 지난 20세기의 모더니즘 미술교육은 미술을 이해하는 것이 미술교육이라고 생각해 왔다. 그러나 미술교육이 미술을 기반으로 하지만 미술과 미술교육의 구조를 동일하게 하여야 하는가에 대해서는 논란이 있다. 미술은 가르칠 수 없다는 관점이 여전히 존재한 상황에서 가르칠 수 없는 미술을 '교육'한다는 것은 논리적 모순이기 때문이다(Elkins, 2001).

이에 반해 포스트모더니즘 미술교육론은 미술교육을 미술을 교육하는 것이 아닌 미술을 매개로 한 교육으로 본다. 이 점에서 미술가와 미술교육자들은 미술을 공통된 기반으로 하지만 미술에 대한 목적과 세계에 대한 이해 방식에서 차이를 지닐 수밖에 없다. Chevallard(1989)는 교수·학습적 전환 개념을 통해 학교 교육은 학자의 지식을 단순히 축소하여 전사하는 것이 아니라 학교에서 가르칠 수 있는 지식으로 전환된 교육이라고 보았다. 이 점에서 교과교육은 모학문의 학자적 지식과 차이를 지닌다. 교육이란 세계를 보는 안목을 기르기 위한 것으로서 이는 개념 구조에 통합된 지적 체계를 갖추는 것이라는 점을 상기할 때(Peters, 1966), 미술교육은 미술에 관한 지식을 포함하지만 미술 내적 지식을 넘어 세계에 대한 지식으로 전환될 필요가 있다.

미술교육의 인식적 의미

미술의 재개념화

나는 미술이란 미를 매개로 참됨을 추구하는 인식적 활동이라고 생각한다. 이 같은 미술의 정의는 플라톤의 정의 방식과 차이를 지닌다. 플라톤은 미술의 모방 개념을 통해 미술의 인식성을 반대하였다. 그는 참된 지식의 대상은 이데아에 속하며 순수한 이성을 통한 사유만이 지식에 이르고 감각 세계는 지각을 통한 신념에 불과하기 때문에 참된 지식(episteme)이 되지 못한다고 생각하였다. 이에 따라 미술은 모방으로서 노에타(이성적 인식, 논리)가 아닌 아이스테타(감성적 인식, 지각, 상상)에 해당된다고 보았다.

그러나 미는 존재자가 아닌 시간과 공간에서 발생하는 미적 성질에 대한 경험이며 개별 경험을 통해 추상화된 관념이라는 Locke(1690)의 지적은 플라톤의 미 개념과 차이를 지닌다. 미를 존재로 보는 플라톤의 전제는 지식을 획득하기 위해 이성을 보완하는 상호작용으로서의 감정의 가치를 부인한다. 그리고 미술의 인식성을 부정하는 이러한 관점은 미는 이성이 아닌 감각에 의한 판단이라는 관점을 전제로 한다.

Descartes의 인식론 역시 감성에 대한 이성의 우위를 전제하였다. 그가 생각한 지식은 명석하고(clear) 판명한(distinct) 것으로서 논리적 이성이다. Kant는 이 관점을 계승했다. Kant(1987) 역시 개념에 의한 이성만이 참된 인식에 이르는 사유의 방법이며 감성은 명석 판명한 지식에 미치지 못하는 판단의 차원에 머문다고 본 것이다. 이러한 감성과 이성의 구분을 전제로 근대 인식론에 따를 때, 감정에 기반한 미술론은 지식으로서의 조건을 충족하지 못한 것으로 여겨졌다.

그러나 Schiller(1997)에 이르러 미 개념은 감성적 측면뿐만 아니라 이성의 측면을 지닌 인식의 영역으로 재해석된다. Schiller는 미를 통해 인간의 이성과 감성이 조화를 이루며, 미 안에서 이성적·감성적 인식이 가능하다고 보았다. Hegel은 이러한 Schiller의 미 개념을 바탕으로 미적 활동이 이성의 최고 활동이라고 보았다. Hegel은 감정에 대해 이성을 포함한 모든 의식 활동을 촉발시키는 동시에 그 자체에 의식 활동의 내용을 응축한다고 본 것이다. 이 점에서 Hegel은 이성적 판단의 단계에서 감정의 요소가 제거되는 것이 아니라 이성적 의식과 공존한다고 생각했다. 그의 아이디어는 이성과 감성의 이원적 구분을 전제로 한 고전적 지식론을 넘어선다. 특히 Hegel은 심미적 지각이 없이는 정신적 중요성도 이해하지 못하고 역사를 온전히 이해하지 못한다고 보았다. 나아가 Hegel에게 있어 미술은 절대정신을 직관과 감정에 가깝게 자신을 드러내는 것으로 여겨졌다. 이러한 맥락에서 그는 대중교육으로서 미술교육의 필요성을 제시하였다.

Heidegger(1971)는 더 나아가 미술은 진리가 되어 가고 일어나는 하나의 방식으로서, 세계에 대해 숨겨져 있는 본질을 드러냄으로써 진리를 제시하는 독특한 방식이라고 주장한다. 그는 사물을 똑같이 재현하는 모방적 미술 개념이 객관적인 실체를 재현하는 근대 과학적 인식론과 같음을 지적하고 세계란 고유한 속성 그 자체로 '존재'하는 것이 아니라 인간의 삶에서 사유에 의해 구성되는 존재임을 주장한다. Heidegger의 생각에 따를 때, 미술의 가치는 알레테이아(aletheia)로서의 진리를 '드러내는 것'이며 미술작품은 모방이 아닌 진리와의 관계 속에서 고찰되어야 한다.

진리를 시각적·역사적이라고 본 Gadamer(1960)는 선입견으로부터 자유로운 이해는 불가능하다는 점을 인정한다. 그렇기에 Gadamer는 미술이란 존재의 진리를 드러내는 것이며, 작품 해석에 해석자로서 참여할 때 존재는 자신을 드러낸다고 보았다. Dewey(1934) 또한 이성과 감성의 구분을 전제로 한 이성 중심의 지식 개념을 벗어난다. 그는 이성만으로는 완전한 지식을 얻을 수 없다면서 확신에 찬 지식에 도달하기 위해서는 지적 사고의 내용을 구체화하는 상상력과 정서가 담긴 감각적 인식 작용의 도움을 받아야만 한다고 보았다. 그가 제시한 미적 경험은 완성된 경험으로서 한 경험을 의미하며, 미술교육은 이러한 경험의 완성을 지향하는 것이다.

미술의 인식적 가치는 Danto에 의해 더욱 강조된다. 그는 미술을 감각의 차원에서만 논의하는 점을 비판하면서, 미술품의 지위는 물리적 사물의 해석에 따라 결정된다고 보았다. Danto(1997)는 일상적 사물과 예술적 사물이 다른 이유는 예술적 사물이 인식적 성격을 따르기 때문이라고 보았다. 이상의 철학적·미학적 논의는 전통적 미학 및 인식론에 기반을 둔 미술 개념은 고정된 불변의 것이 아니라 변화되는 것이며 새롭게 재정의되는 것임을 보여 준다.

결론

　21세기 상황에서 미술교육이 가지는 인식적 가치는 무엇인가? 나는 미술교육이란 미술적 인식을 통해 세계에 대한 이해와 진리에 다가서도록 구성된 교육과정이라고 생각한다. 앞서 제시한 바와 같이 미술적 인식이란 미술적 방식으로 세계의 감추어진 것, 은폐된 것을 드러내는 것을 말한다. 나는 미술적 인식이 추구하는 대상을 진리성(trueness)이라고 부르고자 한다. 전통적 인식론에서 진리는 실재(reality)를 드러내는 것이었다.

　Rorty가 지적한 바와 같이, 존재하는 대상의 객관적 실체를 비추는 거울로서의 근대적 진리 개념은 해석적 진리 개념으로 대체된다. 해석되고 설명된 진리는 잊어버린 것, 감추어진 것을 드러내는 진리인 알레테이아이다. 근대적 지식관에서 지식은 과학적 진리를 말하며 이는 규명을 강조하며 선입견을 배제하는 방식으로 지식의 진리성을 규명한다.

　그러나 현대적 인식론은 선입견을 배제하는 것이 아니라 선입견이 있음을 지각하고 이해함으로써 보다 나은 설명을 찾아가는 것으로서 진리를 설명한다. 이 점에서 진리와 참됨은 같은 것이 아니며, 전자는 과학에 해당되고 후자는 미술에 해당된다. 미술교육이 추구하는 진리성이 과학교육이 추구하는 진리성과 다른 면이 여기에 있다. 미술이 대상의 감추어진 것, 왜곡된 것을 드러냄으로써 참됨을 지향한다면, 과학은 보편적인 것, 객관적인 것을 증명함으로써 옳음을 지향한다. 이 점에서 과학교육은 증명을 추구하지만 미술교육은 해석을 추구한다. 그러므로 미술교육은 미술을 매개로 한 인식의 독특한 특성을 배우는 과정이며 동시에 미술을 넘어 자기와 세계에 대한 인식의 장을 여는 실천적 영역이다. 미술교육이 세계를 이해하는 실천적 배움의 과정이 되어야 하는 이유가 여기에 있다.

참고문헌

Chevallard, Y. (1989). On didactic transposition theory: Some introductory notes. In *Proceedings of the International Symposium on Selected Domains of Research and Development in Mathematics Education*, Bratislava, pp. 51-62. (Accessed 31 May 2017). http://yves.chevallard.free.fr/spip/spip/IMG/pdf/On_Didactic_Transposition_Theory.pdf

Danto, A. C. (1997). *After the end of art*. NJ: Princeton University Press.

Dewey, J. (1916). *Democracy and education: An introduction to the philosophy of education*. New York: Macmillan.

Dewey, J. (1934). *Art as experience*. New York: Capricorn Books.

Elkins, J. (2001). *Why art cannot be taught*. Urbana: University of Illinois Press.

Freire, P. (1970). *Pedagogy of the oppressed*. New York: Seabury Press.

Gadamer, H. G. (1960). *Truth and method*. London: Continuum International Publishing Group. (English, 2004)

Hamlyn, D. W. (1979). *Experience and the growth of understanding*. London: Routledge & Kegan Paul.

Hegel, H. G. (1996). 헤겔의 미학강의: 예술미의 이념 또는 이상(*Vorlesungen über die Ästhetik*). (두행숙 역). 서울: 은행나무. (원저는 1823년에 출판).

Heidegger, M. (1971). The origin of the work of art. (A. Hofstadter, Trans). New York: Harper & Row. (original work published 1936).

Kant, I. (1987). The Critique of Judgment. (W. S. Pluhar, Trans). Indianapolis: Hackett Publishing Company. (original work published 1790).

Lee, J. H. (2009). Educational Implications of Artistic Knowledge based on Aesthetic Mode of Knowing: Focused on Eisner's Aesthetic Epistemology. *Art Education Review, 33*, 429-457.

Lewis, D. (1996). Elusive knowledge. *Australian Journal of Philosophy, 74*(4), 549-567.

Lim, J. G, Lee, S. D, & Kim, H. G. (2006). *Understanding and methodology of art education.* Seoul: Yegyong.

Locke, J. (1690). *An essay concerning human understanding.* Oxford: Oxford University Press.

Peters, R. S. (1966). *Ethics and education.* London: Allen & Unwin.

Piaget, J. (1972). *The Principles of Genetic Epistemology.* London: Routledge & Kegan Paul.

Rorty, R. (1979). *Philosophy and the Mirror of Nature.* Princeton: Princeton University Press.

Schiller, F. (1997). 인간의 미적 교육에 관한 서한(*Letters upon the aesthetic education of man*). (최의희 역). 서울: 이진출판사. (원저는 1794년에 출판).

Williamson, T. (2000). *Knowledge and its limits.* Oxford: Oxford University Press.

Part 4

디지털 공간에서 살아가기

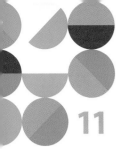

11 변화하는 디지털 환경에서 시각 예술 교육, 역량과 관심 경제

Bernard Darras(프랑스 파리1팡테옹 소르본대학교 교수)

아이 스스로 발견할 수 있는 것을 조급하게 가르치면, 아이는 스스로 그것을 탐구하지 못하게 되고 결과적으로 그것을 완전히 이해하지 못하게 된다(Piaget, 1970, p. 715).

서론

많은 영역에서 현대와 고대의 관점차에 따른 논쟁은 끊임없이 일어나고 있다. 이러한 논쟁은 디지털 세계와 그 영향에도 적용된다. '현대인', 특히 신기술 출현의 가운데 있는 젊은 현대인은 새로운 기술과 이런 신기술을 받아들이는 사회에 의해 발생하는 변화에 열광한다. '고대' 또는 '전통주의자'는 이러한 변화의 부정적인 영향에 대해 우려하고 의문을 제기한다. 그리고 이러한 상황에서 늘 그렇듯, 예술은 기술적 · 미적 · 비평적 차원에서 변화가 성행하는 영역으로 제시되고, 대체 공간이나 정신성 함양의 기회로서 질문과 비판의 장을 형성한다. 이에 이 장에서는 하나의 결론을 성급하게 도출하기보다는 핵심 사항을 구조적으로 다루며 논의를 이끌어 가고자 한다.

이 장은 5개의 부분으로 나누어져 있다. 첫 번째 부분에서 기술 혁신, 격변설, 학생과 청소년의 실천에 대응하는 부모와 교사의 도전 간의 관계를 직접적으로 다룬다. 이를 통해 아동과 청소년이 주요 타깃인 관심경제 이론에 접근한다. 이와 관련해서 '보존' '관찰' '실험'의 세 가지 비유를 바탕으로 교육 프로그램에서 구현된 예술 분야와 관심의 생태에 대한 확장된 개념을 제시하고, 프로젝트 기반 학습(PBL) 환경에서의 역량 개발에 관해서 서술한다.

이 장은 시각문화 및 시각적 문해력 분야에서 실행되거나 실행 가능한 다섯 가지 역량 개발 모델의 통합으로 마무리 짓는다. 다양한 연구에서 찾은 기술을 종합적으로 구성하는 다이어그램으로 만들어 역량 개발 모델을 소개하고자 한다.

사회와 기술

우리 모두가 개인적 경험에서 관찰해 온 것과 같이, 새로운 기술의 출현은 열광부터 거부에 이르기까지 다양한 반응을 야기한다. 서론에서 언급하였듯이 이런 반응 현상은 새로운 일이 아니다. 1855년 4월, 사람들이 기계, 기관차 및 발명품을 목격하기 위해 파리의 유니버설 전시회로 향했을 때, Eugène Huzar는 『과학을 통한 종말(The End of the World Through Science)』이라는 제목의 책을 발간하였다. Fressoz(2012)가 지적하였듯이 이것은 파국주의에 근거한 진보에 관련한 첫 번째 비평글이었다. 160년 전에 쓴 그의 개척서에서 Huzar는 '삼림 벌채와 그로 인한 기후 변화, 백신 접종 및 인간의 퇴화, 화학 물질 산업과 환경의 변화, 철도 및 예견 불가능한 재난' 등 신기술이 세상에 가져올 위험에 대해 경고하였다. Huzar의 선견지명은 뛰어났지만, 그의 예측은 기술 변화에 의해 잊혔다가 오늘날에야 재조명되고 있다. 이는 기술의 중장기적 직간접적 효과를 평가하고 기술의 위험과 악영향을 숙지하고 인식을 변화시키는 것이 얼마나 어려운지를 보여 준다.

세계에 영향을 미치는 기계적 및 물질적 충격과 함께 정보 및 통신 기술의 발전, 미디어, 다양한 유형의 데이터 디지털화, 스크린 인터페이스 및 인공지능의 발전은 인간의 고생스러운 수고를 덜어 주기 때문에 긍정적인 것으로 간주되지만 건강과 사회의 조직, 또는 삶과 생태계의 균형을 위태롭게 할 때는 부정적인 것으로 간주된다. 'Eugène Huzar'와 같은 많은 전문가는 자동화 및 인공지능의 가속화된 개발에 대해 경고한다. 칼의 발명에서 딥 러닝(deep learning)의 발명에 이르기까지 문제의 대다수가 인공물과의 협력의 과잉, 중독, 개인 및 사회적 통제 부족에서 발생한다. 그러나 즉각적인 이익이 아직까지는 알려지지 않은 미래의 위험보다 훨씬 우세를 보이는 현 상황에서 과잉을 저지하고 중재를 고안하는 방법은 무엇인가?

고대부터 철학자들은 'acrasia'를 '우리가 판단하거나 절제의 상황을 인지하고 있음에도 행동하는 것'으로 정의하고 의지의 나약함에 대해 토론해 왔다.

삶의 경험

이 절에서 나는 나와 가족의 삶에 기술과 변화가 침투했을 때의 개인적인 경험을 자문화기술을 통해 묘사해 보고자 한다. 전 세계적으로 많은 부모와 교사가 이와 유사한 과정을 경험했을 것이다.

> 나의 아내와 나는 시각 예술, 시청각 제품 또는 멀티미디어 기술 등 모든 유형의 이미지에 대해 열정을 가지고 있었다(Darras, 2016a). 열정은 직업으로 이어졌고, 이러한 성향을 두 아들이 이어받아 움직이는 이미지와 첨단 기술 산업에서 전문가로 활약하고 있다. 어린 시절부터 시각적 문화에 몰두하며 우리가 일상에서 노출한 기술적이고 실용적이고 비판적이며 심미적인 도구의 덕을 본 셈이다.

시각 사상가의 인지적 성향과 지원 환경에 대한 몰입 및 가족 구성은 기술 변화에 민감한 환경에서 창의적 활동의 사회적 가치를 부여하였다. 이러한 모든 과정은 그들의 직업적 선택에 영향을 미쳤다. 우리의 열정은 매우 다양한 방식으로 나타났지만 무조건적이지 않았으며 우리는 그들에게 양질의 생산을 구별하고 감상하도록 하였다.

비디오 게임의 출현은 절충주의 개입의 계기가 되었다. 많은 부모와 마찬가지로 우리 부부는 폭력성, 경쟁에 대한 욕구, 지배 및 파괴를 특징으로 하는 게임에 빠져 있는 아이들을 걱정하였다. 우리는 자녀의 삶 속에서 생소한 '중독'의 모습, 이념적으로 불확실한 모호한 경험 세계의 등장에 권력을 잃은 많은 부모와 같이 문화적 분열을 경험하였다.

　당시 불안한 마음에서 생겨나는 여러 가지 우려가 가득한 상황에서 통제 불가능한 기술에 의해서 가족과 우리의 환경에 도입되고 있는 중독적인 산업에 혼란스러웠다. 예를 들어, 콘솔로 즐기는 비디오 게임의 비사회적이고 고립된 방식은 토론이나 공유를 방해하였다.

　우리는 자신을 기술 애호가라고 생각했지만, 우리의 지속적인 노력에도 불구하고 아이들을 유혹한 산업과 유희적이고 상호작용적인 문화에는 흥미를 갖는 데 실패하였다. 우리에게 기술은 창의성을 자극하고 지식, 경험 및 실천을 풍부하게 하는 것이다. 아이들 또한 같은 생각을 갖고 있지만 기술은 우리가 한 번도 관심을 가져본 적 없는 유희적이고 상호작용적인 차원의 경험 세계에 아이들의 접근을 용이하게 하였다.

　이와 같이 유희적 상호작용성에 기반한 새로운 산업은 기존의 시청각 산업보다 많은 시간을 동원하고 관심을 사로잡는 데 성공적이었다. 우리는 아이들의 학교 시간도 뺏길까 걱정스러웠다. 시각문화와 관련하여 올바른 교육의 과정을 밟고 있다고 생각이 들었지만 비디오 게임은 우리의 한계를 시험하였다. 다행히 이후 등장한 소셜 네트워크는 함께 참여하고 이해 가능했기 때문에 이러한 유형의 위기를 가져다주지 않았다. 한편으로, 지구상의 수십억 인구에게 소셜 네트워크상의 메일 및 게시물이 증가하고, 수십억 개의 웹사이트에서 온라인 상거래가 이루어지는 인터넷의 출현은 세상과 그 속에서 정보와의 관계에 영향을 미치고 재구성하며 균형을 유지하기 어려운 상황을 초래한다.

남녀노소를 불문하고 관심을 온라인상에서 끌기 위한 치열한 경쟁은 점점 더 우려스럽고, 심각한 주의를 취해야 하고 자기방어와 사회 방어를 요구한다.

관심 경제에서 관심 생태계까지

관심은 어떤 대상에 대한 마음의 긴장이며, 그것이 우리의 지각과 경험에 가하는 압력, 행동 유도적 반응이다. Herbert A. Simon은 관심이 경제 세계가 탐내는 자본이라는 것을 처음으로 제시한 사람일 것이다. Simon의 다음 인용문은 표준이 되었다.

> ······ 정보가 풍부한 세상에서 정보의 부유함은 다른 것의 부족을 의미한다. 정보가 소비하는 것이 무엇이든 부족하다. 정보가 소비하는 것은 분명하다. 바로 수신자의 관심이다. 따라서 정보의 부유함은 관심의 부족함을 초래하고, 정보 소스의 과잉 사이에서 효율적으로 관심을 할당할 필요성을 만든다 (Simon, 1971, pp. 40-41).

그의 프로젝트에서 Citton(2014)은 관심이 점차 드물어지기 때문에 관심을 점유하는 흐름을 재구성하는 데 기여하는 모든 종류의 산업이 팽배한 선진 사회에서 관심이 더 중요하다는 점을 상기시킨다.

관심경제 이론을 바탕으로 보았을 때, 학교 시스템은 시간 소비의 주요한 작동 원리이다. 아동과 청소년의 관심(미디어, 게임, 인터넷, 소셜 네트워크, 광고 등)은 학습 세계의 재구성에 기여한다. 시간과 관심 소비와 관련하여 각 교과들은 상호 경쟁하게 되고, 교과 간 계층이 형성되었다. 이러한 측면에서 모두를 위한 예술교육은 항상 위기에 직면해 있다. 그러나 각 학문과 헤게모니 사이의 내부 투쟁과 관계없이 모든 학문은 이제 젊은이들의 관심을 끌기 위해 콘텐츠 산업과 경쟁하고 있다.

〈표 11-1〉은 소비자 구매 행동 모델(Attention, Interest, Desire, Decision, Action: AIDA), 지식 경제 모델 및 프로젝트 기반 학습 경제 모델(Project Based Learning: PBL)을 비교한 것이다. 모든 시스템은 관심을 끄는 단계에서 시작되지만 대조되는 목표로 구별된다.

우리는 더 이상 학생들의 성실한 선의에 의지하여 학교를 신성화할 수 없다. 학교 시스템은 더 이상 지식, 합리성, 노하우 및 사회화에 대한 접근을 위한 유일한 경로가 아닐뿐더러 다른 경쟁 매체보다 덜 매력적이다. 학생들의 성실한 선의가 여전히 많은 사람에게 작용하고 있지만 대립은 점차 심해지고 위기는 끊임없이 상승하고 있다. 모든 종류의 가능성으로 인해 충격을 받은 학생들은 주의에 가해지는 압박을 다루는 데에 있어 차이가 있으며, 모든 학생

〈표 11-1〉 관심 확보의 세 가지 방안 비교

소비자 구매 행동	지식 경제	프로젝트 기반 학습 경제
관심	관심	관심
흥미	흥미	흥미
욕구	욕구	욕구
결정	심의–합리화	개념, 인식
실천	암기 학습	실천 학습
만족	평가	평가와 만족

이 전통적이고 종종 수동적이고 엄격한 학교 방법으로 학습하는 것을 즐길 수 있는 것은 아니다.

우리가 좋든 싫든 관심 경제의 산업가들은 학습 세계의 재구성에 기여한다. 지식의 시나리오, 인포테인먼트, 수십억 개의 데이터에 대한 즉각적인 연결, 그리고 가장 중요한 것은 카메라, 비디오 카메라, 오디오 레코더, 10억 개의 웹사이트 및 검색 엔진, 전화 등을 포함하는 작은 '스마트' 박스들이 모두 재구성에 기여하고 있다는 것이다. 이들은 능동적인 교육학, 플립러닝 및 프로젝트 기반 학습과 잘 통합될 때 성공적인 다목적 교육 도구가 될 수 있다. 이러한 모든 기술은 교육 및 학습을 위한 중요한 매개체를 제공하며 새로운 형태의 학습 및 창조를 발명하도록 유도한다.

그러나 관심을 끌기 위한 경쟁의 상황은 더욱 우려가 된다. 학교 시스템과 대다수의 교사는 산업가가 사용하는 디자인, 글쓰기, 제작 및 보급을 마스터할 수 있는 도구와 지식이 없으며, 학교 시스템의 상당 부분은 디지털 도구와 디지털 인문학을 학교 커리큘럼에 통합하는 데 어려움을 겪고 있다.

학생들은 세상 모든 곳에서 발전하고 있는 이러한 문화 현상을 인정하지 않는 것이 아니다(Van Heusden & Gielen, 2015). 따라서 이러한 모든 영역을 시장을 지배하는 산업의 상업적 선전과 미디어 및 소셜 네트워크의 유일한 논쟁으로 취급하기보다는 연구의 대상 및 도구로 통합하는 것이 시급하다. 관심 경제의 희생자가 되지 않으려면 좋은 관심 생태계를 개발하여 스스로 보호해야 한다. 이 분야에서 학교 시스템이 해야 할 역할이 있다.

학교 시각 예술과 참조 분야

미국 미술교육협회(National Art Education Association: NAEA)의 시각 예술 분야에 대한 정의를 바탕으로 시각 예술 분야를 다음과 같은 5개의 그룹으로 나눌 수 있다.

- 순수 미술(드로잉, 페인팅, 판화, 사진, 조각)
- 미디어 아트(영화, 그래픽 커뮤니케이션, 애니메이션, 융합 기술)
- 디자인, 건축, 환경, 산업 미술(도시, 인테리어, 제품, 환경 디자인)
- 민족 미술
- 공예(도자, 섬유, 금속, 나무 등)

이 다섯 가지 영역은 무작위로 나열된 것이 아니다. 이 순서는 고대 그리스의 가치와 귀족적 이념을 계승한 것으로 다음의 세 가지 규칙에 근거한다. 이 규칙들은 서양 문화를 형성하였다.

- 기계적 기술이나 기능 예술보다 교양 과목에 더 큰 비중을 둔다.
- 전통이 현대성을 압도한다.
- 비물질적이고 무형의 것이 물성을 압도한다.

민속 예술에 대한 사소한 선동적 · 민족적 · 계급적 논쟁에 주목해 보자. 서양에서는 교육 분야의 이러한 계층적 조직이 보편적이다(Darras, 2006, 2015). 또한 이러한 각 영역에는 고유 참조 분야가 있으며 예술적 드로잉, 언론 디자인, 스토리 보드, 건축가의 계획에 공통점이 있더라도 동원되는 고유 참조 분야가 있다. 해석 원형, 가치 등을 제공하는 별개의 참조 분야가 있으며, 이는 서로 다르므로 혼동되어서는 안 된다.

- 관심의 생태계 관점에서 오늘날 학생들의 훈련에 가장 적합한 장치는 무엇인가?
- 특정 도메인과 하위 도메인을 분류하거나 한 가지를 제거하기 위해 어떤 기준을 도입해야 하는가?
- 사회적·문화적 배경, 사회적 계층 정체성, 성별에 따라서 특정 그룹의 학생들을 교육할 때 어떤 각색이 필요한가?

이 시점에서 열린 질문을 던져 본다.

보존, 관측, 실험

시간과의 관계에 따라 커리큘럼을 재편성해서 해답을 찾아보자. 음악원이나 박물관, 동시대 현상의 관측, 연구 및 예비 실험실의 주요 기관에 대한 전통적인 분류를 제안하고자 한다. 과거, 현재, 미래에 대한 연구에 전념하는 이 세 기관은 학교 프로그램과 활동을 분석하여 학생들의 관심을 위해 각 부분에 주어져야 하는 균형에 대한 질문을 제기한다. 이 점에서 미국 미술교육협회(NAEA)가 제안한 정의는 일반적이고 예측이 가능하다. 먼저 전통 예술의 보존,

미디어 예술의 관측, 마지막으로 실험 부분을 위한 신기술이 있다.

보존과 과거

보존(conservtory)은 전통, 역사 및 유산을 지향하고 컬렉션, 분위기, 학술적 접근 방식을 선호하는 경향이 있다. 조상 숭배의 오랜 전통에서 시작된 역사적 문화는 학교 교육 과정에 깊이 뿌리를 두고 있다. 각 분야는 프로그램의 일부와 특정 분야에 전념한다.

예술과 문화 분야에서 '유산'에 대한 지식은 종종 예술사의 시작으로 전달된다. 그러나 대부분의 경우 지배 계급과 성별의 예술사이며 제안된 시각 및 대중 문화의 역사는 드물다. '유산'의 정의는 간단하지 않다. 유산은 많은 교과 과정의 그늘에 있는 많은 이념적 질문을 제기한다. 예를 들어, '결혼 생활'은 무엇인가? 컬렉션, 미술관 및 교과서에 대한 여성의 기여는 얼마나 되는가? 지역, 가족 및 개인의 유산과 결혼을 어떻게 다룰 수 있는가? 민족적·지역적·국가적·세계적 유산과 결혼의 상대적인 위치는 무엇인가? 이러한 모든 과거로부터 발행된 정보의 중요성 때문에, 커리큘럼에서 매우 중요한 위치에 두고 과거를 지향하는 교육을 영속시키려는 의도가 있다. 따라서 과거로부터 물려받은 부가 현재를 억압하는 것을 피하기 위해 과거 형성 과정에서 균형과 사람들의 관심에 대한 성찰이 필수적이다.

관측, 현재와 오늘

관측은 현재의 일부이며 진부함에서 특별함까지의 다양성을 나타낸다. 이미 존재하는 것, 체험 경험을 탐구할 수 있는 권한을 부여하며, 평범하고 예외적인 시각 자료와 디지털 인문학을 모두 실행한다.

현재는 부인할 수 없는 과거의 결실이다. 그러나 이러한 과거는 끊임없이 해석되고 오늘날의 경험으로 다시 탄생되었다. 현재는 또한 미래에 대한 전망으로 가득하다. 현재는 주위의 것들이 짧은 과거 또는 먼 과거와 교차하는 사회적 환경과 집단 및 단일 경험의 교차로에 있다. 그러나 현재는 출현의 단계를 포함하여 현재 진행되는 사건의 탐구이기 때문에 훨씬 흥미로운 연구를 진행할 수 있다. 돌이켜 보면 과거의 결과를 관찰하고 그때의 창조와 발명이 미래에 미칠 결과를 추측할 수 있다. 나의 관점에서 볼 때 시각 및 미디어 리터러시와 현대 문화의 복잡성에 대한 탐구와 비판적 해설에 부여되는 부분은 학생들의 훈련 과정에서 가장 중요하다. 그것은 우리 시대와 일치하고 현재와 새로운 기술과 문화에 참여하는 가장 좋은 방법이다(Darras, 2010a, 2012, 2014).

실험, 혁신 그리고 창조

실험(laboratory)은 미래를 내다보고 연구와 혁신을 활용한다. 변화, 위험, 연구, 창의성을 촉진한다. 본래 미래는 알 수 없다. 기껏해야 현실의 일부를 반영하고 현실의 흐름의 연장이라고 생각할 수 있지만 새로운 발명품으로 예상하지 못한 결과에 도래할 수도 있다.

결과적으로 오늘날 학교 시스템은 참신함에 대한 호기심과 이 참신함에 적응하는 능력을 추구하는 학습자를 위한 두 가지 역량을 개발하는 것이 중요하다. 비판적 사고와 사회적·환경적 지능을 충분히 추가하면 이러한 역량은 지속 가능한 환경에서 발전할 수 있다(Darras, 2010b, 2015).

시각적 리터러시와 역량을 통한 접근

이제 시각문화와 이미지의 일반적이고 개방적인 분야에 집중해서 역량의 문제에 접근해 보고자 한다(Braden, 1993; Darras, 2016b, 2019; OECD, 2017; Sturgis & Patrick, 2010)

본론에 들어가기 앞서, 형식적이고 구체화되지 않은 접근 방식을 피하기 위해서 프로젝트 기반 교육학의 표현을 통해서 역량 개발을 촉진하는 것이 권장된다는 사실을 기억해야 한다.

통합 모델을 만들기 위해 우리는 5개의 연구 그룹과 전문 협회의 작업에서 나온 5개의 시스템을 분석하였다([그림 11-1]~[그림 11-5] 참조).

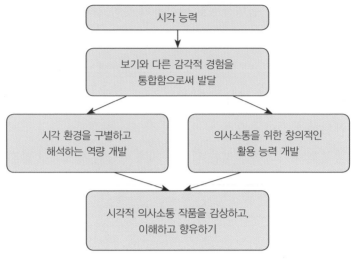

[그림 11-1] **세계시각문해력협회 자료**

출처: International Visual Literacy Association (IVLA) 참조.

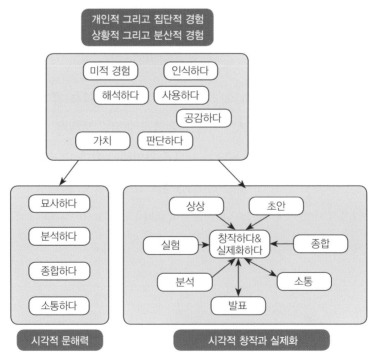

[그림 11-2] **ENVIL 콘셉트 클라우드**

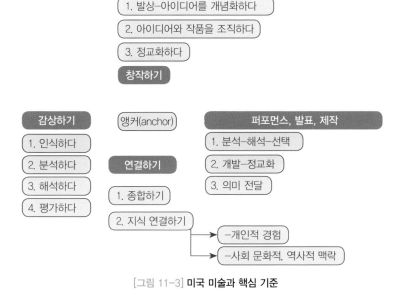

1. 발상–아이디어를 개념화하다
2. 아이디어와 작품을 조직하다
3. 정교화하다
창작하기

감상하기

앵커(anchor)

퍼포먼스, 발표, 제작

1. 인식하다
2. 분석하다
3. 해석하다
4. 평가하다

연결하기

1. 분석–해석–선택
2. 개발–정교화
3. 의미 전달

1. 종합하기
2. 지식 연결하기
　→ –개인적 경험
　→ –사회 문화적, 역사적 맥락

[그림 11–3] 미국 미술과 핵심 기준

프로젝트와 기록

이미지
요구
정의하기

이미지
발견하기

사용과 인용

해석과 평가

윤리적으로
이미지를
사용하고 인용하기

시각적 역량

이미지를
분석하고
해석하기

이미지를
효과적으로
사용하기

창작

이미지를
평가하기

시각적 매체
창작하기

[그림 11–4] ACRL가 채택한 역량

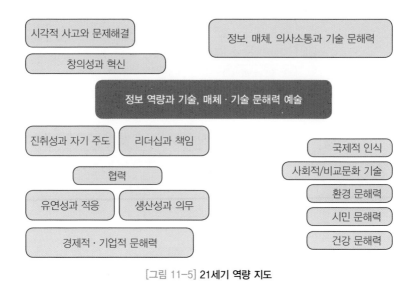

[그림 11-5] **21세기 역량 지도**

모델과 다이어그램의 통합

　동일한 주제의 다이어그램에서 각기 다른 모델을 재구성하고 연구에서 얻는 모든 기술을 종합적으로 구성하는 그림으로 병합했다([그림 11-6] 참조). [그림 11-6]에서 살펴볼 수 있듯이, 모든 기술을 경험, 인지 및 행동의 세 가지 주요 수준(사용, 실행 또는 생성)으로

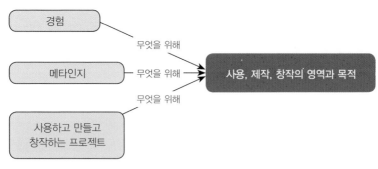

[그림 11-6] **주요 창작 영역의 통합과 목적**

그룹화된다. 이러한 작업은 서로 연결되어 있지만 반드시 종속적인 것은 아니다.

한편, 과정의 단계에 관계없이 모두 참조 분야를 포함하며, 사용, 개입 또는 창작과 같은 행동 프로젝트의 주제를 제시한다. 이러한 영역과 목표는 경험의 자질, 활성화할 메타인지 유형, 그리고 참조틀을 구성하는 프로젝트를 결정한다.

[그림 11-7]은 각 단계를 구현에 활용되는 역량을 자세히 설명한다. 이 종합 다이어그램에 포함된 모든 역량에 대해 논의하지 않고 역량과 기술이 더 자세히 제시된 원본을 참조할 것을 권장한다.

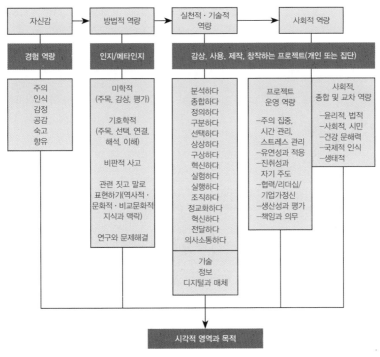

[그림 11-7] **역량의 주요 영역의 통합 표**

경험의 역량

일반적으로 경험과 관련된 기본 역량은 어릴 때부터 습득하지만, 이를 다양한 전문 분야에 적용하여 정기적으로 실습해야 한다. 학문적 측면에서 경험과 관련된 역량은 본질적으로 현상학적이다. 모든 경험이 모습에 대한 인식의 동원으로 시작된다면, 감각이 포착하는 것을 즐기는 동시에 예술가나 디자이너가 구현한 것에 참여하는 법을 배우며 공감하고 명상하는 순간을 만들어 낸다. 이러한 모든 감수성 역량과 기술은 관심의 동원을 필요로 하며 경험을 다양화하고 다음 단계에 대한 서론이 된다. 이 경우 경험에는 하나이상의 목표가 있으며 이러한 목표는 사전에 명확하고 구별되어야 한다.

예를 들어, 예술적 창작의 서문이 되는 경험은 기술적인 시각 문서 개발 또는 그래픽 디자인 제작의 준비 경험과 같은 방식으로 경험할 수 없다.

메타인지와 관련한 역량

소위 감수성 역량과 기술을 갖춘 후, 우리는 학습하는 능력과 거리를 두는 능력을 빠르게 습득해야 한다. 이런 능력들은 인지의 반성적 기술, 메타인지와 합리성이다. 기호학과 미학 분야뿐만 아니라 역사적 · 문화적 · 교차문화적 지식과 관련된 비판적 사고 및 표현 분야에도 적용된다. 모든 작업의 결과를 정의, 설명, 분석, 비판, 종합, 정당화 및 연결하고 궁극적으로 전달할 수 있는 능력은 시각

예술 및 시각 리터러시 분야에만 국한된 것이 아닌 포괄적이며 일반 역량을 동원한다.

따라서 문학이나 미술사 맥락에서 또는 디자인이나 예술 프로젝트를 준비하면서 이미지를 설명하는 행위는 서로 다르지만 같은 종류의 참조, 습관을 참조한다.

사용, 제작, 창작 프로젝트

시각적 이미지 또는 미디어를 사용, 제작 및 창조해야 하는 프로젝트를 실행할 때 이 세 가지 작업은 종종 투과성이 있기 때문에 작업의 차이가 인위적이다. 그러나 이미지를 사용하는 프로젝트는 이미지를 만드는 프로젝트와 다르다. 만드는 것과 창조하는 것의 차이는 매번 새로운 '메이커 문화'에 의해서 차이의 경계가 희미해진다. 모든 프로젝트에는 디자인 관련 역량, 기술 숙달 역량, 이미지 또는 미디어 작업을 사용, 제작 및 생성할 수 있는 역량 등 다양한 역량이 동원된다. 또한 각 프로젝트마다 보다 일반적인 역량이 필요하다. 예를 들어, 자주 배제되거나 암묵적으로 간주되는 관리 기술은 활성화될 가치가 있으며, 이는 초등학교 수준에서 개발된 프로젝트의 경우에도 마찬가지이다. 이러한 관리, 리더십 및 기업가 정신의 측면에서 21세기 역량연구개발을 위한 파트너십(Patnership for 21st Century Skills) 회원들은 웹사이트에서 주의 깊게 연구될 가치 있는 일을 수행하였다. 윤리적·법적·사회적·시민적 및 환경에 대한 존중과 같은 전반적인 역량은 각 프로젝트에서 상기되고 개선되어야 한다.

이러한 모든 작업은 목표를 기준으로 하며, 생산 및 창조 영역의 일부이다. 학교 전시회를 위해 창작하는 것은 만화 팬 잡지를 편집하거나 학교 관련 사이트의 웹디자인을 진행하거나 일부 학생의 과도한 비디오 게임 사용에 대한 비판적인 비디오를 제작하는 것과 같은 활동이 아니다.

결론

결론적으로 관심의 생태계 관리로 돌아가 프로젝트 기반 학습 (PBL)의 이점을 다시 강조해 본다. 처음으로 관심 관리가 경험 역량과 프로젝트 관리 역량 사이에서 강조되어 나타나는 교육 모델에 통합되었다. 미디어와 엔터테인먼트 산업이 추구하는 관심 자본의 매우 특정한 차원에 대한 경계심에 더하여, 타이밍, 관리, 업무 분배 및 스트레스 문제에 관심을 접목시켰다.

필자는 커리어 전반에 걸쳐 프로젝트 기반 학습과 관련하여 중등교육 및 대학 수준에서 많은 프로젝트를 설계하고 구현한 경험이 있다. 매년 석사 과정 학생들과 대화형 멀티미디어에서 대규모 프로젝트를 실시하였다. 이에 프로젝트 기반 교육의 모든 장점을 이해하고 전반적인 수준의 교육 시스템에서 장점을 구현하고 개발할 것을 강력히 권장한다. 프로젝트 기반 교육보다 더 통합적이고, 유동성 있고, 자극적이며, 몰입적인 교육은 없다고 사료된다. 그러나 흥미롭지만 시간 소모가 큰 프로젝트가 학생과 감독자의 삶에 미칠 수 있는 영향에 대한 주의 경고의 관리가 소홀해지면 특성의 질적 문제가 발생할 수 있다.

모든 삶의 경험에서 자신의 관심에 집중하고 균일한 분배를 통해 남용을 견제하는 법을 배워야 한다. 교사는 프로젝트 기반 학습의 혜택을 받는 동시에 지극히 총체적인 접근 방식에서 어려움을 경험할 수 있는 자율성이 부족한 학생들에게 특히 주의를 기울여야 한다.

교육 시스템은 몇 차례의 코페르니쿠스적 혁명을 겪었다. 단기간에 우리는 전통적인 지식 기반 교육 시스템에서 학생의 성취에 맞춰진 자율성, 프로젝트, 경험 등의 교육으로 전환했다. 이제는 학생들의 주의력, 기술 및 역량 관리를 지능적으로 재고해야 한다.

이를 위해 커리큘럼과 학습 방법의 일반적인 분배 방식을 재고한다. 코페르니쿠스 혁명은 특히 예술교육의 영역과 밀접한 관련이 있다. 예술교육과 시각 예술의 관계는 학습하는 데 필요한 시각 문화 교육과 기술의 거대한 숲에 묻혀 있다. 따라서 날카로운 투시력으로 예견하는 능력이 필요하다.

참고문헌

Association of College and Research Libraries. http://www.ala.org/acrl/sites/ala.org.acrl/files/content/standards/standards.pdf. Accessed july 2016

Citton, Y. (2014). *Pour une écologie de l'attention*. Le Seuil.

Braden, R. A. (1993), Visual Literacy, in the Handbook of research for educational communication in technology, The Association for Educational Communications and Technology. http://members.aect.org/edtech/ed1/16/index.html Consulted in July 2016.

Darras, B. (2006). De l'éducation artistique à l'éducation culturelle. *UNESCO Conférence Mondiale sur l'Éducation Artistique.* http://portal.unesco.org/culture/fr/ev.php-URL_ID=29289&URL_DO=DO_TOPIC&URL_SECTION=201.html

Darras, B. (2009). Art education, are we on the right path? *The International Journal of Art Education* (pp. 67-81 and 82-92 in English and Chinese).

Darras, B. (2010a). New media and the new ways of designing the content of visual education. *The International Journal of Art Education,* 8(2), 51-74.

Darras, B. (2010b). Can Creativity escape the impact of school culture in public education? *Journal for transdisciplinarity knowledge design,* 4(1), 73-87.

Darras, B. (2011). Creativity, creative class, smart power, reproduction and symbolic violence. In L. Bresler et al., *Creativity International Textbook* (pp. 90-98). Oxon: Routledge.

Darras, B (2012). The culture and digital turning point in contemporary art education. In Q. Yang (Ed.), *Paper Compilation on the 3rd world Chinese art education symposium* (pp. 19-33). Hangzhou: China Academic of Art Press.

Darras, B. (2014). Cultural practices and creation in the field of arts education expanded to the Cultural and Creative Industries (CCI) and Information and Communication Technologies (ICT). Proceedings of the 3rd Cross Cultural Asian Art Education International Conference. Culture, Communication and Art education. Seoul. (pp. 3-22).

Darras, B. (2015). Values of arts and cultural education in the time of democracy, creative class and cultural and creative industries (CCI). In B. Van Heusden & P. Gielen, *Teaching Art Beyond Art.*

11 변화하는 디지털 환경에서 시각 예술 교육, 역량과 관심 경제

Amsterdam, Valiz edition (pp. 57-75).

Darras, B. (2016a). Visual culture as a way of life. In L. Bresler (Ed.), *Visual journeys: A quest in higher education. Visual Inquiry: Learning & Teaching Art.* Volume 5 Number 1. Intellect, 77-85

Darras, B. (2016b). Media studies, creation and production. In E. Wagner & D. Schönau, *Common European Framework of reference for Visual Literacy.* Waxmann Editor, 380-385.

Darras, B. (2019). Art education confronted to its impacts. In Y. Cooper (Ed.), *On 21st century culture and arts education.* Taipei: Hung-Yeh Publishing.

Fressoz, J. B., (2012). *L'apocalypse joyeuse, une histoire du risque technologique.* Paris, éd. du Seuil.

Inchley, J., Currie, D., Young, T. et al. (2016). *Growing up unequal: gender and socioeconomic differences in young people's health and well-being, Health behaviour in school-aged children (HBSC) study: international report from the 2013/2014 survey.* World Health Organization. ISBN 978 92 890 5136 1

IVLA. http://ivla.org/new/what-is-visual-literacy-2/. Accessed July 2016

James, W. (1848). *The Principles of Psychology*, Vol. 1, Chap. 11, 'Attention', pp. 403-404.

National Core Arts Standards. http://www.nationalartsstandards.org/, accessed May 15, 2017

OECD (2017). *Skills Outlook 2017. Skills and Global Value Chains.* ISBN: 9789264273351

Partnership for 21st Century Skills. http://www.p21.org/storage/documents/P21_arts_map_final.pdf

Piaget, J. (1970). Piaget's theory. In P. Mussen (Ed.), *Carmichael's manual of child psychology* (Vol. 1, pp. 703-772). New York: John Wiley & Sons.

Simon, H. A. (1971). Designing Organizations for an Information-Rich World. In M. Greenberger, *Computers, Communication, and the Public Interest* (PDF). Baltimore, MD: The Johns Hopkins Press, ISBN 0-8018-1135-X

Sturgis, K., & Patrick, S. (2010). *When Success Is the Only Option: Designing Competency-Based Pathways for Next Generation Learning.* INACOL ed.

Van Heusden, B., & Gielen, P. (Eds.). (2015). *Teaching Art Beyond Art.* Amsterdam, Valiz edition.

Wagner, E. & Schönau, D. (Eds). (2016). *Common European Framework of Reference for Visual Literacy. Prototype.* London: Wazmann.

12 사진사(寫眞史) 이해 기반 아동의 디지털 사진의 예술적 의미 재해석과 미술교육에의 시사점 탐구

김미남(한양대학교 부교수)

서론

어떤 대상의 의미나 가치는 고정된 것이 아니다. 즉, 본질적으로 변하지 않는 고유한 의미나 가치는 존재할 수 없다. 의미나 가치는 '해석'에 의해 만들어지는 것이다. Heidegger는 우리를 '기투'의 존재, 즉 이미 존재하는 역사와 문화 속으로 던져지듯 태어나며, 그 속에서 살아가는 역사적 존재로 설명한다. 따라서 우리가 대상으로부터 어떤 의미를 보고 읽어 내고 있는가는 그 시대의 어떤 관점이 우리에게 투사되어 있는지를 깨닫게 해 준다. 하지만 우리는 현재 우리가 대상으로부터 의미를 읽어 내는 방식은 결국 역사적으로 존재한 하나의 관점에 불과하며 그것은 언제든 바뀔 수 있다는 것을 역사 속에서 확인할 수 있다.

'아동화'는 이렇게 시대 변화에 따라 '의미'가 재해석될 수 있다는 것을 보여 준 대표적 사례이다. 아동이 그린 그림들은 원래부터 '아동미술(child art)'로 불렸던 것은 아니며, 19세기 중엽 기존의 강력한 전통을 해체하고 새로운 문화를 만들려는 모더니즘 화가들과 교육자들 그리고 심리학자들에 의해 새로운 의미가 발견되면서, 단순한 의미 없는 '긁적거림'처럼 여겨지던 아이들의 '낙서'가 '아동 미술'이라는 이름으로 불리게 된 것이다(Wilson, 2004). 지금의 우리는 아동들이 만든 미술 표현물에 '아동미술'이라는 용어를 아주 자연스럽게 사용하여 부르고 있지만, 실제로 이 용어는 역사적으로 200년도 되지 않았다.

미술 역사의 대부분은 '사실적 재현'에 대한 갈망과 욕구의 역사로 볼 수 있을 것이다. 이와 같이 외적 세계의 사실적 재현에 가치를 두었던 시대에 아동의 그림은 그저 미숙하고, 왜곡된, 미완성의 이미지로 여겨졌고, 고쳐져야 할 대상이었을 것이다(Kindler, 1999; Wilson, 2004). 하지만 미술이 보이는 물질 세계를 재현하는 것뿐만 아니라 보이지 않는 대상인 '내면'이나 '감정' 등의 표현에 관심을 기울이게 되면서, 그리고 학습되고 훈련된 표현 방식을 따르는 미술 표현이 아닌 학습되기 전 '순수한 미술 표현'에 대한 관심이 커지면서 아동의 그림은 다른 의미와 가치를 부여받게 되었다.

이제는 아이들이 마구 팔을 휘저어 그린 그림조차도 학술적으로 '난화'라는 용어로 구분되며, 비례에 맞지 않게 신체의 일부가 생략된 채 그려진 사람도 미적·발달적 의미를 내포하는 이미지로 해석의 대상이 되었다. 아동의 미술 표현 발달 이론을 조금이라도 알고 있는 사람이라면, 이 마구 그린 낙서 같은 이미지에 어떤 발달적 의미와 가치가 있는지 스스로 해석하고 설명할 수도 있다. 이렇듯 한 때는 '낙서'와 '장난' 혹은 '실수'나 '좀 더 발달이 이루어져야만 하는 미숙한 이미지'였던 어린 아동들의 그림들은 시대가 변화하면서 이제는 '해석될 가치가 있는 미술작품'까지 여겨지게 된 것이다.

그렇다면 어린 아동들이 찍은 사진은 어떨까? 다음에 취학 전 아동들 2명이 찍은 몇 장의 사진이 있다. 이 사진들을 사진 작품으로 볼 수 있을까? 이와 같은 사진들로부터 과연 미적 의미나 가치를 찾을 수 있을까? 성인들이 아동들의 사진을 하나의 미술작품으로 존중하고 있는지 판단하는 것은 그다지 어렵지 않은 일이다. 만약 성인들이 사진을 찍으려고 자신의 디지털 카메라(혹은 휴대폰 카메라) 전원을 켰는데, 누군가가 찍은 사진으로 메모리가 꽉 차서 더이상 사진을 찍을 수 없다면, 그리고 그 사진을 찍은 사람이 자신의 자녀 혹은 주변의 어떤 아이들임을 알게 되었다면 과연 성인들은

[그림 12-1] 8세 여아, 수건, 2012,
디지털 카메라

[그림 12-2] 5세 남아, 아빠, 2012,
디지털 카메라

[그림 12-3] 5세 남아, 친구, 2012,
디지털 카메라

[그림 12-4] 5세 남아, 재미, 2012,
디지털 카메라

저장되어 있는 아이들의 사진들에 어떤 태도를 취하게 될까? 저장된 사진들을 바로 지우지 않고, 조금 번거롭더라도 컴퓨터에 사진들을 모두 잘 저장해 둔 뒤에 사진 찍겠다거나 혹은 사진을 찍은 아이들에게 찾아가서 사진을 지워도 좋다는 허락을 받고서야 그들의 사진을 지우겠다는 성인이 과연 몇 명이나 될까?

『사진을 말하다(Photographically speaking: A deeper look at creating stronger images)』의 저자 Duchemin(2013)은 누군가 말할 것이 없다면, 사진을 찍지 않을 것이라며 사진이 분명 의미를 담은 '표현의 결과물'임을 강하게 주장한다. 하지만 우리 주변에서 아동들이 직은 사진들은 늘 단순히 '아무 이유 없이 찍힌 사진'으로 취급받곤 한다(Kim, 2014; Kim 2017a, 2017b). 사실 나 역시 아이들이 찍은 사실들을 보면 속으로 '참 이런 쓸데없는 사진을 왜 찍었지?'라고 생각한 적이 많으며, 사진을 찍은 아이의 의사와는 상관없이 맘대로 그들의 사진을 지워 버린 적이 한두 번이 아니었다. 그때마다 나는 아이에게 허락을 구해야 할 필요성을 느끼지 않았으며, 그런 행동에 대해 일말의 죄책감을 느끼지도 않았다. 아마도 아이들이 찍은 사진이 아무런 의미가 없다고 생각했기 때문에 이런 행동이 가능했을 것이다. 아동의 사진을 대하는 이와 같은 태도는 성인들의 입장에선 아동들의 사진에는 소위 '별것도 아닌 대상들'이 찍혀 있기 때문이거나([그림 12-1] 참조), '초점'이 전혀 맞지 않아 알아볼 수 없거나([그림 12-2] 참조), '쓸데없이 여러 장'을 찍었기 때문에([그림 12-3] 참조) 혹은 '대상의 일부'만 찍혀 있기 때문에([그림 12-4] 참조) 당연히 해석될 만한 의미조차 없을 것이라 생각했을지 모른다.

흥미롭게도, 오늘날 아동의 사진의 의미와 가치에 대해 무관심한 성인들의 이와 같은 태도는 아동의 그림이 '아동화'가 아닌 '의미 없는 낙서' 정도로 여겨지던 시대의 성인들의 반응과 매우 비슷해 보인다. 사실 아동들이 그린 그림이 '아동화'로 불리게 된 배경에는 미술사와 관련된 맥락적 배경이 존재한다. 19세기 중반, 많은 모더니즘 화가가 전통적인 미술 표현 방식과는 다른 새롭고 다양한 표현 방식들을 탐색하기 시작했고, 이때 아동이 그린 그림에서 그들이 찾아 헤매던 새로운 표현 방식의 가능성을 발견하게 되었다. 이후로 아동들의 그림은 '미완성'된 혹은 '쓸데없는 장난' 정도로 여겨지지 않았으며, 오히려 그들의 그림에서 미적 발달의 의미와 심리학적 의미들이 재해석되거나 대가들의 작품과 비교될 정도의 가치 있는 작품으로서 진지한 탐구의 대상이 되었다. Dante는 무언가를 예술작품으로 만드는 것은 '해석'이라고 주장한 바 있는데(Wilson, 2004 재인용), 바로 아동이 만들고 그린 작품들이 모더니즘 예술가들과 다양한 분야의 학자들에 의해 진지한 '해석'이 시도됨으로써 마침내 '미술작품'의 지위를 얻게 된 것이다. 이 때문에 Wilson(2004)은 이 시기를 일컬어 '아동화의 발견'이라고 불렀다. 아동화가 해석될 만한 의미와 가치를 가진 미술작품으로서 재인식됨에 따라 성인들이 아동의 표현 욕구와 이전에 모르던 그들의 미술 표현 발달의 특징들을 발견할 수 있게 되었던 것처럼, 아동들이 찍은 사진에 대한 성인들의 태도가 변화한다면 어떤 일이 일어나게 될까? 디지털 기술 시대에 아동들이 만들고 있는 영상 표현이 단지 '아무것도 아닌 사진'이 아니며 그것으로 그들이 일상생활 속 경험하는 것들과 새로운 표현 욕구와 주제들의 이해가 가능해질 수 있지 않을까?

이 연구에서는 우선 아동의 초기 그림에 대한 성인들의 오해를 푸는 것이 아동화를 이해하고 더 나아가 미술 표현을 지도하는 데 도움이 될 수 있는 중요한 정보들을 찾았듯이, 아동이 만든 사진이 미지에 대한 성인들의 오해 풀기를 시도하고자 한다. '아동화의 발견' 이전에 아동의 그림이 성인들에게 저평가되었던 이유는 전통적으로 대상을 사실적으로 묘사하는 것이 소위 잘 그린 그림의 척도였던 당시의 분위기와 무관하지 않다. Mann Ray는 사진기의 발명 전 거장들에 대해서 "사물을 있는 그대로 재현하던 훌륭한 사진가일 뿐"이라고 묘사한 바 있다(Ray, 1992, p. 20). 이는 당시 서양 미술이 얼마나 사실주의적 재현에 집중했는지 알 수 있게 해 준다. 이런 맥락에서 아동들의 그림은 '대상'을 사실적으로 그대로 재현해 내지 못한, 부족함으로 가득 찬 그림으로밖에 보이지 않았을 것이다. 하지만 이런 전통적 관점으로부터 벗어나려는 수많은 모더니즘 화가에 의해 아동의 표현은 더 이상 부족한 그림이 아니게 되었다. 그렇다면 아동의 사진을 저평가하는 이유도 현재 우리 사회에 보편적으로 존재하고 있는 '사진'에 대한 관점과 관련되어 있을 수 있다. '초점이 분명하게 맞는 선명한 사진'이 만약 현재 '사진'에 기대하고 있는 기준이라면 아동들이 찍은 사진에도 동일한 기준을 적용하여 평가할 수 있을 것이다. 하지만 사진기 발명 이후 지금까지 모든 사진작가가 현실을 그대로 보여 주는 장치로써만 사진기를 사용했을까? 이 연구에서는 현재까지 사진 표현은 무엇을 목표로 어떻게 변화되어 왔는지 탐구해 보려고 한다. 이런 사진의 역사 탐구를 통해 다양한 사진 표현 스펙트럼을 이해할 수 있다면 아동의 사진 표현에 대해서도 더 열린 시각으로 심층적인 이해가 이루어질 수 있을 것이다.

사진과 재해석의 역사적 검토

이 연구는 아동들이 찍은 사진이 가지고 있는 의미나 가치에 대한 재해석을 시도하기 위해 세 단계의 탐색 과정을 거치게 된다. 첫 번째 단계에서는 사진기의 발명 이후부터 현재까지 이루어진 사진 표현의 목적과 이를 달성하기 위해 집중했던 사진 표현 방법에 대한 논쟁의 역사를 살펴볼 것이다. 두 번째 단계에서는 이런 '사진사의 논쟁들'을 통해 아동이 찍은 사진이 지닌 의미와 가치의 재해석이 시도될 것이다. 마지막으로 아동의 사진의 재해석된 의미와 가치가 내포하고 있는 교육적 의의를 탐구하고자 한다.

사진의 역사.
무엇을 어떻게 찍을 것인가에 대한 논쟁의 역사

Louis Daguerre에 의해 1839년 사진기는 처음 역사에 등장했다 (이소영, 2012). 이 당시 사진은 예술적 논의의 대상조차 될 수 없었다. 사진기는 사실 서양 미술이 추구하던 '재현'의 목적을 이루기 위한 보조물(Freund, 2006)이었을 뿐이었고, 그래서 사진은 '기계'가 만들어 낸 이미지라는 이유, 색과 질감을 표현할 수 없다는 이유, 너무 선명하다는 이유, 또는 움직임을 포착할 수 없다는 이유 등으로 꽤 오랫동안 경멸의 대상이었다(진동선, 2013). 하지만 사진기의 등장부터 현재까지 사진의 예술적 의미와 기능, 즉 사진 표현의 정체성을 찾기 위해 수많은 논쟁이 이루어져 왔다. 이 논쟁들을 바탕으로 사진이 지향해야 할 방향들이 새롭게 정립되기도 했으며, 또다시 수정되어 다른 방향들이 제시되기도 했다. 이 장에서는 '사진, 무엇을 어떻게 찍을 것인가?'에 대한 논쟁의 역사를 크게 4개의 시대로 구분하였다. 즉, '실재의 거울로서 사진(사진기의 발명 직후)' '회화적 예술성을 추구하는 사진' '독자적인 예술성을 획득한 사진' 그리고 '혼돈의 현대 사진'이 그것이다.

● 사진기 발명 직후: 회화를 위한 사진

사진은 만들어질 때부터 그 존재 이유는 회화가 추구하던 완벽한 실재의 모사를 돕기 위한 것이었고, 사실 사진은 더 완벽하기 힘들 만큼 실재의 모사가 가능한 매체이다(Dubois, 2004). 따라서 초기 사진 표현에 대한 논의는 그 사진만의 독자적인 예술성에 대한 것이 아니었다. 사진이 거울처럼 실재를 그대로 보여 주는 역할을 얼마나 충실히 수행할 수 있는가에 관심이 집중되었으며, 사진이라는 매체가 만들어 내는 표현의 특징은 간과한 채 그저 사진은 회화와의 연결선상에서만 이해되었다.

사진은 처음부터 회화작품을 위한 보조 도구로서 존재 이유를 지니고 있었고 독자적인 표현 매체로 인정받기까지 상당한 시간이 필요했다. 만약 우리가 사진이 얼마나 정확하게 실재의 외연을 그대로 보여 주는가에 관심을 집중하고 있다면, 이것은 마치 화가들이 초기 사진기에 대해 취했던 태도와 매우 흡사하다고 볼 수 있을 것이다.

● 회화적 예술성을 추구하는 사진

19세기에 와서 드디어 사진은 회화 작업을 위한 보조 도구의 수준에서 벗어나 예술성을 지닌 표현 매체임을 주장하게 되는데, 모순되게도 자신의 예술성을 인정받기 위해 회화가 지닌 예술성을 추구하였다(김진기, 2013; 진동선, 2013). 이렇게 회화의 예술성을 취함으로써 예술적 요건을 갖춘 표현 매체임을 주장하는 사진을 '예술로서의 사진', 즉 '픽토리얼 포토그래피(pictorial photography)'라고 부른다.

사실 이 시기의 화가들은 오히려 '사진의 발명'으로 인해 사실적 재현을 넘어 새로운 회화 표현 방식을 다각적으로 시도하고 있었는데, 바로 이런 과정에서 시도된 인상파 화풍이 바로 예술로서의 사진에 영향을 준 것이다. 사진 표현이 예술로 인정받기 힘들었던 이유 중 하나가 '너무 선명하다'는 것이었는데, 이를 피하기 위해 당시의 사진가들은 오히려 인상파 화가들처럼 선명한 이미지를 '초점을 흐릿하게' 해서 사진을 찍었다. 이처럼 인상파를 따라 하는 사진 표현은 그동안 너무 선명해서 예술성이 떨어진다고 평가받던 사진이 선명성을 극복하는 데 크게 도움이 되었다. 이처럼 흐릿하고 몽환적인 느낌 사진 표현은 사진 표현이 가진 '실재성'을 약화시킬 수 있었기 때문이다(진동선, 2013).

또한 회화적 효과를 위해 사진 표현에 회화적 구도들이 적극적으로 사용되기도 했다(한정식, 2007). 자신의 사진이 좀 더 예술적으로 보이길 희망했던 당시의 사진작가들은 자신의 사진에 회화에 사용되던 효과적인 구도들'을 사진에도 활용했다. 하지만 Dubis (2004)가 자신의 저서 『사전적 행위(L'acte photographique)』에서 사진과 그림의 차이를 분명하게 구분했던 것처럼, 두 표현은 같은 대상을 표현하더라도 완전히 다른 방식으로 이루어진다. 회화의 경우 표현은 한 올씩 천을 짜는 것과 같이 시간이 경과하면서 완성되어 가지만, 사진은 빛에 의해 전체 표현이 동시에 완성된다. 따라서 회화에서 인정받는 예술적 구도를 사진에 사용하여 사진의 예술성을 인정받으려고 했던 점은 비판적으로 볼 필요가 있다.

일상에서 우리는 멋진 사진을 '그림 같은 사진'이라고 이야기하곤 하는데, 우리가 과연 예술적 사진이라고 생각하는 사진이 회화적 예술성과 닮은 표현을 시도하고 있어서 그런 것은 아닌지 생각해 볼 필요가 있다.

● 독자적인 예술성을 획득한 사진

상당히 오랫동안 사진 미학은 회화에 종속되어 있었다. 드디어 1888년 최초로 독자적인 사진예술론에 대한 논쟁이 시작되었다(진동선, 2013). 즉, 고전적 회화의 형식을 따르는 당시 사진가들에 대한 비판이 시작된 것이다. 당시 많은 사진가가 그림처럼 사진을 흐릿하게 찍기도 하고, 합성사진을 찍기도 하였다. Peter Henry Emerson(1856~1936)은 이런 경향을 강력하게 비판하면서, 당시 사진가들이 사진 표현에서 그토록 지우려고 했던 사진의 '정확성'이 바로 사진이 가진 고유한 기능이며, 바로 이러한 '정확성'이 매개될 때 사진이 오히려 더 환상적인 예술성을 성취할 수 있다고 주장했다(진동선, 2013). 이 새로운 흐름이 바로 독자적인 사진의 예술성을 추구한 '자연주의 사진론(naturalistic photography)'이다(진동선, 2013; 한정식, 2007).

　자연주의 사진론의 핵심은 바로 합성, 조작 그리고 변형이 시대의 현실과 맞지 않는다는 것 그리고 자연적이며 순수한 사진 표현을 오히려 더 해칠 수 있다는 것이었다. 자연주의 사진을 지지한 사진가들은 인간이 눈으로 보는 것처럼 사진을 자연스럽게 찍어야 한다고 믿었다. 이 때문에 '사진으로서의 예술'은 '스트레이트 포토그래피(straight photography)'로도 불린다.

　사진 고유의 예술성을 추구한 근대 사진의 출발은 Phaul Strand의 〈장님 여인(Blind Woman)〉이라는 작품이었다(진동선, 2013). 그는 그때까지 아무도 관심 갖지 않던 피사체를 선명하게 찍어 사진을 통해 현실과 마주하도록 만들었고, 바로 이렇게 현실을 그대로 드러낸 사진이 얼마나 예술적일 수 있는지 보여 주었다. 지금에야 일상을 그대로 찍는 사진이 당연하게 여겨지지만, 당시 이런 사진은 엄청난 파격이었다는 점을 알아야 한다. 그렇다면 아동들이 일상생활에서 마주치는 대상을 피사체로 선택하여 사진을 찍는 것 자체가 당시의 관점으로 보면 상당한 파격이었다는 것을 알 수 있다.

　하지만 회화의 예술성 대신 사진의 독자적인 예술성을 획득하기 위해 취한 '정확성'의 강조가 오히려 이 시기 사진은 아무나 찍을 수 없는 상당한 수준의 사진 촬영 기술을 요구하게 만들었다는 점도 간과해서는 안 된다. 지금이야 자동 촬영 기능이 있어서 초점이 맞는 선명하고 정확한 사진을 쉽게 찍을 수 있지만, 당시의 사진기로는 셔터를 누르기만 한다고 피사체의 정확성이 확보되는 것은 아니었기 때문이다. 초점이 안 맞는 사진, 무엇을 찍었는지 정확성이 부족한 사진에 대해 많은 사람이 불편해하는 이유가 바로 근대 사진이 추구하던 '정확한 사진 찍기'에 뿌리를 두고 있다는 점도 기

역할 필요가 있다. 하지만 근대 사진이 '정확성'만 강조하는 사진만 발전시킨 것이 아니라 이와 함께 실험적이고 추상적인 방법 등으로 내면을 표현하려고 한다든가, 우연성을 바탕으로 실험주의, 추상주의, 초현실주의 등의 사진들도 시도되었다는 점(김진기, 2013)을 안다면, '정확성'만 요구하는 관점은 사진의 예술성을 아주 편협하게 이해하는 것임을 깨달을 수 있다.

● 혼돈의 현대 사진: 다양한 목적으로 다양한 방법으로 사진 찍기

현대 사진의 고민이 근대 사진과 질적으로 완전히 다른 차원으로 이동하고 있는가를 이해하는 데 Robert Frank(1924~)의 사진은 큰 도움을 줄 수 있다(진동선, 2013). Frank의 사진은 사실 전통적 시각에서 보면 완전히 반미학적이라고 볼 수 있다. 초점도, 노출도, 구성도 전혀 맞지 않은 사진이기 때문이다. 심지어 플래시도 사용하지 않았으며 심하게 흔들리기까지 했다. Robert Frank로부터 시작된 1950년 현대 사진의 흐름은 그 표현 방법의 폭과 깊이가 이전과는 질적으로 다른 차원으로 이행하게 되었다. 이후 소위 포스트모더니즘 사진시대라고 불리는 1980년대까지 수많은 사진 표현이 시도되었는데, 혹자는 마치 온갖 형식과 방법론이 다 쏟아져 나오는 것 같다고 표현할 정도였다(김진기, 2003; 한정식, 2007). 그렇다면 아동의 사진에서 발견되는 말도 안 되는 시도들, 즉 성인들이 기대하는 사진 미학을 거스르는 사진 찍기의 목적과 방법 역시 이 궤적을 함께하는 사진 표현의 영역을 확장하는 시도로도 볼 수도 있을 것이다.

사진 표현의 본질과 예술적 가치

이경률(2003)에 의하면 사진의 본질은 두 가지 측면에서 이해가 가능하다. 하나는 사진이 '무엇과 유사하다'는 것이며 다른 하나는 사진이 '무엇을 지시한다'는 것이다. 전자는 대상과 사진 이미지의 유사 관계로 사진을 이해하는 것이며, 후자는 사진이 '어떤 메시지'를 표현하는 시각 이미지로 사진을 이해하는 것이다. 대부분의 사람은 잘 찍은 사진을 사물을 그대로 정확하게 재현하는 사진으로 생각하는 경향이 크다(Wright, 2004). 하지만 디지털 시대의 사진기 기능 향상으로 피사체의 세부까지도 정확하게 재현이 가능하기 때문에(또한 이것이 자동촬영으로 가능해졌다) 단순히 사진의 본질을 '대상과의 정확하게 닮게 재현함'으로 이해하는 것 이상의 것으로 인식할 필요가 있다.

앞서 Dubois가 사진과 그림의 생성 과정의 차이를 들어 사진적 사실주의와 회화적 사실주의를 구분해야 한다고 주장했다. 따라서 사진에서 작가의 의도가 어떻게 반영되는가를 이해하기 위해서는 반드시 그림과 다른 사진 표현의 특징을 이해하는 것이 필요할 것이다. 그림, 즉 회화의 경우, 작가는 아무리 대상을 똑같이 묘사하려고 해도 작가의 의도가 표현 이미지에 연결될 수밖에 없다(Dubois, 2004). 반면, 사진은 순식간에 이미지가 생성되기 때문에(적어도 기계적으로 이미지가 생성되는 과정에 작가 직접적으로 관여할 수 없다) 사진 작업에서 작가의 의도를 회화처럼 직접 노출시키기는 힘들다. 사진은 대상의 절대적으로 닮은 이미지를 담고 있기 때문에 작가의 의도나 대상에 대한 해석이 쉽게 드러나지 않는다.

왜냐하면 대상 그 자체의 형상을 띤 이미지에 작가의 의도나 해석이 있을 수도 있다는 가능성 정도는 짐작할 수 있어도 정확히 그것이 사진에 존재하는지 여부는 파악이 쉽지 않기 때문이다(이경률, 2003).

사진은 작품을 제작하기 위해 구체적 사물이 필요하다(한정식, 2007). 사실 사진 외의 거의 모든 예술이 상상만으로도 작품을 제작하는 것이 가능하다. 이는 반대로 말하면 사진은 작품 제작 과정에서 상상이 통하지 않으며 구체적 사물이 전제될 때만 작품 제작이 가능하다는 것을 의미한다. 사진 표현은 표현 주체가 직접적인 이미지 생산 과정에 관여할 수 없으며, 다만 주체가 원하는 이미지를 만들기 위해서는 조건을 최대로 맞추는 구체적 사물을 선택하는 것은 가능하다(김미남, 2014). 다시 말해서, 사진 표현은 한 번에 모든 것을 결정해야 하는 선택이 중요한 예술이기 때문에 '사진적 사실주의'를 이해하기 위해서는 어떤 대상이 사실적 외연대로 잘 찍혔는가의 확인이 중요한 것이 아니라, 사진에 그 대상이 왜 선택되었는지에 더 집중할 필요가 있다.

하지만 이런 선택의 이유는 확인이 힘든데, 이것은 사진의 '절대 닮음'이라는 특성이 작가의 의도 혹은 해석을 분명하게 표현하는 데 오히려 걸림돌이 되고 있기 때문이다. 사진에 '절대 닮음'으로 존재하는 피사체들은 감상자로 하여금 피사체가 '무엇인가'에 계속해서 집중하게 만들고, 피사체 너머 표현되고 있는 의미를 읽는 것을 방해할 수 있다. 그렇기에 사진작가들은 의도를 효과적으로 소통하기 위해 상징을 사용하여 의미를 우회적으로 전달하게 된다(이경률, 2003, 2006). 의미를 좀 더 분명하게 전달할 수 있는 방법은 작가와 대중이 공유하고 있는 '사회문화적 상징'을 사용하는 것이다(이경률, 2003).

하지만 이렇듯 대중에게 통용되는 사회적 상징을 사진에 사용하는 것은 정확한 의미 전달은 가능하겠지만, 진부한 표현이 되어 버릴 수도 있다. 반대로 사회문화적 상징을 사용하지 않으면 사진의 의미가 쉽게 읽히지 않는다는 문제가 생긴다. 하지만 현대 사진 담론에서 후자와 같은 사진의 의미 읽기의 어려움은 오히려 가장 사진다운 본질로 논의되기도 한다. 즉, 일대일로 대응하여 의미가 해석되는 것이 아닌 하나의 대상 이미지가 다양한 방식으로 해석되는 사진 표현을 더 본질적인 사진 표현 방식이라고 보는 것이다.

아동의 디지털 사진의 예술적 의미 재해석

지금까지 어린 아동들의 사진을 이해하기 위해 사진의 예술성에 대한 논의들은 어떻게 진행되어 왔는지 1839년 Louis Daguerre에 의해 사진기가 발명된 이후부터 현대까지 사진의 역사를 4단계로 나누어 살펴보았다. 또한 추가적으로 사진의 본질적 특성이 무엇인지, 사진 이미지 생성 과정의 측면에서, 그리고 사진에서 사용되는 상징의 특징을 탐색해 보았다. 이 두 가지 내용을 근거로 여기서는 아동의 디지털 사진이 어떤 예술적 의미를 지닌 표현물로 재해석될 수 있는지를 세 가지로 정리해 보도록 하겠다.

● '절대 닮음'을 벗어나는 사진

저자는 「아동의 효과적인 사진 표현전략 지도를 위한 사진 표현 발달의 특성 이해」(김미남, 2014)라는 논문에서 만 5세의 유치원 아동 8명을 대상으로 유치원 아동들의 사진과 관련된 선행 경험과 사진 매체에 대한 이해, 그리고 그들이 어떤 사진 표현 욕구를 지니며, 어떤 표현 전략들을 사용하는지에 대한 질적 연구를 진행한 바 있다. 질적 연구의 결과로 참여 유치원 아동들의 사진 표현 특성들을 보여 주는 8개의 주제가 도출되었는데, 그중 하나가 '흔들리는 이미지에 대한 무관심'이었다. 해당 연구에서 유치원 아동들이 초점이 맞지 않거나 흔들리는 이미지 혹은 피사체의 일부가 잘린 사진을 많이 찍었는데, 참여 아동 누구도 '절대 닮음' 상태가 아닌 자신의 사진에 개의치 않았다. 이들은 자유롭게 사진을 찍고, 찍은 사진들을 다시 살펴본 후 가장 마음에 드는 사진을 선택할 때도 흔들린 불완전해 보이는 사진 이미지를 가장 마음에 드는 작품으로 고르기도 했다.

이들이 이와 같은 '절대 닮음'을 벗어나는 사진을 찍게 된 이유는, 첫째, 조작 능력의 부족, 둘째, 빠르게 주변을 탐색하며 사진을 찍는 속도, 셋째, 주어진 시간에 많은 사진을 찍고 싶어 하는 욕구와 관련이 있었다. 첫 번째 이유는 이들은 주로 사진을 찍히는 피사체였지, 사진기를 직접 다뤄 볼 수 있는 경험이나 조작 방법을 학습할 기회가 없었다는 것을 보여 준다. 두 번째와 세 번째 이유는 이들이 사진 표현의 특성이 대상의 '선택'에 있다는 것을 이해하고 있음을 보여 준다. 실제로 많은 아동이 사진기에 어떤 이미지가 만들어질지 확인할 수 있는 파인더나 모니터를 보지 않고, 눈은 주변을 탐색하고 손으로만 사진기를 조작하고 있었다. 이 때문에 최종 사진 중에 가장 마음에 드는 사진을 고를 때도 자신들이 그 대상을 고른 '이유'에 집중하여 선택을 하였다.

이런 아동의 사진 찍기는 현대 사진가들이 사진 표현에서 '절대 닮음', 즉 정확하고 분명한 이미지의 생산은 자동적으로 이루어질 수도 있기 때문에 그보다 대상을 통해 어떤 '의미'를 전달하려고 하는가에 집중하는 것과 비슷해 보인다. 따라서 아동의 흔들린 이미지 혹은 잘린 이미지에 대해 정확하게 피사체의 외관을 재현하지 못했다고 아무 의미 없는 사진으로 평가하는 일은 신중하게 고려될 필요가 있다.

● 단순하게 의미가 읽히지 않는 사진

그림은 주제를 전달하기 위해 구체적 대상이 없어도 상상으로 필요한 표현 요소들을 만들고 더해 가며 표현하는 것이 가능하다. 하지만 사진의 경우는 구체적 사물 없이 표현이 불가능하다. 사직을 찍는 주체는 사진이미지의 실제적 제작 과정에 직접 관여하는 것이 불가능하기 때문에 작가가 원하는 이미지를 만들기 위해서는 최대한 기준에 맞는 구체적 사물을 선택해야 한다. 그래서 사진에서 우리가 확인해야 할 것은 사진에 '무엇이 찍혔는가?'보다는 '왜 그것이 선택되었는가?'라는 질문에 대한 답이다.

그렇다면 사진에 찍히는 것은 단순히 피사체 그 자체라기보다는 피사체의 의미와 존재 이유일 수 있다(한정식, 2007). 피사체들 간의 관계와 존재 의미는 사진가에 의해 규정되는데, 이것이 파악되는 순간 셔터를 누르는 것이기 때문이다. 흔히 아동의 사진 찍기를 '의미 없는 셔터 누르기' 정도로 이해하는데, 사진기의 셔터는 무언가 파악이 되지 않으면 어떤 경우도 그냥 눌러지지 않는다는 것을 생각한다면 아동의 사진에서 아동의 선택은 무엇이었을지 반드시 해석하는 것이 시도되어야만 한다. 사진은 분명 어떤 의식이 구체적 대상을 통해 반영된 이미지이기 때문에 이 숨어 있는 작가의 암호를 풀지 못하면 그 사진은 결코 이해했다고 볼 수 없다(한정식, 2007). 아동의 사진도 마찬가지로 성인이 눈에 보는 대상 이미지에서 보이지 않는 아동의 의식을 읽어 내지 못한다면 아동의 사진에서 단지 이미지가 어떤 대상과 '닮았는지' '얼마나 닮았는지'만 확인하게 될 것이다.

앞서 사진 표현의 의도를 분명히 전달하기 위해 사용할 수 있는 전략으로 사회에서 일반적으로 통용되는 사회문화적 상징의 사용을 설명한 바 있는데, 이 경우 의도는 분명하게 전달될 수 있으나 사진이 지루하고 진부한 표현이 될 수 있다는 단점도 가지고 있다. 이 때문에 현대 작가들은 일대일 대응으로 쉽게 해석되는 사진보다는 피사체가 다양한 의미로 해석될 수 있도록 사진을 찍으려는 경향이 존재한다. 후자와 같은 다양한 의미 읽기가 가능한 사진 혹은 의미가 쉽게 읽히지 않는 사진이 현대 사진 담론에서는 오히려 더 사진다운 본질을 지니고 있는 것으로 설명된다.

아동들의 사진은 사회문화적 상징보다는 개인이 만들어 낸 상징이 더 자주 사용되기 때문에 표현 의도의 해석이 어려우며, 그렇기 때문에 일대일 해석이 힘든 현대 사진의 특성을 내포하고 있다고 볼 수 있다. 만 5세 남아가 유리문을 통해 아이스크림이 보이는 냉장고를 찍은 [그림 12-5]의 사진은 아동이 아이스크림이라는 대상을 사회문화적 상징이 아닌 지극히 개인적인 상징으로 사용하고 있다. 사진 속 아이스크림은 '아이스크림'으로부터 떠올려지는 일

[그림 12-5] **개인적 상징이 사용되어 일대일 해석이 힘든 아동 사진**

출처: 김미남(2014), p. 177.

반적인 의미의 상징이 아니라 사진을 찍은 아동이 아이스크림을 파는 곳에 있다는 의미를 우회적으로 전달하는 상징이다. 이 상징을 통해 아동은 사진을 보는 이들(형과 누나를 염두에 찍었다고 대답)에게 '부럽지!'라는 의미를 전달하고 있었다.

사회적 상호작용 경험이 상대적으로 적은 아동들은 어릴수록 사회문화적 상징보다는 개인이 만들어 낸 상징을 사용하게 되는데, 개인적 상징은 의미의 해석이 쉽지 않다. 따라서 아동의 사진을 대할 때, 사진 속 이미지를 성인이 이해하고 있는 사회문화적 상징으로 해석하려고 한다면 전혀 다른 의미로 잘못 이해할 수 있음을 반드시 고려해야 할 것이다.

아이들이 찍은 사진에는 특히 일상에서 쉽게 마주칠 수 있는 대상들이 많이 포함되어 있다. 그래서 성인들은 찍을 만한 가치가 있는 피사체가 아니라는 평가를 쉽게 내리며 '아무거나 찍었다'고 쉽게 평가해 버린다. 하지만 회화의 보조 도구로 출발하여, 회화의 예술성을 따라 함으로써 자신의 존재 가치를 증명하려 했던 사진이 본격적으로 사진 고유의 예술성을 발견한 근대 사진의 출발이 Phaul Strand의 〈장님 여인〉이었다는 사실을 다시 되짚어 생각해 볼 필요가 있다. '일상에서 늘 마주칠 수 있는 피사체'를 사진으로 찍는 것은 그 선택으로 인해 지나칠 수도 있었던 일상의 순간을 마주하게 하고 의미를 찾아볼 수 있게 해 준다.

근대 사진 이후, 많은 사진작가가 일상의 대상과 장면을 사진으로 표현하면서 이전에 발견하지 못한 의미들을 이끌어 낸 사례는 셀 수 없이 많다. 최근 예술작가들이 일상의 삶으로부터 예술의 목적과 방법을 찾으려 한다는 점을 고려해 볼 때, 아동의 사진을 '쓸데없는 것을 찍은 사진' 정도로 평가절하하기보다, 그들의 사진을 통해 아동의 시선이 일상생활의 어떤 대상과 장면을 향하고 있는지 이해하려는 태도를 가질 수 있어야 한다. 우리 모두는 타인을 통해 우리를 발견할 수 있기 때문에, 성인과 완전히 다른 아동의 시선은 우리의 인식의 폭을 엄청나게 넓혀 줄 수 있을 것이다.

아동의 사진을 근현대 사진 미학을 반영하여 바라본다면 현실을 그대로 드러낸 사진이 얼마나 예술적일 수 있는지 깨닫게 될 것이다. 지금에야 일상을 그대로 찍는 사진이 당연하게 여겨지지만, 당시 이런 사진은 엄청난 파격이었다는 점을 알고 아동의 사진을 바라본다면 성인들이 얼마나 조심스럽게 '모두가 가치롭게 볼 피사체'를 찾아 그저 비슷한 사진을 찍고 있는지 깨닫게 해 줄 것이다. 아동의 사진은 '저런 것을 찍어도 괜찮을까?' 하고 겁내는 성인에게 '선택의 용기란 이런 것이다!'를 가르쳐 주고 있는 것일 수도 있다.

미술교육에의 시사점

● 아동 일상과 밀접한 디지털 표현 매체에 대한 관심의 필요성

이지연(2011)은 실제로 디지털 세대라 불리는 현재의 초·중·고 등학교 학생들은 이미 디지털 기기와 디지털 미디어를 능동적으로 향유하고 있으며, 회화, 조각, 공예 등 기존의 미술 제작 방법뿐만 아니라 사진 촬영을 포함한 디지털 영상 제작에 흥미를 가지고 참 여하고 있다고 설명한다. 이와 같이 디지털 시대로의 진입은 미술 교육에 있어서도 아동들의 표현 욕구, 주요 표현 매체의 변화를 감 지하고 이 변화에 대한 심층적 이해를 바탕으로 한 미술교육적 접 근을 요구하고 있다.

아동이 만들어 내는 시각적 미술 표현을 이해하고, 그들의 표현 욕구와 표현 방법의 특징들을 이해하기 위해 아동화는 수많은 학 자의 관심 대상이었으며 백여 년이 넘는 기간 동안 다각적으로 연 구되어 왔다. Lowenfeld(1957)를 포함한 발달론자들은 아동의 인 지적 발달과 아동의 연령대별 그림 표현 방법 변화의 연관성을 탐 구했으며, Brent Wilson을 선두로 한 다른 일련의 학자들은 아동이 살고 있는 시대적·공간적 맥락이 생물학적 발달 요인보다 어떤 면에서는 아동화에 더 큰 영향을 주고 있음을 사회문화적 관점에 서 탐구하였다(김미남, 2012). 이처럼 아동화에 대해 다양하게 이루 어진 기초 연구들이 그림 표현을 위한 교수·학습 계획을 수립하 고 실행하는 데 큰 도움이 되었음은 자명한 사실이다. 그렇다면 디 지털 매체를 통한 표현 지도에 대한 요구가 높아지고 있는 21세기 에 효과적인 디지털 매체 지도를 계획하고 실행하기 위해서는 아동들이 디지털 매체를 통해 무엇을 그리고 어떻게 표현하려고 하는지 이해하는 것이 반드시 필요하다. 이를 위해 과거 '그림 표현'처럼 현재 아동들이 자신의 표현 도구로 일상에서 끊임없이 접촉하고 또 이미지를 생산해 내고 있는 '디지털 사진 표현'을 탐구하는 것은 매우 중요하면서도 의미 있는 일일 것이다.

● 아동기 디지털 사진 교육의 중요성

그렇다면 일상에서 아동들이 가장 많이 사용하고 있는 미술 표현 방법은 무엇일까? 아동의 미술 제작에서 그림 그리기는 과거 수백 년 이상 아동의 주요한 시각적 표현 방법이었지만, "디지털 기술과 함께 또 한 번의 르네상스를 맞이하게 된 사진"(이경률, 공주희, 2010, p. 7)은 아동의 시각 표현 접근의 판도를 상당히 많이 바꾸어 놓았다. 많은 연구자가 21세기를 디지털 시대로 명명하고, 디지털 시대 표현 매체로 사진은 중요한 의미와 기능을 지니고 있음을 주장하고 있다(신선미, 2012; 유기상, 김종근, 이원섭, 2008; 이경률, 공주희, 2010; 이지연, 강주희, 2012).

"이제 사진 이미지의 사용과 의사소통은 너무나도 일상적인 우리의 환경이 되었다."(이경률, 공주희, 2010, p. 11) 현대 영상 미디어의 큰 축을 담당하고 있는 사진은 160여 년이 넘는 역사를 통해 우리가 이미지를 보는 방식뿐만 아니라 생각하는 방식까지에도 큰 영향을 끼쳤으며, 이제는 우리의 일상에서 분리되어 생각할 수 없을 만큼 밀착되어 있는 시각표현 방식이 되었다. 하지만 사진 매체의 발명이 이루어진 지 백 년이 훌쩍 지났음에도 불구하고, 학교에서 체계적인 사진교육이 시작된 것은 그리 오랜 역사를 가지고 있지 못하다. 즉, 사진은 많은 미술 매체 중에서도 교육을 시작한 지 얼마 되지 않은 예술 분야이며, 사진교육이 이루어진다고 해도 대학에서 심화전공으로 가르쳐지긴 했지만 초등학교에 맞는 교육 내용과 과정 및 학습 모형들은 아직 제대로 준비되고 정착되지 않은 실정이다(이인희, 현혜연, 2010).

사진 미디어를 디지털 리터러시가 중요해진 현재 상황에서 적극적 교육 수단으로 고려할 필요가 있음은 최근 여러 학자에 의해 제기되는 주장이다(유기상 외, 2008; 이경률, 공주희, 2010). 왜냐하면 현대사회를 살아가고 있는 아동들에게 자신의 생각과 관점을 미디어를 통해 효과적으로 표현할 수 있는가 혹은 타인의 생각과 관점을 이해할 수 있는가의 소통 문제가 관계되어 있기 때문이다. 사실 사회적으로 소극적인 의사 개진만 가능한 아동들에게 사진 매체를 포함한 영상 매체에 접근하고 사용할 수 있도록 교육하는 것은 앞으로 책임 있는 사회 구성원으로 적극적 의사소통을 가능하게 도와줄 수 있다(유기상 외, 2008). 따라서 아동에게 사진을 교육한다는 것은 단순히 사진 매체를 기술적으로 잘 다룰 수 있도록 하는 것보다 더 중요한 교육적 의미를 내포하고 있다. 즉, 아동이 주체적으로 사진 매체를 대할 수 있도록 지도한다는 의미가 더 크다.

최근 문화예술 교육으로서 사진교육이 강조되고 있는데, 이런 교육적 시도의 목적은 전문적인 사진가를 양성해 내기 위한 것이 아니라 사진을 통해 자기 스스로 감성을 표현할 줄 알고, 타인과의 소통을 효과적으로 해낼 수 있도록 하는 데 더 많은 비중이 실려 있다(박은하, 윤준성, 2013). 즉, 이 사진교육은 아동이 자신의 정체성을 표현하고, 이 과정에서 창의적인 사고를 할 수 있도록 돕고, 더 나아가 타인과의 관계 형성도 효과적으로 이룰 수 있도록 하여 사회성 함양을 한다는 데 그 교육적 의미를 찾을 수 있다.

● 아동의 사진 표현 발달에 대한 기초 정보 부족

최근 아동들의 사진교육에 대한 관심이 이전에 비해 상당히 증가하고 있다. 하지만 이런 관심은 아동의 입장에서 왜 사진을 찍는지, 사진으로 만들어 낸 이미지는 아동의 어떤 선택에 의해 이루어진 것인지, 사진 표현은 아동의 전체적인 미술 표현의 발달에서 어떤 중요성을 지니는지에 대한 기본적인 이해는 건너뛴 채, 성인의 입장에서 사진교육을 어떤 내용으로 어떻게 가르칠 것인지와 같은 지도 방안 위주의 논의가 주로 이루어지고 있다(이경률, 공주희, 2010; 이지연, 강주희, 2012; 허현주, 유기상, 현혜연, 2012; Sensoy, 2011; Sonheim & Sonheim, 2013). 사진교육과 관련한 대부분의 연구는 '아동'의 입장보다 가르치는 '성인' 교사의 입장에서 사진교육 프로그램 개발 위주로 이루어지고 있다. 아동에게 효과적인 사진교육이 이루어지기 위해서는 사실 아동의 사진 표현 발달 특성들에 대한 충분한 이해를 바탕으로 교육 프로그램 개발이 이루어져야 한다. 하지만 발달 특성을 이해할 수 있는 기초연구는 상당한 연구 기간을 필요로 하고, 교육 현장에서는 '지금 당장' 쓸 수 있는 사진교육 프로그램을 요구하기 때문에 대부분 기초연구를 건너뛰고, 성인 대상 사진교육 프로그램을 보완해서 그냥 아동에게 사용하게 된다. 아동에게 적합한 사진교육이 이루어지지 않는 또 다른 이유는 그나마 이루어지는 아동을 위한 사진교육 연구가 아동미술이나 미술교육을 전공한 학자들보다 사진을 전공한 학자나 사진작가들에 의해 주로 이루어지고 있기 때문이다.

현재 사진교육 연구의 문제점에 대해 이경률과 공주희(2010)는 교육에서 사진 매체의 근본적 이해가 부족한 상태이며 교육적인 방법과 구성에 대한 연구가 부족함을 지적하고 있다. 또한 사진 활용 교육은 그 가능성이 매우 열려 있음에도 불구하고 실질적 연구와 성과가 매우 부족하다고 주장한다. 허연주 등(2012)은 장비에 대한 편견 그리고 교육 프로그램과 교육과정의 부재로 교육적 실천이 많이 이루어지지 못했음을 비판하고 있다. 즉, 현재 이루어지는 사진교육에서는 부족한 지도 자료로 인해 지도자의 개인적인 역량에 의존한 상태라며 사진교육에 대한 연구 부재의 심각성을 강조한다.

결론

디지털 시대를 살아가는 아동들은 지금의 성인들이 경험해 보지 못한 디지털 매체를 일상적으로 사용하며 살아가고 있다. 이들이 자신을 시각적으로 표현하는 데 가장 가깝게 느끼는 표현 매체는 더 이상 크레파스나 물감, 색종이, 찰흙 등의 전통적인 미술 재료가 아니다. 그렇기 때문에 미술교육 분야에서도 디지털 표현을 적극적으로 미술 수업에서 다루려는 움직임을 보이고 있으며 실제로 교육과정의 변화와 다양한 프로그램의 개발이 이루어지고 있다. 하지만 실질적으로 아동은 새로운 디지털 매체를 어떻게 취하고 있으며, 어떤 표현을 위해 사용하고 있는지 등 충분한 연구가 이루어지지 않아 정보가 부족한 실정이다. 가장 심각한 것은 아동들이 디지털 매체를 통해 만들어 내는 시각표현에 대해 성인들이 상당히 좁은 시각에서 평가한다는 문제가 아동의 표현에 부정적인 영향을 미칠 수 있다는 것이다.

이 연구에서는 지금까지 아동들이 일상에서 생산하고 있는 디지털 사진의 예술적 의미와 가치를 재해석하기 위해 사진기의 발명부터 현재까지 사진 미학과 관련한 담론들의 변화를 시대순으로 살펴보았다. 이를 통해 아동들의 사진은, ① '절대 닮음'을 벗어나는 사진, ② 단순하게 의미가 읽히지 않는 사진, 그리고 ③ 일상의 마추침을 선택한 사진이라는 점에서 현대 사진 미학이 추구하는 예술성을 담고 있음을 발견할 수 있었다.

마지막으로, 아동의 사진이 지니고 있는 예술적 의미와 가치를 재해석한 결과를 바탕으로 첫째, 아동의 일상에 이미 깊숙이 들어와 있는 디지털 표현 매체에 대한 더 많은 관심이 필요하다는 것, 둘째, 디지털 사진 교육이 적극적으로 이루어질 필요성이 있다는 것, 그리고 이를 위해서 아동의 사진 표현 발달에 대한 기초 정보가 너무나 부족하다는 점을 미술교육에의 시사점으로 도출할 수 있었다.

아동의 사진을 '아무거나 찍은 아무 의미 없는 사진'으로 바라보지 않고 해석이 필요한 예술작품으로 보려는 노력은 19세기 말 '아동화의 발견'으로 촉발되었던 미술교육의 질적 도약과 같이 디지털 시대에 제2의 미술교육의 질적 도약을 만들어 낼 수 있을 것이다. 우선 카메라와 휴대폰에서 아동들이 찍은 사진들을 찾아 새롭게 바라보고 의미를 찾아보도록 하자. 어떤 예술적 의미가 숨어 있다고 생각되는가?

참고문헌

김미남(2012). 아동미술발달 이해를 위한 사회문화적 관점의 학문적 접근들. 미술과 교육, 13(1), 103-123.

김미남(2014). 아동의 효과적인 사진 표현전략 지도를 위한 사진 표현발달의 특성 이해: 유치원 아동을 중심으로. 미술교육논총, 28(1), 161-196.

김미남(2017a). 초등 사진교육 속 신화 찾기: 미술교과서 및 교사용지도서의 기호학적 분석. 미술과 교육, 18(2), 133-156.

김미남(2017b). 아동의 디지털 사진 표현의 발달특성 탐구: 아동의 그림표현의 발달특성과의 비교를 중심으로. 미술과 교육, 18(1), 133-166.

김진기(2013). 확장된 사진매체를 활용한 통합적 미술교육 방안 연구: 고등학교 미술교육에서의 적용. 중앙대학교 교육대학원 석사학위논문.

박은하, 윤준성(2013). 스토리텔링을 적용한 사진교육 프로그램 사례연구. 한국디자인포럼, 38, 265-274.

신선미(2012). 사진의 본질에 대한 인식론적 접근: '바라보기(seeing)'와 지각하기(perceiving)'의 분석을 중심으로. 영상예술연구, 21, 337-360.

유기상, 김종근, 이원섭(2008). 디지털리터러시 환경에서의 사진미디어 고찰: 장애인 문화지평을 위한 사진리터러시 중심으로. 한국디자인포럼, 20, 237-248.

이경률(2003). 사진은 무엇을 재현하는가: 사진과 존재 그리고 인덱스. 서울: 마실.

이경률(2006). 사진, 자동생성과 재현의 논리. 철학아카데미. 철학, 예술을 읽다(pp. 316-331). 서울: 동녘.

이경률, 공주희(2010). 사진 이미지 리터러시 교육의 필요성과 가능성: 유아교육 현장에서 사진의 교육적 효과를 중심으로. 한국사진학회지, 23, 6-15.

이소영(2012). 사진미술에 중독되다. 서울: 멘토르.

이인희, 현혜연(2010). 초등학교 사진교육의 학습모형에 대한 연구. 현대사진영상학회 논문집, 13, 61-79.

이지연(2011). 디지털 비디오 문해력을 통한 디지털스토리텔링: 디지털 비디오 문해력 개념의 도출과 실제. 조형교육, 41, 149-175.

이지연, 강주희(2012). 디지털 사진을 통한 생태 미술교육: 앤디 골드워시의 작품세계와 미술교육에의 응용 가능성 연구. 미술과 교육, 13(2), 133-151.

진동선(2008). 현대 사진의 쟁점. 서울: 푸른세상.

진동선(2013). 사진 예술의 풍경들. 서울: 중앙북스.

한정식(2007). 현대 사진을 보는 눈. 서울: 눈빛.

허현주, 유기상, 현혜연(2012). 문화예술교육으로서의 사진교육의 교육과정 연구. 한국사진학회지, 27, 131-146.

Dubis, P. (2004). 사진적 행위(이경률 역). 서울: 마실가.

Duchemin, D. (2013). 사진을 말하다(추미란 역). 서울: 정보문화사.

Freund, G. (2006). 사진과 사회(성완경 역). 서울: 눈빛.

Kindler, A. M. (1999). "From endpoints to repertoires": A challenge to art education. Studies in Art Education, 40(4), 330-349.

Lowenfeld, V. (1957). Creative and mental growth (3rd ed.). New York: Macmillan.

Ray, M. (1992). 'Man Ray', In P. Hill & T. Cooper (Eds.), Dialogue with photography (pp. 17-25). Manchester: Cornerhouse.

Sensoy, Ö. (2011). Picturing oppression: Seventh graders' photo essays on racism, classism, and sexism. International Journal of Qualitative Studies in Education, 24(3), 323-342.

Sonheim, S., & Sonheim, C. (2013). Creative photography: 52 fun exercises for developing self-expression with your camera. Beverly, MA: Quarry Books.

Wilson, B. (2004). Child art after modernism: Visual culture and new narratives. In E. W. Eisner & M. D. Day (Eds.), Handbook of research and policy in art education. Mahwah, NJ: Lawrence Erlbaum.

Wright, T. (2004). 사진이란 무엇인가(이주영 역). 서울: 눈빛.

13 가상 세계 예술 탐구를 통한 영성 강화

Mary Stokrocki(미국 아리조나 주립대학교 명예교수)

서론

　복잡한 21세기를 살아가면서 사람들은 다층적이고 초문화적이며 혼성화된 영적 예술 세계를 형성하고 있다. 이 장은 영적인 산(Spiritual Mountain) 명상, 전시 공간과 더불어 원주민 옹호, 권리 박탈자의 권한 부여, 그리고 어린아이들이 문제를 해결하고 위치를 확립할 수 있도록 교육하기까지 가상 세계의 영적 가능성을 탐구한다. 오롯이 명상으로 충분하지 않기 때문에 참여자들이 자신의 위치를 구축하고 솔루션을 공유할 수 있도록 '권한을 부여'하고, 가르치고, 동기를 부여해야 한다. 세컨드 라이프(Second Life: SL)와 오픈심(OpenSim)의 가상 세계(Virtual Worlds)에서 영적 탐험의 예시를 공유한다.

예술과 영성

　Kandinsky(1912~1989)는 그의 저서 『예술의 정신에 관하여

(Concerning the Spiritual in Art)』에서 "예술은 모호한 생산품이거나, 일시적이고 고립된 것이 아니라 영혼을 치켜세우는 힘의 원천으로 존재한다."라고 하였다. Derby(2016)는 Kandinsky의 〈Yellow, Red, Blue〉(1916)를 NAEA Caucus로 보고하였다. 그는 특수장애를 가진 사람들과 예술이 그들의 영혼을 고양시키는 방법에 대해서 연구하였다.

가상 세계

가상 세계는 개인이 설계해서 공유하는 디지털 온라인 커뮤니티 환경이다. 문자 채팅, 음성, IM(Instant Messenger), 음악, 제스처, 비디오 등을 포함한 멀티 리터러시 장이자 의사소통의 수단이다(Stokrocki, 2014). 사이트는 다른 인터넷 블로그, 트위터, 유튜브 및 플리커(Flickr) 프로그램에 연결된다. 그중 가장 잘 알려진 가상 세계 또는 디지털 메타버스 세컨드 라이프(SL)는 동서양 종교 사이트와 여러 독립 사이트를 포함하여 22개의 영적 사이트를 제공한다. SL은 신의 분신으로 여겨지는 참가자/아바타에 의해 전적으로 구성되고 우리의 영혼이 자유롭게 돌아다닐 수 있는 공간으로 제공된다.

SL 배회를 통해 발견한 장소

이 공간에서 1년 동안 배회하고 연구를 한 후 영적인 영감이 필요하였다. SL과 11개의 공지에서 '예술과 영성'이라는 용어를 검색

[그림 13-1] SL 상의 불상 히카리 좌선(Hikari Zazen) 명상 장소

한 결과, 다양한 명상 스타일, 참선 정원, 기도 구역, 태극권, 경전 및 요가와 관련해 평화와 침묵에 관한 불교 사이트인 히카리 좌선 명상(Hikari Zen Meditation)을 발견하였다([그림 13-1] 참조; http://maps.secondlife.com/secondlife/Hikari/94/178/34 참조).

영적 산(Spiritual Mountain) 커뮤니티

SL에서 '예술과 영성'이라는 용어를 검색한 결과 11개의 공지 사항과 390명의 회원이 있는 영적 예술 그룹(Spiritual Art Group)을 찾았다([그림 13-2] 참조). 이 그룹은 "예술은 아름다움, 사랑, 빛, 지혜를 확장하고 공유하는 방법"이라고 제안하고 의미를 찾는 평화와 깨달음을 추구하였다. 다양한 그룹에 가입하면서 실제로 이러한 아바타를 만나고 경험을 공유할 수 있었다. 이슬람 말레이 역

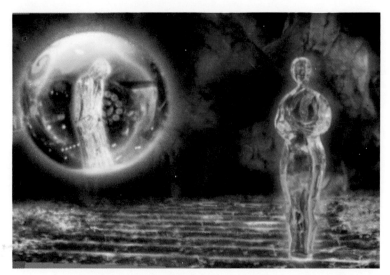

[그림 13-2] 세컨드 라이츠 영적 예술 집단(SL Spiritual Art Group)의 작품

사 박물관, 시크리드 박물관, 내러티브 아트, 무궁화도 발견하였다
(http://maps.secondlife.com/secondlife/Mugunghwa/65/186/22 참조).
명상과 전시 공간, SL에서의 여행과 연구를 통해서 '빛'이 주요 단어
가 되었다.

영성 작품 관련 작가와의 인터뷰

필자는 영적 산 그룹에 가입하고 여러 예술가와 인터뷰를 하며
영성 예술에 대한 그들의 아이디어와 그들의 작품을 가상 세계에
전시하는 이유에 대해서 질문해 보았다. 나는 자신을 깨우침을 얻
은 영적 기사로 부르는 영적 미술관의 그룹 리더 아바타 Hermes
Kondor를 만났다. 그는 "우리 시대에 예술은 그 어느 때보다 중요
하다. 예술은 아름다움, 사랑, 빛, 지혜를 확장하고 공유하는 방법

이자 평화와 깨달음을 부추긴다. 예술과 영성은 항상 연결되어 있다."라고 하였다. 이 그룹은 회원들이 예술을 영적인 길로서 토론하고 홍보할 수 있는 포럼이다.

대만에서의 교직-AMIS 사람들

나는 2년 후 풀브라이트 교수/전문가 장학 프로그램을 통해 대만에서 가상 세계에 대한 과정을 가르쳤다. 학생들과 SL을 탐구했다. 우리는 이끼로 뒤덮인 아름다운 오아시스와 자연을 기리는 대만 원주민 그룹을 발견하였다(http://slurl.com/secondlife/Ghergie/57/31/32 참조).

학생들은 디지털 세계에서 원주민에 대한 고정관념에 의문을 제기하는 법을 배웠다

대만의 국립 자이 대학교는 예술과 영성에 관한 특별한 문제로 원주민에 대해 글을 작성하라고 지시하였다. SL에서 아바타는, 예를 들어 영적 장소를 찾기 위해 독수리를 타고 장소들을 둘러볼 수도 있다([그림 13-3] 참조). 학생들은 미국 원주민이 천막에서만 살지 않고 다른 유형의 구조물(예: 어도비 구조, 호건, 롱하우스, 땅 움막 등)에 살고 있다는 점을 배웠다(Stokrocki, 2012). Delacruz(2010/2013) 역시 마스코트에 대한 NAEA 입장문에서 NP 스테레오타입에 대해 반대 입장을 표명했다.

[그림 13-3] SL에서 아바타가 독수리를 타고 영적인 장소를 탐색하는 모습

영성은 노력을 수반한다 – 쉽게 얻어지는 것은 없다

교육 목적으로 나바호(Navajo) 미술 교사 Alan Jim은 Mary를 그의 학생들과 함께 땀 움막(sweat lodge)에 합류하도록 초대했는데, 그 경험은 중독적이었다(Stokrocki & Jim, 1999). 서부 체로키 국가에서 온 Steve Willis 박사는 다음과 같이 설명했다. "전통 북, 담뱃대, 담배 제물, 기도, 금식, 경우에 따라서는 남성의 가슴과 등과 여성의 팔에 구멍을 뚫는 행위 등의 성스러운 의식은 촬영이 금지됩니다."

아파치 학생들을 위한 특별한 산지와 일출 행사

애리조나 골드캐년 예술 위원회(AZ Gold Canyon Arts Council)를 통해 나는 샌 카를로스 아파치(San Carlos Apache) 아이들과 계속해서 교류하고 있다. 도로는 슈페리어와 글로브의 광산 마을을 통해 산을 둘러싸고 모골론 림이라는 고지대 지역까지 이어진다. 아이들은 어린 소녀가 '성인' 의식의 일환으로 3일 동안 태양을 향해 달려가는 의식에 대해 가르쳐 주었다. 아트 방주(Art Ark) 장소의 슬라이드 쇼에 예시가 포함되어 있다(Stokrocki, 2012).

나의 아트 방주의 터키 오스만 아트

나의 장소에서 학교를 터키시 디야르바키르(Turkish Diyarbakir) 카펫 위에 맴도는 돔 구조인 아트 방주라고 부른다. 실제로도 교육하고 이것은 SL에도 올렸다. 노아 방주의 전설에는 영적 메시지에서 영감을 받은 노력이 포함된다. 방주의 전설적인 장소 중 하나는 내가 세계 은행(1995)에서 일할 때 방문하게 된 반 터키에 있다. 터키 북부 기레순 대학의 Handan Bulbul 박사와 나는 학회에서 「문화간 대화를 위해 세컨드 라이프 가상 세계 활용하기(Using Second Life Virtual World to Develop Intercultural Dialogue)」라는 논문을 발표하였다. 아바타가 이 유명한 오스만 미니어처 그림을 클릭하면

[그림 13-4] **나의 아트 방주**

출처: http://maps.secondlife.com/secondlife/Teaching%2010/69/217/27

질문이 전송된다([그림 13-4] 참조). 웹사이트에 대한 링크는 미술사 정보와 아바타를 보여 주며, 학생들은 그녀에게 답을 보내고 자신의 아트 방주를 그릴 수 있다. SL 사이트의 영적 교육 및 테마는 다른 인터넷 Web2 링크에 연결된다.

예술은 평화, 깨우침, 의미의 탐구를 유도한다.

예술을 홍보하는 책, 『미술교육을 위한 가상 세계의 탐험과 새로운 디지털 멀티 리터러시(Exploration in Virtual Worlds: New Digital Multi-Media Literacy Investigations for Art Education)』을 편집했다 (Stokrocki, 2014). 이 책의 표지에는 바사 컬리지(Vassar College; 현재 미운영)에서 SL 시스티나 성당에 있는 Michelangelo의 〈최후의 심판(The Last Judgment)〉이 담겨 있다. 실생활과 가상 세계에서의 이러한 창작은 영적 예술이 전통적 세계와 디지털 세계에서 의미를 찾는 데 어떻게 영감을 줄 수 있는지를 보여 준다.

영적인 홀리스틱 예술교육

Gradle(2007)은 "예술 형식의 의미가 상호작용에서 구성되고 더 이상 예술가나 관람자 또는 작품 자체에 존재하지 않는 참여적 예술 제작 방식은 패러다임적 전환과 연결을 통해 영성을 유지하고 높이는 행동의 창조성을 포함한다."(p. 1509)라고 하였다. 따라서 홀리스틱 교육은 다른 형태의 참여적 사이버 학습, 즉 SL의 메타버스에서 지속되는 영적 추구와 연결로 간주된다. 다음은 희망의 섬 프로젝트(Project Hope Island)의 희망의 나무(Peace Tree)의 예이다(http://maps.secondlife.com/secondlife/Project%20Hope%20 Island/174/97/22 참조).

중고등학교 학생들이 오픈심(OpenSim) 가상 세계에서 영성에 대한 아이디어를 제시한다

근처 차터 스쿨 학생들에게 영성에 대한 생각을 물었다. 그들은 실제 세계나 종교에서 행복을 느끼며 내면의 존재, 빛이나 영적 발견을 일깨우고, 깨달음을 얻고, 영과 하나가 된다고 답하였다. "애니미즘은 우주의 모든 것이 영적인 에너지 또는 생명력을 가지고 있다는 오래된 믿음이다. 지난 10년 동안 환경에 대한 인식이 재조명됨에 따라 애니미즘은 오늘날 새로운 의미를 갖게 되었다." 애리조나 주립대학 미술관의 새로운 애니미스트(The New Animist) 전시 컬렉션의 일부를 조명하여 애니미스트 신념이 환경에 대한 현대적 관심과 어떻게 일치하는지 설명하고 자연과의 관계를 더 잘 이해하고 개선할 수 있는 방법을 탐구하였다(ASU Art Museum 미술관에서 발췌).

애리조나 더스트 데빌[1]이 실생활에서 형성될 때

2016년에 중등학생들과 함께 연구를 진행할 때 학교 밖에서 거대한 먼지 폭풍이 돌고 있었다. 학생들은 해결책이 땅에 접착제

---

1) 애리조나 더스트 데빌(Arizona Dust Devils): 애리조나 모래 바람이 현실에서 소용돌이치며 불어왔을 때.

[그림 13-5] **채널 3 뉴스에 방영된 모래 바람 해결책(Dust Devil Solution)**

를 뿌리는 것이라고 답했다([그림 13-5] 참조). 생태 지킴이(Eco watchers [owls])는 Sandrine Han 박사가 운영하고 브리티시 컬럼비아 대학이 후원하는 SL과 같은 가상 세계인 오픈심(OpenSim)에서 이러한 문제를 지속적으로 관찰한다. 우리는 그들의 '깨달음' 솔루션에 감탄하였다.

결론: 타인에게 권한을 부여하다

SL 아바타 아티스트를 초대하여
자신의 작품에 대해 이야기하고 깨달음을 추구한다

청각장애인 아티스트 Ronin1은 SL의 가상 능력 그룹(The Virtual Ability Group) 회의에서 자신의 작품을 선보였다. 매년 그는 자신의 예술작품에 영향을 준 예술 영감에 대해 학생들에게 이야기한다(Krecker, Stokrocki, & Wexler, 2012; [그림 13-6] 참조).

[그림 13-6] 가상 능력 섬(SL Virtual Ability Island)에서의 그룹 미팅

SL 그룹 가입, 지원을 위한 모금

NP 그룹은 매주 SL에서 만나 전략을 계획하고 영성을 고양한다. 2008년에 세컨드 라이프 비영리 커먼즈(SL NonProfit Commons)의 아바타 회원은 가상의 아이티(Virtual Haiti) 사이트를 구축하고 SL에서 6501.80달러(1,690,468 Linden $, 2010. 2. 26.)를 모금했다 (Stokrocki & Andrews, 2010). 가상 세계 계획은 실제 문제를 해결하는 데 도움이 될 수 있다.

명상만으로는 충분하지 않다. "더 많은 빛을 위한 투쟁은 모든 시간과 모든 사람을 위한 끊임없는 투쟁이다. …… 저항하고, 홍보하고, 절대 포기하지 말라."(London, 2017, p. 22)

참고문헌

Delacruz, E. (2010/2013). NAEA Position statement regarding the use of race based mascots in educational settings. Retrieved from https://www.arteducators.org/advocacy/articles/140-position-statementregarding-the-use-of-race-based-mascots-in-educational-settings.

Gradle, S. (2007, July). Random weave: Developing dispositions to teach art. *Art Education, 60*(4), 6-11.

Krecker, L. S., Stokrocki, M., & Wexler, A. (2012). Interviews with Artists with Disabilities: Digital Ethnography on Second Life. In A. Wexler (Ed.), *Art education beyond the classroom: Pondering the outsider and other sites of learning* (pp. 135-158). Hampton, UK: Palgrave Macmillan. (SL-Jane Birdsong) (SL-Marylou Goldrosen).

London, P. (2017). Caucus on the Spiritual in Art Education (CSAE). *National Art Education Association Newsletter, 59*(2), 22.

Stokrocki, M. (2010, May). Art & Spirituality on Second Life: A Participant Observation and Digital Phenomenological Quest. *Journal of Alternative Perspectives in the Social Sciences, 2*(1), 182-197. Retrieved from http://www.japss.org/japssmay2010.html.

Stokrocki, M. (2012). Exploring Native Peoples' Art & Spirituality on Second Life: July 2012 Special Issue on Art & Spirituality. *Visual Arts Forum, 7,* 116-136. Minshong, Taiwan.

Stokrocki, M. (2014). *Exploration in Virtual Worlds: New Digital Multi-Media Literacy Investigations for Art Education.* Reston, VA: National Art Education Association.

Stokrocki, M. (2015). A Special Mountain Place and Sunrise Ceremony for Apache Students. (USSEA) *Journal of Cultural Research in Art Education, 32,* 226-242. Retrieved from http://ussea.net/publication/journal-of-cultural-research-in-art- education.

Stokrocki, M., & Andrews, S. (2010). Empowering the Disenfranchised through Explorations in Second Life. In R. Sweeny (Ed.), *Intersections and Interactions in 21st century art education: Art education in a digital visual culture.* Reston, VA: National Art

Education Association.

Stokrocki, M., & Jim, A. (1999). Ritual and aesthetic education: The sweat lodgeexperience, In D. Boughton & R. Mason (Eds.), *Beyond multicultural art education: International perspectives* (Appendix, 3-7). New York: Waxmann.

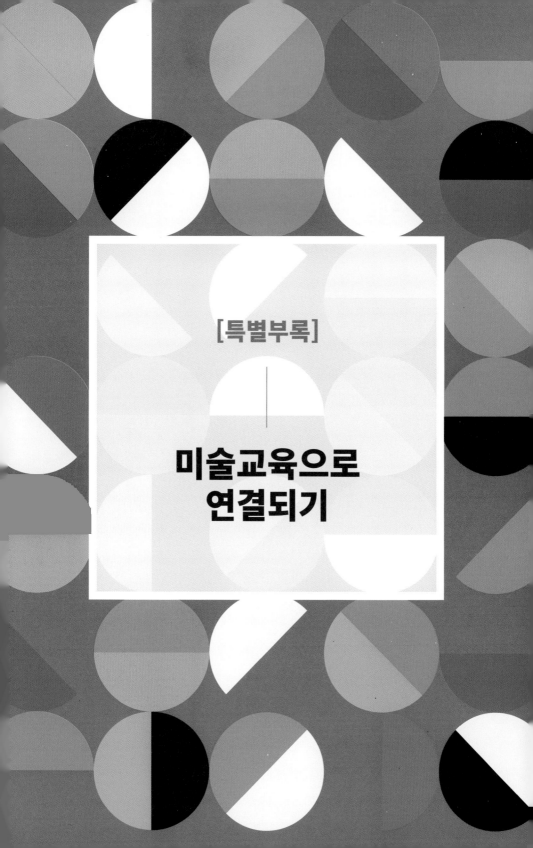

[특별부록]

미술교육으로
연결되기

제35차 국제미술교육학회(InSEA) 세계대회의 기획과 운영

김정희(경인교육대학교 교수)

국제미술교육학회(InSEA)는 예술을 통한 전인교육과 평화교육을 추구한 Herbert Read의 사상에 기초하여 1954년 창립된 UNESCO 산하 기관으로서 '미술을 통한 교육(education through art)'을 지향하는 이론가와 실천가들이 모여서 교육에서 미술의 역할을 강화하는 국제단체이다. 국제미술교육학회는 '공동체 안에서 자유롭게 문화적 삶에 참여하고, 예술을 향유하며, 환경과의 상호관계 속에서 스스로 아름다움을 창조할 수 있는' 인간의 권리가 살아 있는 현실이 되어야 한다는 신념 아래, 이를 위한 국제적 협력을 체계화하고 지속 가능한 형태로 조직되어 왔다. 2017년 8월에 대구에서 개최된 제35차 국제미술교육학회(InSEA) 관련 주요 내용을 소개하면 다음과 같다.

1. 제35차 국제미술교육학회(InSEA)의 주제

제35차 국제미술교육학회(InSEA) 세계대회 주제는 | Spirit ∞ Art ∞ Digital | 이었으며, 대회의 목적은 전통과 미래, 정신과 기술의 다차원적 논의를 통하여 미래 사회 미술교육의 역할을 확장하고 개념화할 수

있는 국제적 담론의 장을 마련하는 것이었다. 이러한 목적하에 진행되었던 제35차 InSEA 세계대회에서는 최근 가상 현실, 인공지능, 사물 인터넷 등과 같은 급속도로 발달하는 기술에 따른 환경의 변화를 고려한 교육과 학교, 그리고 미술교육의 변화가 집중적으로 논의되었다. 특히 디지털 기술의 발달로 인해 시각 이미지의 의미가 무한히 확장되고 있는 상황 속에서 미술 세계에서 디지털 이미지의 융합적이며 유동적이고 상호작용적인 속성이 적극 활용되고 있음을 고려할 때, 미술교육에서 디지털 이미지의 활용이 새로운 주요한 과제로 부각되었다. 디지털 시대에 성장하고 있는 학생들의 사회 참여 의식을 강화하는 데 디지털 이미지 활용교육이 크게 기여한다는 관점에서 제35차 InSEA 세계대회의 대주제 및 부주제를 다음과 같이 선정하였다.

■ 대주제: | Spirit ∞ Art ∞ Digital |

21세기 새로운 사회 및 교육 환경으로 부상하고 있는 디지털 시대에서 미술교육의 의미와 방향을 탐색하고 바람직한 실천 전략과 다양한 주체 간의 협력 방안을 모색하고자 대회 주제를 | Spirit ∞ Art ∞ Digital | 로 선정하였다.

■ 부주제
• 예술로 인간애 강화하기(Fostering Humanity through Arts): 어떻게 미술이 인권과 지속가능성에 대한 인식을 높일 수 있는가(How arts raise the awareness of human rights and sustainabilities)를 논의하기 위한 주제
• 다양성을 그려가기(Drawing on Diversity): 사회 참여적 미술교육이 어떻게 문화적 다양성을 촉진시키고 커뮤니티를 강화시키는가(How socially engaged art education promotes cultural diversity

and strengthens community)를 논의하기 위한 주제

- 디지털 공간에서 살아가기(Living Digital Space): 디지털 세상에서 인간의 경험은 어떻게 바뀌었는가(How the human experiences have changed in the digital world)를 논의하기 위한 주제
- 미래를 구상하기(Envisioning the Future): 미술교육이 어떻게 제4차 신시대를 맞을 준비를 해야 하는가(How art education prepares the fourth new era)를 논의하기 위한 주제

2. 제35차 국제미술교육학회(InSEA) 운영 및 참여 현황

제35차 세계미술교육학회(InSEA)의 유치 및 운영을 위해 우선 유치 추진위원회를 결성하여 주제를 선정하고 유치를 위한 전략을 수립하였다. 유치를 위한 추진위원으로는 김정희(경인교육대학교), 이주연(경인교육대학교), 강병직(청주교육대학교), 김세은(강남대학교) 등이 참여하였다. 대구 컨벤션 뷰로와의 협력으로 국제회의 기획 업무를 지원하는 한국MICE협회에 국제회의 사전유치 제안서를 제출해서 제35차 InSEA 유치를 위한 지원을 받았다. 2015년 행사 유치를 위한 자료를 준비하여, 영국 캔터베리에서 진행되었던 제35차 InSEA 개최국 선정 경쟁에 참여하였다. 경쟁 상대국인 터키는 동서양 문화가 어우러진 문화의 풍부성과, 유럽과 아메리카 대륙에서의 근접성 등을 행사 유치를 위한 장점으로 부각시켰다. 반면, 한국은 미래 지향적인 주제와 아시아 지역에서의 InSEA 행사가 갖는 본질적인 의미를 중심으로 유치 계획을 발표하였으며, 그 결과는 성공적이었다.

한국에서의 제35차 InSEA 개최가 확정된 후 국내 미술교육자들의 지

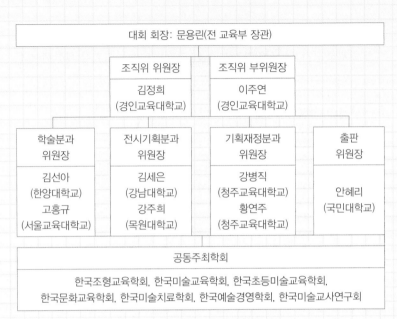

대회 회장: 문용린(전 교육부 장관)

조직위 위원장
김정희
(경인교육대학교)

조직위 부위원장
이주연
(경인교육대학교)

학술분과
위원장
김선아
(한양대학교)
고흥규
(서울교육대학교)

전시기획분과
위원장
김세은
(강남대학교)
강주희
(목원대학교)

기획재정분과
위원장
강병직
(청주교육대학교)
황연주
(청주교육대학교)

출판
위원장
안혜리
(국민대학교)

공동주최학회
한국조형교육학회, 한국미술교육학회, 한국초등미술교육학회,
한국문화교육학회, 한국미술치료학회, 한국예술경영학회, 한국미술교사연구회

[그림 1] **제35차 InSEA 세계대회 조직**

원으로 행사 운영을 위한 조직위원회를 결성하였다. 조직위원회의 구성은 [그림 1]과 같았다.

제35차 InSEA는 대구시의 적극적인 지원으로 2017년 8월 7일부터 11일까지 대구 EXCO과 대구 시립미술관에서 진행되었다. 대구 권영진 시장은 개막식 축사에서 제35차 InSEA가 한국의 전통 문화와 근대 문화의 특수성을 세계적으로 널리 알리는 기회가 되기를 기원해 주었다. 교육부 장관을 역임한 문용린 제35차 InSEA의 회장은 교육학 관점에서 예술교육의 중요성을 강조하고 본 행사의 취지를 높이 평가했다.

제35차 InSEA 행사는 정부 기관인 한국문화예술교육진흥원과 지역 문화단체인 서울문화재단, 경기도문화재단, 대구 미술관 등 기관들의 후원과 참여를 이끌어 냄으로써 문화예술 정책 입안자와 실천가들의 미술교육에 대한 관심을 높였을 뿐만 아니라 교육과 문화의 공동 지원 체계 구축의 틀을 마련했다.

총 42개국 1,402명(해외 663명, 국내 739명)의 국내외 미술교육 전문
가와 실천가가 참여한 제35차 InSEA는 당시 InSEA 현 집행부뿐만 아니
라 역대 InSEA 회장들로부터 최대 규모의 국제 학술대회로 평가받았다.
주최국인 한국의 참여자가 739명으로 가장 많았으며, 다음으로 미국
에서 148명이 참여했다. 미국에서 두 번째로 많은 인원이 참여한 것은
미국 내에서 활동하고 있는 한국계 미국대학 소속 교수들의 협조 덕분
이었다. 제33차 InSEA를 개최한 일본에서 95명이 참여했으며, 제34차
InSEA 개최국이었던 오스트레일리아에서 45명, 차기 개최국인 캐나다

〈표 1〉　제35차 InSEA 세계대회 참가 국가별 인원　　　　　　　　　　(단위: 명)

국가	참가 인원	국가	참가 인원
호주	**45**	**한국**	**739**
오스트리아	4	리투아니아	1
브라질	11	마카오	1
캐나다	**36**	몰타	1
칠레	2	네덜란드	14
중국	14	뉴질랜드	9
키프로스	3	노르웨이	8
체코	3	오만	3
덴마크	4	필리핀	8
이집트	6	폴란드	3
에스토니아	1	포르투갈	5
핀란드	**43**	싱가포르	8
프랑스	6	슬로베니아	3
독일	18	스페인	14
그리스	2	스웨덴	37
홍콩	12	대만	41
헝가리	5	태국	2
인도	3	터키	16
인도네시아	6	우간다	1
이탈리아	2	영국	19
일본	**95**	**미국**	**148**
총계: 1,402			

에서 36명, 2018년 유럽 InSEA 대회를 준비 중인 필란드에서 43명이 참여했다. 이러한 참여 현황은 제35차 InSEA 행사가 미술교육자들의 국제적 관계망 구축뿐만 아니라 각 나라의 미술교육 발전에 크게 기여했음을 의미한다. 총 참여 국가별 인원수는 〈표 1〉과 같다.

3. 제35차 세계미술교육학회(InSEA) 발표 유형

제35차 InSEA에서는 구두 발표와 워크숍, 전시, 초대작가전, 참여 전시 등 다양한 유형의 발표가 다음과 같이 운영되었다.

1) 구두 발표

■ 발표 프로그램 구성 및 운영

• 일반 구두 발표 프로그램: 제35차 InSEA 대회의 4개 주제 관련 구두 발표 및 포스터 발표—4개 주제에 해당하는 초록 접수를 진행하고 심사를 거쳐 주제 중심으로 발표 세션을 구성하였으며, 발표 시간을 20분으로 정하고 동시에 최대 11개 세션을 진행하였다. 포스터 발표자는 일정 시간에 자신의 포스터 발표 앞에서 질의응답을 진행했다.

• 공동주최학회 발표 프로그램: 6개 공동 주최 학회 구두 발표 및 포스터 발표—6개 공동 주최 학회에서 각 학회별로 2~3인 기조 강연자의 발표와 일반 구두 발표자 10~12인을 선정하여 학회에서 자율적으로 운영하였다.

■ 발표 현황

총 12명의 기조 강연자들의 강연과 일반 구두 발표, 세션 공동주최

학회의 발표, 포스터 발표 등의 프로그램에 참여한 발표 편수는 총 441 편으로, 이 중 해외 319편, 국내 122편이었다. 특히 다양성에 관한 그림 (Drawing on Diversity) 주제와 관련한 발표가 해외 95편, 국내 8편으로 가장 많았으며, 다음으로 예술로 인간애 강화하기(Fostering Humanity through Arts), 미래를 구상하기(Envisioning the Future) 주제와 관련된 발표 편수가 많았다.

2) 워크숍

워크숍은 일반 워크숍과 후원 워크숍의 두 가지로 구분되어 운영되었다. 일반 워크숍은 주로 제35차 InSEA의 4개 주제와 관련된 내용으로 구두 발표와 같이 신청 접수 및 심사 과정을 거쳐 선정되었다. 반면, 후원 워크숍은 서울문화재단, 경기문화재단, 대구미술관 등 후원기관에서 워크숍 내용을 정하고 운영하였으며, 각 기관의 문화예술 교육 관련 정책 입안자, 교육 담당자, 사업 관리자 등과 국내외 발표자들이 참석했다.

〈표 2〉 제35차 InSEA 세계대회 워크숍 구성

일반 워크숍	후원 워크숍
• 비시각예술의 확장(Exploring Non-visual Arts) • 다양성×색 워크숍(Diversity×Color Workshop) • "수미 예술" 교육 프로그램의 설명(Instruction in "Sumi Art"as an Educational Program) • 당신에게: 공간8과 관련(Dear You: connecting spaces 8) • 놀라운 미래 들여다보기: 교육연구의 초현실적 단체(Seeing Into" the Marvelous Future: Surrealist Bureau of Educational Research) • 학교 예술의 개방과 사회적 영감(The Open of the School Art Education and Social Inspiration) • 대구에서 요리 프로젝트(Dish project in Daegu) • NABER의 국제미술연구: 박사 학업 비판적 논의와 비판적 실천(NABERs International Arts Research:Critical Debates and Critical Practices for PhD Studies) • 고대문자의 바램(Quipu of wishes) • 수업 개선을 위한 초등미술 담당 교사의 드로잉 능력과 자기효능감, 확신, 동기의 고양(Raising self-efficacy beliefs motivation and drawing skills of elementary teachers of art for the purposes of better teaching)	• 서울문화재단 "예술 통합 워크숍(Arts Integrating Workshop)" • 한국문화예술교육진흥원 44차 해외 전문가 초청 워크숍 • 한국미술교사연구회 워크숍 • 경기문화재단 "미술교육의 힘(The Power of Art Education)" • 대구미술관 "박물관 교육-대화(2017 Museum Edu-Talk)"

3) 제35차 세계미술교육학회 전시 프로그램

전시 프로그램은 전시 성격에 따라 미술교육 전시와 일반 전시, 참여 전시 등으로 나누어 운영되었다. 미술교육 전시에서는 고등학교 학생 작품, 이화여자대학교 디자인 학부의 작품, 홍익대학교 학생 작품 Marble-ous(VR 체험), 예술의 전당 미술영재 작품, 국제교류 학생 작품, 일본 회원 작품 등의 전시가 이루어졌다. 일반 전시는 주로 출판사의 미술교육 관련 도서 전시와 한국문화예술교육진흥원의 홍보 전시, 한국문화 홍보 전시 등으로 운영되었다. 참여 전시는 Tom Anderson 교수의 '사회적 의식의 셀피 프로젝트(The Socially Conscious Selfie Project)'에서 영감을 받아 진행되었다. '사회적 의식의 셀피 대구 프로젝트(The Socially Conscious Selfie Project in Daegu)'는 온·오프라인 동시 전시로서, Tom Anderson 교수의 해당 홈페이지(http://www.socialselfieafl.com)와 2017 InSEA 인스타그램에서 공개되었다. 관련 내용을 살펴보면 제35차 InSEA의 참가자들은 사전에 예술교육자로서의 정체성, 자신이 속한 사회 및 문화를 반영한 이미지와 이에 대한 간단한 설명을 함께 제출하고, 이는 현장과 사이트에서 동시에 전시되었다. 해당 영상은 특정 장소에 설치된 화면들을 통해 일정한 시간 간격에 따라 이미지가 바뀌는 형태로 전시되었다. 이 전시는 제35차 InSEA에 참여한 예술교육자 및 관람객들은 자유롭게 왕래하면서 다양한 사

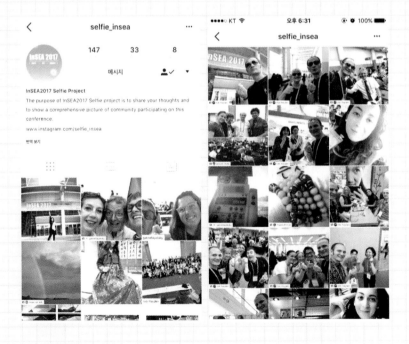

람의 생각을 공유하고 감상할 수 있게 하는 데 의의를 둔 참여 전시로서 동시대 미술에서 중요한 상호작용(interaction)이 미술을 표현하는 사람과 감상하는 사람의 거리를 좁히고 생활 속에서 미술을 가깝게 느낄 수 있도록 해 줄 수 있음을 보여 준 전시였다.

4. 초대작가 전시

제35차 InSEA 주제와 관련하여 국내 유수의 작가를 초청한 전시가 기획되었다. 미디어 아트를 개막식에서 보여 준 류재하 작가와 행사 기간 동안 소통의 벽을 설치한 안규철 작가, 폐막식에서 참가자들이 종이비행기를 날리는 퍼포먼스를 기획한 김승영 작가의 초대작가 전시는 세계적으로 한국의 미술가들을 소개하는 기회였다. 뿐만 아니라 제35차 InSEA 참여자들에게 대회의 주제가 갖는 의미를 생각하도록 하는 전시로서 참여자 모두에게 큰 호응을 이끌어 냈다.

1) 미디어 파사드(류재하 작가)

류재하 작가의 '미디어 파사드' 전시는 우리나라의 문화예술과 학술연구, 산업경제의 융합을 보여 주었으며, 한국의 디지털 및 미디어 아트의 선도적인 역할을 소개한 전시였다. 특히 한국에서 인문학과 기술의 융합을 통해 장르의 경계를 넘어선 새로운 종류의 예술작품으로 시간과 공간을 디지털 이미지로 가득 채운 작품을 개막식에서 보여 줌으로써 제35차 InSEA의 대주제인 | Spirit ∞ Art ∞ Digital |의 의미를 전달했다.

2) 소통의 벽(안규철 작가)

안규철 작가의 '소통의 벽'은 제35차 InSEA에 참여한 모든 회원과 관람객이 '미술이란?(What is Art?)'이라는 질문에 대한 생각을 한 장의 포스트잇에 적어 붙여 가면서 거대한 벽으로 만들도록 한 설치 작품으로

공유의 거대함과 미술교육자들의 미술에 대한 생각을 모으고 생성되어 가는 체험이 가능하도록 한 전시였다.

3) 종이 비행기 날리기 대구 프로젝트(김승영 작가)

김승영 작가의 '종이 비행기 날리기 대구 프로젝트(Flying a Paper Airplane in Daegu)'는 제35차 InSEA 폐막식에 참여한 모든 회원과 관람객들이 각자 자신의 메시지를 종이비행기에 적어 공중에 날리면서 꿈과 희망을 이야기하는 퍼포먼스로 진행되었다. 참가자들은 등록 당시 책자에 꽂아 배포된 종이에 자신의 메시지를 적어 종이비행기로 접어 사전에 투명 아크릴 박스에 넣거나, 폐막식 중 나누어 준 종이로 접어서 앞에 놓인 투명 아크릴 박스를 향해 날리는 퍼포먼스 형태의 전시였다. 아크릴 박스에 들어간 종이비행기 중 일부를 추첨해서 메시지를 공유하고 상품을 전달하는 행사를 해서 참여자들로부터 큰 호응을 얻었다.

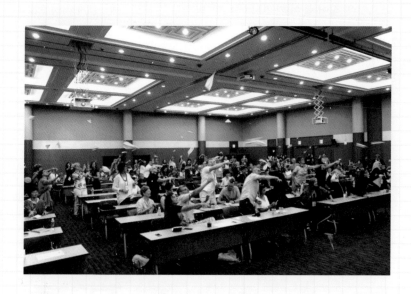

5. 한국 문화 체험 행사

제35차 InSEA 참가자들이 한국 문화 체험을 할 수 있도록 행사 기간
에 대구 시내와 근교 옻골마을과 섬유박물관에서 한복 체험과 다도 체
험, 팔공산 동화사, 방짜유기박물관, 약령시장, 향촌문화센터, 동성로,
서문 야시장 등을 방문하는 체험 행사를 운영했다. 또한 경주에서 불국
사, 천마총, 교촌마을을 방문하는 투어와 합천 해인사에서 장경판전을
보고 대장경 테마파크를 투어하는 관광 상품을 운영했다.

6. 제35차 국제미술교육학회(InSEA)에 대한 평가

제35차 InSEA의 성공적인 운영 관련 기사가 중앙일보를 비롯한 한국
일보, 중앙일보, 경향신문, 매일신문, 서울경제, 국민일보 등 전국 일간
지와 대구일보, 경북매일 등 지역 일간지, 대구 MBC, 연합뉴스 등의 방

송에서 보도되었다. 특히 당시 InSEA 회장이었던 Tersa Torres de 회장은 한국처럼 디지털 인프라가 발달할수록 사고력 향상을 위한 미술교육의 역할이 중요해진다는 의견을 한국일보와의 인터뷰에서 피력하면서 한국에서 개최된 제35차 InSEA의 내용 구성과 운영을 높이 평가했다.

　　국내 다수의 언론 매체와 인터넷 뉴스에 제35차 InSEA가 보도되었으며, 일본 학회지와 에스토니아 신문에 이 대회의 성과가 소개되었다.

"한국처럼 디지털 인프라 발달할수록 사고력 향상 돕는 미술교육 중요해져"

한국일보(2017. 8. 8.).
출처: http://www.hankookilbo.com/v/02a47b60c562479d9255b3c28a9b424e

폭염 대프리카 대구·경북서 국제학회 잇따라 열려

중앙일보(2017. 8. 7.).
출처: http://news.joins.com/article/21821804

문화   디지털시대, 미술 교육은 어떻게 변해야 하나?

제35회 세계미술교육학회

7~11일 대구 엑스코서 열려

45개국 1,3000명 참가 예정

디지털 시대의 미술(시각예술) 교육의 의미와 중요성, 방법 등에 대한 국제적 담론을 모을 '제35회 세계미술교육학회(The 35th World Congress of International Society for Education Through Art, InSEA 2017)'가 7일(월)부터 11일(금)까지 5일간 대구 엑스코에서 열린다.

1954년 유네스코의 후원으로 설립된 인시아는 제2차 세계대전의 여파 속에 미술 교육을 통한 평안교육에 목적을 두고 설립되었으며, 1954년 프랑스 파리를 시작으로 큰 주기로 대륙을 오가며 개최되고 있다.

'정신, 아트, 디지털'이라는 주제로 열리는 이번 대회에는 45개국 1,3000여 명의 미술 교육 전문가가 참가한다. 대회 첫날인 7일에는 휴제8K경북대 교수 작가의 미디어 파사드를 통해 대회의 서막을 알리고, 프랑스 쟝터용 소르본 대학의 베나드 다라스, 한양대 김선아 교수, 키니치 후루모토 교수의 기조강연이 이어진다.

이어 둘째 날부터 3명의 세계적 석학들이 기조강연을 펼치고, 대회 기간 중 500여 편의 논문이 12개의 회의장 및 전시장에서 발표된다. 한편 대회 기간 중 안규철(한국예술종합학교 교수), 김승영(설치미술)가 미디어 아티스트) 작가의 초대전도 마련된다.

김정희 조직위원장(경인교육대 교수)은 "이번 대회는 한국의 스마트(디지털) 교육의 성과 및 노하우에 대한 국제사회 공유와 함께 한국 근대미술의 근간이자 전통적으로 문화예술의 도시인 대구에서 개최돼 한국의 아름다운 문화유산과 예술적 인프라를 전 세계 참가자에게 알릴 계기가 될 것이라고 말했다. 053-746-9969.

최재수 기자 biochoi@mnet.co.kr

매일신문 페이스북

매일신문(2017. 8. 7.).

출처: http://www.imaeil.com/sub_news/sub_news_view.php?news_id=35439&yy=2017

에스토니아 신문(2017. 8. 17.).
Tonu Talve 참가자 발송

제35차 국제미술교육학회(InSEA) 세계대회의 기획과 운영

The Association of Art Education   Newsletter

美術科教育学会通信　No.96　2017.10.20

第 35 回 InSEA（国際美術教育学会）世界大会（大邱大会）報告

福本謹一（兵庫教育大学）

InSEA 大邱大会と韓国の美術教育に関する取り組み

　今年8月7日より11日までの5日間韓国大邱広域市において第 35 回 InSEA（国際美術教育学会）World Congress が開催され、48 カ国から 1000 人以上の参加者を得て成功裏に幕を閉じた。

　韓国は美術教育に関する国際的な取り組みを近年積極的に行ってきている。2007 年には InSEA アジア地区大会を 4 つの学会が共催の形でソウル大学で開催した。当初は二つのグループが競合して開催が危ぶまれたが、リサーチ・コングレスとジェネラル・コンファレンスを分け合うことで開催にこぎ着けた。2010 年には、ユネスコ第2回芸術教育世界会議を開催し、その成果は、

科学省傘下にあるが、韓国では日本の文部科学省にあたる教育部と同格の行政機関である）が中心となり、第2回の世界会議を招致することを視野に入れて活動を開始し、2009 年にユネスコ・バンコク支局における準備を経て開催の運びとなった。このソウルでの世界会議を契機に 2011 年の第 36 次ユネスコ総会において「世界文化芸術教育週間」を毎年の 5 月第 4 週に定めることにもつながった。このユネスコ会議には国際顧問として参加したが、我が国の場合、文化庁にユネスコ国内委員会が位置づけられていることもあって、積極的な参加が見送られた。しかし、芸術教育全体を含む国際的な取り組みの意義を考えれば美術教育の活性

일본 미술교육학회 뉴스레터 미술과교육학회통신 96호(후쿠모토 참가자 발송)

제35차 국제미술교육학회(InSEA) 세계대회의 의미와 성과

김선아(한양대학교 교수)

국제미술교육학회(InSEA)는 '미술을 통한 교육(education through art)'을 지지하는 사람들이 미술교육 실천 경험을 공유하고 개선하며, 모든 교육적 맥락에서 미술의 위치를 강화하기 위한 목적으로 창립된 국제 학회이다. 1954년 전인적 성장과 평화 교육을 지향하는 리드의 사상에 기초하여 창립된 InSEA는 지난 60여 년 동안 인간의 지적 · 정서적 · 사회적 발달을 온전히 이루는 교육을 실현하기 위한 미술교육을 국제적 협력 공동체 안에서 연구하고 지원하여 왔다. 공동체 안에서 자유롭게 문화적 삶에 참여하고, 예술을 향유하며, 환경과의 상호관계 속에서 스스로 아름다움을 창조할 수 있는 인간의 권리가 살아 있는 현실이 되어야 한다는 신념 아래, 이를 위한 국제적 협력을 체계화하고 지속가능한 형태로 조직하여 왔다. 2017년 이러한 국제적 단체의 세계대회를 한국에서 개최한 것은 한국을 비롯한 아시아의 문화예술 및 미술교육의 역량을 세계에 알리고 협력 관계를 공고히 하는 기회가 되었다고 할 수 있다. 본고는 2017년 8월에 열린 InSEA 세계대회의 개최 필요성과 주제를 설명하고 프로그램의 주요 내용을 소개함으로써 미술교육을 위한 국제 교류의 발자취를 기록하고 공유하는 데 목적이 있다.

1. 개최 목적 및 필요성

21세기 가속화되는 기술의 발달은 인간의 정신성과 능력에 대한 새로운 이해를 요구하고 있다. 최근 가상 현실, 인공지능, 사물 인터넷 등 기술의 발달이 가공할 만한 속도로 진행되고 있음은 주지의 사실이다. 이는 인간이 기술을 지배하고 조작하는 전통적인 방식을 넘어서 몇 년 뒤 마주하게 될 기술의 변화를 쉽게 가늠조차 할 수 없는 진화의 양상을 보여 주고 있다. UNESCO 포스트 2015 교육(Education Post-2015)에서는 미래에 필요한 지식, 기술, 역량을 논의하면서 교육의 내용 및 학습 과정에 대한 근본적인 재고가 필요함을 강조한 바 있다(UNESCO, 2015). 이처럼 지식 위주의 학교 교육이 가지는 한계에 대한 비판이 지속적으로 제기되고 있으며, 복잡하고 모호한 미래 사회를 대비하는 인재 육성을 위한 대안이 국제적으로 모색되고 있는 상황이다.

미래 환경의 변화를 고려할 때 현시점에서 삶의 질적 가치와 미적 감수성을 핵심 내용으로 하는 미술교육이 인간 성장에 가지는 의미를 재개념화할 필요가 있다. 역사 속에서 미술은 기술과 함께 발전해 오면서 인간의 정신 문제에 대한 다양한 탐구를 진행하여 왔으며, 이는 근대의 교육 체제를 극복하는 교육적 대안으로 미술교육에 주목하여야 할 이유를 제공한다. 혁신과 창조의 시대적 필요성 속에서 미술을 통한 인간 성장을 도모하는 미술교육의 방향과 목적에 대한 확장된 논의가 요구되며, 근대의 한계를 넘어선 미래 사회로의 진화를 준비할 수 있는 공동의 노력이 필요한 시점이다. 이에 대한민국 대구에서 개최된 제35차 InSEA 세계대회에서는 인간 교육과 학교, 그리고 미술교육에의 시대적 전환점을 마련하는 데에 목적을 두었다.

후기 산업화 시대에 접어들면서 세계적으로 삶의 질적 가치와 행복에 대한 관심이 증가하고 있으며 모든 국민이 문화에 참여하고 이를 향유할 수 있는 문화 역량에 대한 요구가 높아지고 있다. 인격 수양의 의미로 미술을 삶 속에서 향유하였던 동양의 전통 미술 속에서 이에 대한 해답을 찾아볼 수 있을 것이다. 동양 전통에서 미술은 타고난 심성을 보존·육성하고 도(道)의 궁극적인 경지에 도달하기 위한 수기(修己)의 도구로 활용되어 왔다. 인문학적 탐구에 기초하고 있는 이러한 전통 미술의 개념은 서구의 근대 미학의 한계를 극복하고 예술과 정신성의 관계를 회복할 수 있는 중요한 사상적 배경이 될 수 있다. 따라서 미래를 향한 미술교육의 방향을 재설정함에 있어 미술을 통해 정신성을 추구해 온 한국과 아시아의 오랜 역사를 토대로 하는 것은 과학적 합리주의를 넘어서는 새로운 패러다임을 마련하는 시도라 할 수 있다. 이러한 관점에서 동서양의 미술교육 담론이 교류하고 공유되는 제35차 InSEA 세계대회는 과거와 미래, 동서양의 가치를 연결하는 자리로서 아시아 미술교육을 새롭게 조명하는 기회가 되었다는 점에서 의의를 갖는다.

정보화 사회는 의사소통의 방법뿐만 아니라 외부 세계를 인식하고 이해하는 방식 자체에 변화를 가져오고 있다. 특히 급속히 진행되어 온 정보의 디지털화(digitalization)에 따라 정보의 양은 폭발적으로 증가하였으며 그 처리 속도는 인간의 이해 수준을 넘어서는 것이 되었다. 이처럼 디지털은 현대의 재현 방식을 근본적으로 변화시키고 있으며, 예측 불가능한 미래를 가속화시키고 있다고 볼 수 있다. 이와 같은 측면에서 디지털은 과거와 미래, 인간 정신과 기술의 교차점에 위치하여 근대적 사고의 한계를 상기시킴과 동시에 전혀 새로운 인식 체계로의 진화를 요구하고 있다. 또한 디지털 기술로 인해 시각 이미지의 의미 또한 무한히 확장되고 있음을 간과할 수 없다.

눈에 보이는 외부 세계를 재현하는 전통적인 방식에서 벗어나 소리, 몸짓 등 다양한 감각적 경험으로부터 정보, 비정형 텍스트 등 비가시적

제35차 국제미술교육학회(InSEA) 세계대회의 의미와 성과

인 것을 시각화하는 등 디지털 이미지의 영향은 예술적 영역을 넘어서 다양한 분야로 확산되고 있다. 이는 디지털 이미지의 속성이 융합적이며 유동적이고 상호작용적임을 의미한다. 디지털 세계는 일종의 연결망의 형태로 작동하며, 공유 네트워크 안에서 이미지는 자유로운 탐험의 대상으로 유기체처럼 끊임없이 생성되고 재구성될 수 있다. 따라서 디지털 세계에서 이미지는 인간의 의식과 행동에 새로운 방식으로 영향을 미치며, 이것이 창조, 공유, 변형, 분배, 재생산되는 과정 또한 전통적인 미술과는 다른 차원에서 이해되어야 한다. 디지털 이미지의 진화는 전통적인 미술교육에 대한 도전적인 과제를 제시하고 있지만, 동시에 인간 성장에 있어 미술의 교육적 역할을 새롭게 발견할 수 있는 기회라 할 수 있다.

특히 디지털 시대에 태어나 다양한 전자 기기와 함께 성장해 온 학습자에게 미술교육은 기술에 대한 미적 · 도덕적 · 정신적 태도를 형성하는 데에 중요한 역할을 한다. 다양한 미술 매체를 조작하고 이를 통해 자신을 표현하는 과정에서 학습은 지식적 차원이 아닌 체험 중심, 수행 중심의 탐구로 변화하기 때문이다. 또한 이성과 감성, 과학적 사고와 미적 감각의 통합을 추구하는 현대 사회에서 미술은 몇몇 전문가의 창작 활동이나 미술계의 전유물이 아닌 모든 사람의 기본적인 권리이자 능력이라 할 수 있다. 즉, 단순한 수용자의 입장이 아니라 미적 가치와 의미를 생산하는 데에 참여하고, 향유하며, 표현하는 주체로서 미술을 학습하고 활용할 수 있는 기회가 학교 안과 밖에서 폭넓게 제공되어야 하는 것이다. 이처럼 디지털 시대 이미지의 역할이 지속적으로 확장되고 미디어를 통한 의미의 편집, 왜곡, 재가공이 용이해지고 있는 점을 고려할 때, 시각 이미지를 생산하고 활용할 수 있는 능력은 사회 참여를 위한 핵심적인 역량이라 할 수 있다. 따라서 | Spirit ∞ Art ∞ Digital | 이라는 주제 아래 개최된 제35차 InSEA 세계대회는 전통과 미래, 정신

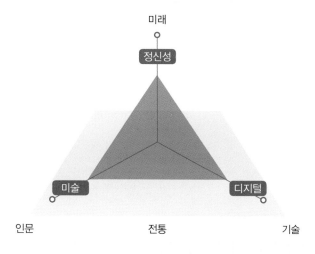

미래

정신성

미술   디지털

인문   전통   기술

[그림 1] 제35차 InSEA 세계대회의 주요 내용

과 기술의 다차원적 논의를 통하여 미래 사회 미술교육의 역할을 확장하고 개념화할 수 있는 국제적 담론의 장을 마련하였다고 볼 수 있다.

2. 미술교육의 국내외 연구 동향

최근의 미술교육은 근대 미학에 뿌리를 둔 형식주의 접근에서 벗어나 인간의 사고양식과 삶의 방식 안에서 폭넓게 연구되고 있다. 제35차 InSEA 세계대회의 주제를 뒷받침하는 최근 미술교육의 동향은 세 가지 측면에서 요약될 수 있다. 첫째, 미술교육의 인지적 관점이다. 인지적 미술교육에서는 학습자를 주변 세계와의 상호작용 속에서 복합적인 의미 만들기에 참여하는 능동적인 주체로 보고, 시각적 경험에 기초한 미술의 독특한 양식이 학습자의 사고 형성에 영향을 미친다고 주장한다. 미술과 사고의 밀접한 관계에 관하여 Anderson과 Milbrandt(2007)는 "미술교육은 창의성과 메타인지의 중심에 있으며, 그로 인해 학생들은 실제 수업에서 이끌어진 결과로서 고등 수준의 사고를 발달시키고 더 깊이 있는 학습을 할 것이다."(p. 94)라고 적고 있다. 즉, 미술이 인간의 사고 영역에 영향을 미치며 심층 학습(deep learning)에 도움을 줄 수 있음을 역설하고 있는 것이다. 인지 중심의 미술교육 이론은 시각적 정보를 처리하는 과정, 물질적 재료를 사용하여 주관적 의미를 전달하는 형상을 제작하는 것, 그리고 타인의 창조적 작품에 공감하고 감동하는 것이 통합적이고 능동적인 사고 과정을 수반함을 보여 준다(Efland, 2006). 이와 같이 미술교육에서 '인지'라는 용어는 단지 지식을 양적으로 보유하거나 정보를 처리·재생하는 능력만을 뜻하지 않으며, 자신의 관심과 시각에 기초하여 대상과 관계를 형성하고 질적인 측면들을 탐색하여 의미를 만들어 가는 통합적 인지를 지칭한다고 볼 수 있다.

Eisner(2007)는 미술 활동에서 인지의 중요성을 강조하면서 미술의 형식 안에서 현상을 개념화하고, 문제를 해결하며, 반성적으로 사고함과 동시에 메타인지 능력을 습득할 수 있다고 주장한 바 있다. 이와 같이 최근 미술교육은 미래 학습자들에게 요구되는 사고 능력을 개발하는 데에 유용한 교과로 그 교육적 가치를 재개념화하고 있다. 또한 미술교육의 사회문화적 역할이 맥락주의적 관점에서 강조되고 있음에 주목할 필요가 있다. 미술의 내용과 방법이 학생들의 삶 속에서 직면하는 사회적 문제들과 미학적 질문들을 탐구하는 방식으로 전환되면서 보다 학습자 중심적인 성격을 갖게 되었다(Ballengee-Morris & Stuhr, 2001). 더 나아가 최근 관심이 집중되고 있는 사회참여 미술이나 참여적 미술교육 등은 개인과 집단, 미술과 공동체, 예술가와 관람자 간의 유기적 연결과 상호작용을 강조하고 있다(Helguera, 2011). 따라서 미술의 독특한 표상 형식과 매체적 특성을 통하여 학습자를 미래 사회에 대비시키고 사회를 변화시키는 미술교육 역할을 확장하기 위한 학술적·실천적 노력이 이루어지고 있다고 볼 수 있다.

둘째, 융합인재 교육에 대한 사회적 요구와 함께 다시 한번 강조되고 있는 미술교육에의 인문학적 접근이다. 21세기의 시작과 함께 학교 교육 전반에서 융합교육이 중요한 키워드로 다루지게 되었다. 이와 관련하여 미술교육 안에서는 과학 기술과의 융합과 더불어 인문학적 접근이 강조되고 있다. 덕성과 교양을 추구하는 가운데 인간 정신을 완성하는 학문으로서 인문학은 인간에 대한 탐구와 내적 성찰이 가능하다는 측면에서 미술교육과의 깊은 연관성을 찾아볼 수 있기 때문이다. 박남정(2013)은 '반성적 사유' '은유적 표현' '자기중심의 해석' '실천적 언어'의 네 가지 범주 안에서 미술 비평과 인문학의 관련성을 논의한 바 있다. 이재영(2012)은 쟁점 중심의 미술교육을 개념화하면서 인문학적 가치에 기반한 창의인성 교육의 방안을 제안하고 있다. 이는 미술교육을 통해 인간됨을 형성하는 인성교육이 가능함을 주장한 것으로, 인간의 생각과 마음, 즉 정신에 총체적으로 접근하여 전인적 교육을 시도하는 것이라 할 수 있다. 또한 안혜리(2012)는 상상력과 시각화라는 특성을 통하여 미술이 의학과 밀접한 관계를 맺으며 발전하였음을 지적하면서 시각예술 중심의 인문학 교육이 강화되어야 함을 주장한 바 있다. 이처럼 미술은 역사를 구성하는 다양한 영역에서 상호 영향을 주고받으며 인간의 경험과 문화를 이루는 핵심적인 부분을 담당하여 왔다.

미술의 인문학적 성격을 강조하는 최근 국내 미술교육의 학술 연구는 정책적인 영역과 함께 확산되면서 인간의 질적 가치를 높이는 예술의 역할을 보다 분명하게 하는 데 기여하고 있다. 최근 한국 사회에서는 삶의 질에 대한 문제가 제기되고 있으며, 이는 문화예술교육에 대한 정책적 지원과 관심을 높이는 데에 기여하였다. 이는 문화예술교육이 소수 예술가의 전유물이 아닌 누구나 향유할 수 있는 기본 권리로 다루어져야 한다는 인식을 가져왔으며, '문화 나눔'을 넘어선 '문화 어울림'의 예술교육에 대한 요구가 확산되고 있다(박인배, 2007). 이러한 사회적 분위기는 인문학적 접근에 기초한 문화교육으로서, 또한 창조성과 상상력, 직관과 성찰을 통하여 인간 정신을 확장하는 도구로서 미술교육의 성격을 개념화할 수 있는 기회가 되고 있다.

마지막으로, 최근의 미술교육은 테크놀로지와의 관계 속에서 논의되고 있다. 테크놀로지의 발달은 전통적인 미술의 영역을 해체하고 새로운 표현의 가능성을 무한히 확장하고 있다. 이는 미술교육의 내용을 급속히 변화시키면서 과학 기술 중심의 사회에 대한 비평적·성찰적 관점을 제공하고 있다. Jenny Holzer, Bill Viola, Hans Haacke, Krzysztof Wodiczko, Stelarc 등과 같은 작가들은 상호작용성이 강한 디지털 이미지를 활용하여 전통적인 미학을 넘어 시간의 흐름, 산업화의 폐해, 정신성의 소멸과 같은 개인적이고 사회적인 주제를 다루고 있다(Anderson & Milbrandt, 2007). 이와 같은 현대 미술은 자아, 장소 그리고 지역 사회에 대한 인식을 변화시키며 실제와 가상 현실 사이에서 인간의 삶에 대한 질문을 제기하고 있다. 이러한 탐구는 현실에 대한 비판적 사고와 상상력을 불러일으키는 요소가 될 수 있다.

더 나아가 인터넷의 보급과 멀티미디어 매체의 상용화는 지식의 개념, 학습자관, 교수·학습 방법 등 학교 교육의 맥락 전반을 변화시키면서 미술교육에 새로운 도전을 제시하고 있다. 특히 한국에서 강조되고 있는 스마트교육은 지식을 구성하는 방식, 교사와 학습자의 역할 및 상호작용 방식 등을 변화시키면서 네트워크 중심의 학습으로의 전환을 모색하고 있다. 이용일(2006)은 만들고 그리는 수업으로서의 미술 교과에 대한 인식에서 벗어나 시공간적 제한이 없는 확장된 공간 안에서 미적 경험을 제공할 수 있는 가능성을 이러닝(e-learning)이 내포하고 있다고 설명한 바 있다. 더 나아가 김경태(2013)는 테크놀로지가 소통, 해석, 공유가 가능하도록 하는 '사회적 틈'을 제공한다고 보고, 이를 미술교육에 활용함으로써 학생들로 하여금 삶 속에서 미술을 향유할 수 있도록 도울 수 있다고 주장한다. 이와 같이 디지털 혁명으로 대표되는 현대 테크놀로지는 미술교육의 내용과 방법을 혁신적으로 변화시키고 있다. 테크놀로지의 발달이 가공할 만한 속도로 지금도 진행되고 있음을 고려할 때, 디지털 시대의 미술교육을 새롭게 정의하고 개념화하는 노력이 시급함을 알 수 있다.

3. 대회 주제 및 내용

앞서 설명한 바와 같이 제35차 InSEA 세계대회는 | Spirit ∞ Art ∞ Digital | 라는 주제로 진행되었다. 이를 통해 21세기 새로운 사회 및 교육 환경으로 부상하고 있는 디지털 시대에 미술교육의 의미와 방향을 탐색하고 바람직한 실천 전략과 다양한 주체 간의 협력 방안을 모색하고자 하였다. 대주제의 의미는 4개의 소주제로 보다 구체화되었는데, 이는 '예술로 인간애 강화하기(Fostering Humanity through Arts)' '다양성을 그려가기(Drawing on Diversity)' '디지털 공간에서 살아가기(Living Digital Space)' '미래를 구상하기(Envisioning the Future)'이다.

첫째, '예술로 인간애 강화하기'에서는 21세기 미술과 미술교육이 지니는 정신적 측면과 인문학적 가치를 새롭게 조명하였다. 이를 위해 세계의 미술교육 연구자들이 참여하는 대화와 담론의 장을 제공함으로써 미술교육에 대한 철학적 질문과 탐구 문제들을 제기하고 미술교육 연구와 실천에 관한 새로운 통찰력을 획득하고자 하였다. 둘째, '다양성을 그려가기'에서는 전통적 미학과 디지털 미학의 결합을 통해 다양성에 기초한 미술교육의 개념과 실천 그리고 새로운 가능성을 탐색하고자 하였다. 다양한 세계관과 가치 체계가 충돌하고 융합하며 진화하는 현대 사회에서 정체성과 공동체의 문제를 탐구하는 미술교육의 역할과 가능성을 재개념화하는 기회가 되었다. 셋째, '디지털 공간에서 살아가기'의 주제에서는 가상 공간에서의 미술교육, 디지털 시대의 미술 등 현실과 가상, 자연과 인공의 경계를 넘나드는 미술과 미술교육 확장성을 확인하는 데 초점을 두었다. 현대 사회에서 미술이 지니는 융합적 측면을 논의하고 온라인 교육 등 지속적으로 확장되는 미술교육의 가능성을 탐색하였다. 마지막으로, '미래를 구상하기'에서는 미래 사회의 변화된 환경 속에서 미술교육이 직면하고 있는 도전과 과제를 진단하고 새로운 가능성을 탐색하는 것을 주요 내용으로 하였다. 급변하는 미래 환경 속에서 변혁적이고 혁신적인 미술교육의 방법론에 관한 확장된 시각과 아이디어를 도출하는 데에 중점을 두었다.

제35차 InSEA 세계대회의 프로그램은 학술대회, 총회, 워크숍, 국제교류, 전시의 다섯 가지 내용으로 구성되었다. 각각의 세션에서는 대주제와 연관된 다양한 형태의 연구, 전시, 세미나, 체험 활동 등이 진행되었다. 기조 발제를 중심으로 운영되는 학술대회에서는 주제에 관한 영감과 통찰력을 제시할 수 있는 세계적 석학들의 발표로 이루어졌다. 총회는 대회의 주제와 관련된 개인 연구 발표 및 워크숍을 중심으로 운영되었으며, 한국조형교육학회, 한국미술교육학회, 한국초등미술교육학회, 한국미술치료학회 등 한국의 주요 미술교육 학회에서 세션을 운영함으로써 다양한 내용의 연구 발표가 진행될 수 있도록 하였다. 워크숍은 디지털, 스마트 기기를 활용한 미술 교수·학습 방법 및 교재, 한국전통 미술교육의 방법, 다문화 미술교육의 사례 등 미술교육의 실제를 공유하고 경험할 수 있는 자리로 제공되었다. 이와 관련하여 대회 참가자 및 일반 시민이 자유롭게 참여할 수 있는 체험 부스를 운영함으로써 예술가, 교사, 미술교육 실천가 등 다양한 미술교육의 주체가 참여할 수 있도록 하였다. 국제교류에서는 문화 교류, 공연, 문화체험 프로그램 등을 통하여 한국의 문화를 소개하며 개최지인 대구의 역사, 전통, 문화

예술을 체험할 수 있도록 하였다. 또한 국제 공동 연구 발표와 국가 간 비교 연구 발표 등을 통해 향후 국제 연구의 활성화를 위한 네트워크를 형성하고 기반을 마련하였다. 마지막으로, 전시는 학술 연구 전시, 작품 전시, 참여 전시, 체험 전시, 교육 자료 전시 등으로 구성되어 다양한 미술교육 관계자가 참여하여 연구와 자료를 공유할 수 있도록 하였다. 또한 대회 기간 동안 상설로 운영되는 전시에 시민들이 관람할 수 있도록 개방함으로써 미술교육에 대한 시민들의 관심을 높이고 지역사회의 참여를 독려할 수 있도록 하였다.

제35차 InSEA 세계대회는 학교 안과 밖에서 미술교육을 실천하고 있는 예술가, 교사, 미술교육 연구자를 포함하여 미술교육에 관심이 있는 모든 사람을 참여 대상으로 하였다. 특히 예비교사, 대학원생 등 신진 연구자들의 참여를 통하여 미술교육 연구가 세대 간에 연결되고 지속되며 발전할 수 있도록 하는 데 중점을 두었다. 이처럼 연구자, 정책 입안자, 교사, 문화예술 관련 종사자, 학생 등 다양한 주체가 참여하는 제35차 InSEA 세계대회를 통하여 세계적으로 미술교육에 관한 폭넓은 관심을 불러일으킬 수 있었다. 또한 예술과 교육을 통합적으로 연계하고 다양한 장르를 교차하는 연구와 실천의 공유를 통하여 융합인재 육성을 위한 정책 방향을 제안하고 미술, 기술, 문화의 통합적 접근을 위한 새로운 전략들이 수립되었다. 이와 같은 노력들은 단기적으로 미술교육에 관한 지식과 경험이 공유·확산되도록 함과 동시에 창의적인 미술교육의 연구 및 실천을 위한 토양을 마련하는 계기가 되었다. 제35차 InSEA 세계대회는 역동적인 대화의 장으로서, 미술교육에 관한 풍부한 인적·물적 자원이 한 자리에 모여 미술교육과 사회, 더 나아가 인류의 미래를 새롭게 그려 내었다는 점에서 그 의미를 찾을 수 있을 것이다.

참고문헌

김경태(2013). 미술교육에서 사회적 틈(interstice)으로서 테크놀로지 역할 재고. 미술교육연구논총, 35, 221-244.

박남정(2013). 미술비평과 현대 인문학의 교육적 담론. 미술교육논총, 27(3), 309-329.

박인배(2007). 문화예술교육 관점 전환의 방향. 청소년문화포럼, 16, 269-281.

안혜리(2012). 예술과 의학의 융합 가능성: 시각예술 중심의 의료인문학 연구. 미술교육연구논총, 33, 315-340.

이용일(2006). 미술과 교수-학습의 e-learning 활용 방안 연구. 교원교육, 22(1), 202-230.

이재영(2012). 인문학적 접근으로 바라본 시각문화미술교육. 미술교육논총, 26(3), 1-22.

Anderson, T., & Milbrandnt, M. (2007). 삶을 위한 미술교육(김정희 외 공역). 서울: 예경. (원저는 2004년에 출판).

Ballengee-Morris, C., & Stuart, P. L. (2001). Multicultural art and visual cultural education in a changing world. Art Education, 54(4), 6-13.

Efland, A. (2006). 인지중심 미술 교육론 탐구(강현석 외 공역). 서울: 교육과학사. (원저는 2002년에 출판).

Eisner, E. (2007). 예술교육론: 미술교과의 재발견(강현석 외 공역). 서울: 아카데미 프레스. (원저는 2002년에 출판).

Helguera, P. (2011). Education for socially engaged art. NY: Jorge Pinto Books Inc.

UNESCO. (2015). Position paper on education Post-2015. UNESCO.

307

찾아보기

308

편자 소개

김선아(Sunah Kim)
미국 시러큐스대학교 미술교육 박사
현 한양대학교 응용미술교육과 교수

강병직(Byoungjik Kang)
서울대학교 교육학 박사
현 청주교육대학교 미술교육과 교수

강주희(Joohee Kang)
미국 플로리다 주립대학교 미술교육 철학 박사
현 목원대학교 미술교육과 교수

김정희(Jeunghee Kim)
독일 뮌헨대학교 철학 박사
현 경인교육대학교 미술교육과 교수

손지현(Jihyun Sohn)
미국 펜실베이니아 주립대학교 철학 박사
현 서울교육대학교 미술교육과 교수

21세기 미술을 통한 교육
: 정신성, 미술, 디지털

Education through Art in the 21st Century: Spirit, Art, Digital

2022년 2월 20일 1판 1쇄 인쇄
2022년 2월 25일 1판 1쇄 발행

엮은이 • 김선아 · 강병직 · 강주희 · 김정희 · 손지현
펴낸이 • 김진환
펴낸곳 • ㈜ **학 지시**

04031 서울특별시 마포구 양화로 15길 20 마인드월드빌딩
대표전화 • 02-330-5114   팩스 • 02-324-2345
등록번호 • 제313-2006-000265호

홈페이지 • http://www.hakjisa.co.kr
페이스북 • https://www.facebook.com/hakjisa

ISBN 978-89-997-2667-5 93370

정가 18,000원

출판 · 교육 · 미디어기업 학 지시

간호보건의학출판 **학지사메디컬** www.hakjisamd.co.kr
심리검사연구소 **인싸이트** www.inpsyt.co.kr
학술논문서비스 **뉴논문** www.newnonmun.com
교육연수원 **카운피아** www.counpia.com